明朝的变局

夺门之变

李应全 著

辽宁人民出版社

© 李应全 2023

图书在版编目（CIP）数据

明朝的变局.夺门之变/李应全著.—沈阳：辽宁人民出版社，2023.8
ISBN 978-7-205-10727-7

Ⅰ.①明… Ⅱ.①李… Ⅲ.①中国历史—明代—通俗读物 Ⅳ.① K248.09

中国国家版本馆 CIP 数据核字（2023）第 034570 号

出版发行：辽宁人民出版社
　　　　　地址：沈阳市和平区十一纬路 25 号　邮编：110003
　　　　　电话：024-23284191（发行部）　024-23284304（办公室）
　　　　　http：//www.lnpph.com.cn

印　　　刷：北京长宁印刷有限公司天津分公司
幅面尺寸：165mm×235mm
印　　张：16.75
字　　数：255 千字
出版时间：2023 年 8 月第 1 版
印刷时间：2023 年 8 月第 1 次印刷
责任编辑：赵维宁
封面设计：东合社·安宁
版式设计：一诺设计
责任校对：吴艳杰
书　　号：ISBN 978-7-205-10727-7
定　　价：49.80 元

目录
Mulu

第一章
救时宰相

一、英才出山　　　　　　　-003
二、老百姓保护于谦　　　　-007
三、也先的胜利和溃败　　　-010
四、论功行赏　　　　　　　-026
五、巩固北方防线　　　　　-029

第二章
我是北方的囚

一、朱祁镇保命　　　　　　-034
二、为了黄金搏命　　　　　-039
三、软弱退让的人　　　　　-047
四、忽悠瘸了　　　　　　　-054
五、礼薄礼厚？　　　　　　-065

第三章
南宫岁月

一、南宫软禁	-074
二、袋刀之祸	-081
三、可笑的杀人犯	-086
四、不温柔的皇后	-093
五、君臣美谈	-098
六、暗箭难防	-101

第四章
夺门之变

一、于谦耶？	-118
二、鸡犬升天	-127
三、景帝去世之谜	-134
四、"意有之"	-139
五、政治清洗	-149
六、于谦：明代的岳飞	-154

第五章
福祸相依

一、武功伯与曹操　　　　　　−166
二、杨善纳贿　　　　　　　　−172
三、送不出去的银子　　　　　−173
四、连说三遍"于谦好"　　　　−176
五、狼子野心　　　　　　　　−181

第六章
最后的疯狂

一、逯杲崛起　　　　　　　　−184
二、贤可大用　　　　　　　　−185
三、祸起石彪　　　　　　　　−193
四、宦官子弟的天子梦　　　　−204
五、叛乱　　　　　　　　　　−212
六、平反　　　　　　　　　　−222
七、民生多艰　　　　　　　　−234

第七章
洗脚闲话

一、无根之木　　　　　　　-251
二、社稷为重，君为轻　　　-253
三、莫须有 VS 意有之　　　-258

附录：大事年表　　　　　　-261

第一章

救时宰相

明代著名宦官王振，逐渐攫取大权，明王朝由此进入一个宦官专政的黑暗时期。

王振玩弄幼儿皇帝朱祁镇于股掌之间，祸害朝廷，招权纳贿，向也先走私武器，残害忠良，迫害清流。

史称王振"狡黠"（富有智慧、善于伺察人意）。进宫后，八面玲珑的王振颇得宣宗青睐，以东宫局郎的身份服侍皇太子朱祁镇。因为陪伴了朱祁镇的童年时代，人们都称呼王振为"王伴伴"。

对于王振来说，太子就是他的命，就是他的事业，就是他权力的来源。只要能掌控年幼无知的朱祁镇，他就能得到梦寐以求的任何东西。

英宗幼年丧父，对王振非常依赖，称呼王振为"先生"，而不直呼其名。

张廷玉说，王振以狡黠得到皇帝欢心。英宗复辟以后，对王振还追念不已，抑何其感溺之深也。"感溺之深"，可以形容他们之间难分难舍的关系。这种从小培养起来的感情，犹如一个孩子对母亲的感情，想断也断不了。

一朝天子一朝臣，重用宦官也不例外。司礼监太监金英的资格比王振老，但那是宣宗的人，还是保姆式太监"王伴伴"用起来顺手。英宗即位后，王振便越过金英等人，出任宦官中权力最大的司礼监掌印太监。

王振仗着受宠于英宗，逐渐干预外廷之事，借助小皇帝之手严格驾驭臣下。大臣们往往只是小过错也下狱问罪，法网这么密，下狱者络绎不绝，怨声载道。而王振开心不已，从中操弄权力、树立威信。

他的权力来自稚嫩皇帝的宠信，一旦得了司礼监太监的位子，他就端起了架子，摆起了官谱，耍起了威风。

王振为什么要把政治弄得这么恐怖？一是因为自卑，因为以前遭到太后和"三杨"的压制，他要将以前吸收的负能量通过抖威风释放出来。二是为了捞钱，正所谓"水不急，鱼不跳"，空气紧张起来了，求他的人自然就多了。

王振掌权后，公卿们都要到他府上"拜码头"，屈身求得保护；百官们争相献金，请求得到提拔。

王振一掌握大权，官场的气候陡变，知识分子唯利是图，无官不贿赂，无守不盗窃，正直清廉的人顿时在官场上无法存活，失去了立锥之地。

给王振送钱，谄媚以进，成为当时官场的风气和潜规则，表现为行贿升官的制度性腐败。

有的大臣还替他宣传，谁送了什么礼，得到了什么官职。

如果行贿数量不够，那王振干脆就不办事了。

王振收了这么多钱，家里的金银财宝堆积如山，被抄家后，搜出60余库金银、上百个玉盘、20多株高六七尺的珊瑚以及许多珍玩宝贝。王振家的良马就多达1万多匹。

做贪官不容易，做清官更难。

正统六年（1441）初，北京的都察院监狱，里面关押着一个不一般的中年人，身份是兵部侍郎与山西、河南巡抚于谦。

这个作诗"两袖清风朝天去"的人，就因为不送礼、不巴结王振而吃了大苦头。

王振为什么这么恨他？为什么又整不死他？于谦为什么能够成为救时宰相？为什么又会在夺门之变中一败涂地？

这都得从于谦的成长经历说起。

一、英才出山

洪武三十一年（1398），于谦（字廷益）出生于杭州府钱塘县太平里（今杭州市上城区清河坊祠堂巷于谦故居），高祖、曾祖父都曾做官。爷爷于文大在朱元璋时期任工部主事（从六品），父亲于仁隐居于杭州，没做官，但也是个读书人。

于谦天赋异禀，少年时就异于常人。

12岁时（也有16岁、20岁的说法），于谦信步走到一座石灰窑前，观看师傅们煅烧石灰。他略加思索，挥笔写下《石灰吟》：

千锤万凿出深山，烈火焚烧若等闲。
粉骨碎身浑不怕，要留清白在人间。

他以石灰自喻、自勉，奠定了一生的志向。这首诗里，有他自己的影子，也有他的偶像文天祥的影子。他是个不怕死的人，也是拼了一条命也要把清白留在人间的人。

于谦酷爱读书写作，在科举考试中披荆斩棘，成为一名进士。宣德元年（1426），29岁的于谦由杨士奇等人引荐，进入宣宗朱瞻基的视野，来到北京工作，出任山西道监察御史，主要职责是预防和惩治腐败、建言献策。

真正让于谦大显身手的是他曾跟随朝廷平定了朱高煦叛乱，给宣宗留下了极好的印象。

朱高炽战战兢兢地生活了大半辈子，登基仅仅10个月，就突然病死了（也有人说被毒死）。朱瞻基匆匆继位，朱高煦随即在乐安谋反。

于谦于宣德元年（1426）八月十日随宣宗御驾亲征。外强中干的朱高煦出降，束手就擒。

朱瞻基命于谦在军前宣告朱高煦的罪行。

于谦没有辜负宣宗的期许。他态度庄严，声色俱厉。原本趾高气扬、不可一世的朱高煦被吓得匍匐于地，全身战栗，口称"罪该万死"。随后，朱高煦父子被关进囚车，送往北京关押。

至此，朱高炽和朱高煦两兄弟几十年争夺大位的恩怨，才算了结。

于谦的这场政治表演出奇的成功。宣宗大悦，见震慑的目的已经达到，班师回到北京，赏赐诸位大臣。于谦得到的赏赐竟然跟杨士奇等大臣差不多，可见朱瞻基对他青睐有加。

朱高煦在狱中还是不服，后来死于烧得通红的铜缸之下。

宣德二年（1427），于谦以监察御史的身份，巡按江西。

巡按是代皇帝到地方巡视，考察地方一切大小官员，大事奏皇帝裁决，小事自己决断，权力极大。

于谦见到朱权的宁王府强横，直接拿宁王府开刀。

他将宁王府为非作歹、投机倒把的2人（另一说近20人）治罪。

在江西，于谦将数百名被冤枉的囚犯详细审问，洗清冤屈，释放出狱，全省皆称明察。

巡按江西结束后，宣宗任命于谦查办位于渤海岸的长芦盐场走私食盐案。

于谦再次不畏强权，查办了走私食盐的马夫，肃清了河道，维护了国家的经济秩序。

宣德五年（1430），是33岁的于谦个人仕途最走运的一年。

当年却是个大灾之年。直隶、山东、山西、河南、江西、浙江、湖广等地发生自然灾害，饥饿的流民到各地找吃的。

宣宗准备增设各部的右侍郎（相当于今天的副部长），作为直接派驻各省的巡抚，代他巡行天下，总督税粮，救济百姓，帮助灾区改善民生，提升地方的经济、军事实力。

鉴于于谦先前的良好表现，朱瞻基御笔一挥，写下于谦的名字，交给吏部考察。

很快，吏部考察通过，朱瞻基将于谦从正七品的监察御史，直接越级提升为正三品的兵部右侍郎，任务是去啃一块别人啃不动的硬骨头——巡抚河南、山西。

于谦连升4级（如果把副职的级别算上，连升8级），当了大官，真可谓石破天惊。

于谦就这样成了河南、山西的首任巡抚，管起正二品、正三品官来了。

年轻有为的于谦走遍了河南、山西的郡邑城乡，关心民生疾苦，遇到困难百姓便给予救济。

看到百姓生活困苦，于谦为民请命，减轻百姓的各种负担。

他一年上书朝廷好几次，稍有灾情，马上上报，请求减免税粮和徭役，赈济灾民。当政的"三杨"非常倚重于谦，于谦的建议早上报来，晚上就可以批准实行。

河南等处连年发生蝗灾,庄稼绝收。当时治蝗手段落后,于谦带领百姓捕捉蝗虫,请求朝廷停征税粮、丝绢。

为了百姓能吃饱饭、少受灾,于谦殚精竭虑,大修水利工程,改善农业基础设施,改变农业长期以来"看天吃饭"的状况。

于谦令百姓大力种树、开凿水井,改善农业条件,建设美丽的生态环境。经过绿化、凿井后,各处榆树、柳树夹路成荫,走在路上的人都有水喝。

于谦的另一项工作是巡行天下,抚军济民。从后来的历史发展来看,随着瓦剌势力崛起,巩固北方边防是当时最重要的工作,胜过了巡抚地方的一切工作。

于谦在北部边防上也积极作为,既要巩固边防,又要减轻人民负担。于谦看到山西、河南诸卫所,城垣楼橹有损坏的、濠池有淤塞的,上奏皇帝提出修理城池。于谦整顿边镇的边将开垦的私田,全部收为官屯,以补充边境的花销,还扩大边境的屯田规模。大同的粮食还不够吃,于谦只有向朝廷要粮、要钱、要绢布。巡按山西的御史不能每个地方都到,于谦上奏,另外增加一名御史来巡视、整顿军队纪律。

于谦在河南、山西当官9年,升迁兵部左侍郎(相当于常务副部长),食二品俸禄,转眼到了42岁的年龄。

于谦在40多岁的时候,进入职业倦怠期,看到镜中的自己头发斑白、牙齿松脱,生出了早日退休的想法——

> 我生四十余,已作十年客。
> 百岁能几何?少壮难再得。
> 今朝太行南,明日太行北。
> 风雪敝貂裘,尘沙暗金勒。
> 寒暑互侵凌,凋我好颜色。
> 齿牙渐摇脱,须发日以白。

位重才不充，况此迟暮迫。
为上乏勋劳，为下无德泽。
揣分宜退休，非惟慕奇特。
早赋归去来，庶免清议责。

（于谦《自叹》）

二、老百姓保护于谦

于谦是官场中的一股清流。于谦洁身自好、埋头拉车的做法，跟官场中热衷攀附、上下结交、混圈子的风气，格格不入。"三杨"退出政坛后，王振（英宗实际也是他的傀儡）爬上天下第二号人物的位置，改变了政治气候。于谦对于招权纳贿的王振绝不巴结，招致了一场灾祸。

王振属于官场中的浊流，深谙官场"厚黑学"。

王振是个狠人，谁要得罪他，一定没有好果子吃。

这是有前车之鉴的。

翰林侍讲刘球，和于谦同一年考中进士，因为几次建议不合王振的胃口，得罪了王振。王振直接将刘球下狱。王振授意党徒锦衣卫指挥马顺，当着另一位官员董璘的面，在锦衣卫监狱中直接杀害刘球并肢解。

刘球一死，吓得没人敢提建议了，"大臣惜禄而莫谏，小臣畏诛而不言"。大家都闭嘴，这样就不至于脑袋搬家。

于谦却认为刘球是舍身殉道的君子、忠臣，"全其道而不全其身"，实现了孔子、孟子所说的"取义成仁"的理想追求。

于谦早年一步登天，青中年却在侍郎的位置上蹉跎十几年，当然跟他不媚上的个性以及被王振打压有关。

王振早想整于谦，只是差一个适当的机会，正发愁，于谦却自己把机会送上门来了。

正统六年（1441）初，在兵部侍郎位置上干了12年、已经44岁的于谦想调回北京和妻子团聚。在巡抚任上干了十几年，太过盈满也不是好事，该挪挪窝了。

遇到这种情况，一般的人都是给王振行贿或者拉关系，以求调回北京去。

但是于谦品德高尚，放不下身段，这种事情干不来。

品行如此高洁，在这浊世当真寸步难行。若不是几任皇帝保护，加上自己才能杰出，于谦的命运绝不会如此顺风顺水。

于谦对送礼是排斥的，又不拜谒私门，过不了王振这一关，这工作的调动就成了死局。这个著名的清官面临夫妻两地分居、无法照顾儿女的苦恼，其实和普通人遇到的麻烦是一样的。

于是，于谦棋走险招，直接向朝廷大胆自陈在外年久，乞求被召回北京，并推荐自己手下的参政王来或孙原贞，接替自己的巡抚职务。

推荐官员升职，本来就是于谦职责范围内的事情，并非出格之举。可是于谦的奏折一到，王振就笑了：这次不整死你，更待何时？这些官位，王振暗中早就标明了价格，岂容于谦动他的政治奶酪？

王振抓住这次机会，指使右通政使李锡等人，弹劾兵部左侍郎于谦"方命不忠"（就是抗命不忠的意思），说于谦很久不得升迁、心存怨恨，并且擅自推举他人接任自己的职务。

最初，英宗置之不问。

但是六科十三道对此事揪住不放，轮流上章弹劾于谦。次数多了，英宗也重视起来了，但也只是给于谦记过，从轻处罚。

然而，于谦就在这个关口回到北京，与妻子团聚。

王振听说于谦回来了，就指使六科十三道继续反复弹劾他，罪名升级为擅自回朝，以达到扳倒于谦的目的。

王振将于谦抓到都察院监狱关押起来。

大理寺卿王文等人想保护于谦，呈上于谦罪状，建议判处于谦有期徒刑，但是可以不坐牢，允许罚款赎买罪行，然后还职，回去继续当巡抚。赎罪在当时是处理轻罪的一种手段，允许犯人交钱赎买罪行，维护官员的自尊。

英宗将王文的建议交给六科给事中党恭等人，看他们如何处理。党恭等人却栽赃于谦为臣不忠，不建议英宗只判于谦有期徒刑。

党恭同时弹劾办案的右都御史陈智及王文等人，故意枉法，包庇于谦。

随着案件的进展，英宗的态度也在逐渐转化，从置之不理到轻罪处理再到重罪处置，里面掺杂了王振进谗言的因素。

英宗命令禁锢于谦，而宽宥陈智等人，不予治罪。

王振竟然无限上纲上线，想一步到位，给于谦扣上死罪。

百姓听说于谦这么清廉、勤政的官员要被判处死刑，再也坐不住了，纷纷上书申冤。

于谦在河南、山西的影响力实在太大了。王振看民意沸腾，知道触犯了众怒，不放于谦不行了，于是找了个台阶下。

恰好有一个御史，姓名也叫于谦，在奏章里说话很不客气，常常触怒王振。

王振对外放风说，是办事的人糊涂，把一个总是和自己对着干的叫于谦的御史和当巡抚的于谦弄混了，有意释放当巡抚的于谦。

于谦关在监狱里好几个月了。陈智等人想让他早点释放，趁着热审（暑盛录囚）的机会，将于谦的名字写进去，奏请英宗裁夺。

于是，英宗和王振将关押了3个月的于谦释放。

既然是弄错了，于谦本不该受审才对，可是王振却将于谦的职务从巡抚、兵部左侍郎（正三品）降为大理寺左少卿（正四品），免去其巡抚、兵部职务。

这显然不是人名弄混的问题了，是王振故意迫害于谦。

山西、河南的百姓、官吏又不干了。数以千计的人来到北京，他们只有一个目的——伏阙上书，请求于谦留下，不要调走。

驿站的道路上，到处是进北京为于谦说情的人。

周王、晋王等藩王也出面热情挽留于谦，纷纷表示，本省不可一日无于谦。

王振和英宗看百姓和藩王都向着于谦，这么多人来北京上书，僵持下去，有损自己的颜面，于是让熟悉当地情况的于谦继续担任山西、河南巡抚。

河南、山西两省的百姓，感恩于谦的治理成绩，挽救了于谦的仕途，抵挡住了来自朝廷的这股浊流。

于谦回到了河南、山西，重新和群众站在一起，与严重的水患、深度的贫困以及岌岌可危的边境形势搏斗。尽管有王振的势力对他虎视眈眈，然而他的背后站着朴实、勇敢、正义的两省人民。

正统十二年（1447）十一月，于谦终于回到了北京，升为兵部右侍郎。这正是他33岁时的职位，50岁的他等于在外地兜兜转转了18年，如今又回到了起点，只是免去了山西、河南巡抚的职位。

调他回北京，只是因为，北方一个强大的对手，准备对北京下手了。

三、也先的胜利和溃败

这个强大的对手，就是也先。

也先崛起，和明朝与瓦剌维持良好的朝贡关系是分不开的。明初以来，明朝在宣化、大同等地开放马市，和瓦剌展开交易。王振长期傻乎乎地拿弓箭和对方交换良马。

也先势力逐渐强大，侵略明朝的意图逐渐暴露。也先以"大元皇帝"的代言人自居，声称"我每问天上求讨大元皇帝一统天下来"，想消灭明朝，打回祖先曾经放弃的大都北京。

也先要挑衅，先要找借口。他的借口就是朝贡。

正统初年，瓦剌派遣使臣赴北京朝贡，朝廷派遣使者跟瓦剌使臣回去，留下待到第二年，仍与瓦剌使者同赴北京，每年都是这样，形成了惯例。

也先看到派出的使团来朝贡，赏金很多，有利可图，就派更多的人过来，还常常虚报领赏。本来明朝只让他派50人来朝贡，也先不听，常常派几千人来朝贡捞钱。比如派出3000多人，竟然虚报为3500人。也先常常贿赂王振良马，王振自然睁一只眼闭一只眼，都依了他，多给赏金。

朝廷感觉亏大了，搞得都接待不起了，就让他们别来这么多人。

正统十四年（1449）春二月，也先遣使2000余人进献马匹，诈称3000人。王振因为三征麓川获得胜利，镇压浙江和福建一带的邓茂七起义也取得了重大胜利，就开始飘飘然了，认为打也先也是稳操胜券，于是对他们的态度变得强硬起来。

王振这次一反常态，对也先虚报人数大为愤怒，也不按先前的套路出牌了，而是格外认真起来，叫礼部按实际人数发给赏赐，又将瓦剌的贡马大幅度削价。

要变招，你也得先和对方通个气啊！这下，王振惹了大祸。

历史记载，礼部按实际人头给赏，对也先提出的其他要求，只满足了五分之一："礼部按实予之，所请又仅得五之一，也先大愧怒。"

其后果就是，瓦剌使者回报后，也先大怒，拘留了朝廷的使者，威胁要大举入寇明朝。

战争的警报，猛然拉响了。

也先这次之所以很愤怒，还在于被英宗的使者耍了。

也先请求与明皇室通婚，想为年幼的儿子求娶明朝公主。

先前，也先派人进贡时，朝廷的翻译官马云、马青等接受了也先的贿赂，不仅给他通报朝廷的消息，告知国内虚实，还私下许诺可以求娶明朝公主，而且拍胸脯说，这事肯定能办成。

此外，还说要送给也先一些美女。

这些大忽悠，都是喝酒时吹的牛，然而也先信以为真，听得乐不可支。

酒壮尿人胆，酒去人复尿。马云、马青在酒桌上拍完胸脯，回到北京后，却啥也不敢说，这玩笑开大了。

也先以为通婚成功，派遣使者来到北京，这次就是以这些贡马作为求娶公主的聘礼。

以马换人？明朝是个很硬气的朝代，没有和亲的先例。

朝廷对此一无所知，一口回绝说："皇帝下诏，没有许婚这回事。"

也先再次大失脸面，又羞又愧，谋求侵犯大同，作为报复。

瓦剌现在在朝贡受辱、拒婚等问题上找到了借口，说受到王振剥削，遂于正统十四年（1449）七月倾巢出动，兵分4路，大举进犯明朝边境。

第一路为瓦剌主力，也先亲自率领9万余人，进攻王振的心腹太监郭敬镇守的山西大同。后来也先在损失1万余人后，又调动3万人进行补充，总兵力达到11万人左右。

第二路由脱脱不花大汗率领，带兵3万余人，经古北口进攻辽东，对抗海西女真。

第三路由阿剌知院率领，带兵3万余人（一说2万人），经居庸关，进攻杨洪守卫的宣府（今河北宣化）。

第四路为骁将阿乐出率领，带兵2000余人，进犯甘肃马场。

七月十一日，也先进攻大同。

明军右参将吴浩迎战，双方激战于猫儿庄（今山西阳高北一带）。明军不敌，吴浩兵败战死。

七月十五日，大同总督宋瑛、驸马都尉井源、总兵官朱冕和左参将、都督石亨等人，各率兵1万人赴阳和（今山西阳高西北）防御。

石亨，是名陕西大汉，很有威望，身材高大威猛，长着一张方脸，胡须茂盛，垂至膝盖。善于骑射的他要一把大刀，每次作战，瓦剌骑兵不能敌。

石亨曾与都督金事马麟出兵塞外，打败兀良哈的军队，晋升为都督同知。他虽为偏将，朝廷却视其为大帅。

双方再战于阳和。

当时，大同镇守太监郭敬是最高领导，并且本人通敌，经常向也先走私武器，为王振捞钱。他胡乱指挥一通，诸将为其所制，军队全无纪律。宋瑛等人即使再有本事，也不能发挥作用。

这一仗，几个大帅不堪一击，明军大败，全军覆没。大约4万具尸体血流成河，草地为之染红，无人来收敛尸体。

宋瑛、朱冕都是世袭的将军，不能打仗，没多久就战死了。

郭敬十分滑头，一看形势不对，早早滚鞍下马，躲藏在草丛中，捡了一条命。郭敬长期以来向也先走私的武器，现在被敌人用到了自己人的身上。

会打仗的只有石亨，他见兵败如山倒，于是脚底抹油，先溜为敬，单骑逃回大同城内。

也先进犯的消息传到北京。

王振是最坚定、最盲动的主战派，他力排众议，极力怂恿英宗御驾亲征，还向英宗保证能速战速决，以后青史留名。

吏部尚书王直率群臣合章上疏，劝谏英宗不要亲征，夸大其词地吹捧英宗、贬低也先势力，其中充满了夜郎自大的狂妄："臣闻边鄙之事，自古有之，惟在守备，严固而已。圣朝备边，最为严谨，谋臣猛将，坚甲利兵，随处充满，且耕且守，是以久安。今丑虏无知，忽肆猖獗，违天悖理，自取败亡。"但也实事求是地分析了明军一方后勤保障的短板和软肋：天气炎热，粮草缺乏，饮水困难——

"况秋暑尚盛，旱气未回，青草不丰，水泉犹涩，人畜之用，实有未充。又车驾既出，四方若有急务奏报，岂能即达？其他利害，难保必无。"后来，也正是饮水问题导致军队崩溃。王直等人万望皇帝自重，取消亲征之令，另行选将征讨。

可英宗听信了王振的鬼话，非要亲征。英宗说："卿等所言，皆忠君爱国之意，但虏贼逆天悖恩，已犯边境，杀掠军民，边将累请兵救援，朕不得不亲率大兵以剿之。"

在两天之内，王振和英宗就急匆匆凑成 20 多万大军，对外号称 50 万。这 20 多万人，估计还有很大的水分。《明史纪事本末》称军队有 50 多万人，但朝鲜《李朝实录》记载，皇帝领兵 8 万亲征。

七月十六日，派遣官员祭告太庙、社稷之后，御驾从京师出征。

英宗命弟弟、郕王朱祁钰居守北京，驸马都尉焦敬辅助。100 多名文武官员跟随御驾出征。

也先听说明军主力到来，佯装退却，引诱明军进入大同及其以北地区。

亲征大军一过居庸关，风雨连天，一路上苦不堪言，文武将士皆无纪律。明军还没到达大同，军中已经没粮了，不断有人饿死、倒下，僵硬的尸体塞满了道路（兵士已乏粮，僵尸满路）。仗还没打，军队已经被拖垮了。

王振闭目塞听，对懂军事的大臣不是大骂就是罚跪，把他们折磨得没有了脾气。整个军队由着他肆意妄为，任由他像羊群一样驱赶着前进。

明军疲惫不堪地抵达大同。镇守大同的宦官郭敬密告王振："若继续前行，正中胡虏之计，势必决不可行。"并把前几天前线惨败的情况一一汇报给王振。

王振听了郭敬的话，才第一次恐惧起来，急忙传令：撤出大同，向北京方向撤退。

八月三日，20多万大军仓皇从大同回撤。

也先见大鱼已经上钩，还想这么溜走，开始火速追击，不能让他们这么跑了。

王振想从紫荆关（今河北易县西北）退兵，以便途经他的家乡蔚州，让英宗驾幸他的府第，让家乡父老看一看：我王振是何等威风。

走了40里，王振突发奇想：大队人马经过蔚州，会损坏家乡的田园、庄稼，乡亲们要骂他。于是，王振一拍脑袋，不去蔚州了，下令改道东行，向宣府（今河北宣化）方向行进。

当时大军距离紫荆关只有40里，那里有重兵把守，如果大家一鼓作气，花半天时间，就可以退入紫荆关。大同参将郭登和大学士、内阁首辅曹鼐等人不同意从宣府走，建议直趋紫荆关。

郭登是这里最能打、最有经验的将领，然而王振不屑一顾，一意孤行，坚持折向宣府。

八月十一日，明军到达宣府。八月十三日，英宗到达雷家站。八月十四日，明军正要启程，宣府发来谍报：虏众，袭击我们断后部队。可见，瓦剌军骑兵已经尾随大军追上来了。

英宗派24岁的恭顺伯吴克忠、都督吴克勤两兄弟，率本部鞑靼骑兵断后，回击也先骑兵。两兄弟战死。

第一章 救时宰相

此地距离怀来城仅20里。大家都说赶快进怀来城。其实，阿剌知院已经在前方等待他们了。拼死一战，还有希望。

兵部尚书邝野再次上章：请求疾驱入关，重兵殿后。

王振大怒，冲邝野大声呵斥："汝腐儒一个，安知兵事？再言必死！"

王振自己更不懂军事，还骂兵部尚书是腐儒，不懂军事。

邝野毫不惧死，对他说："我为社稷生灵说话，何惧！"

王振更加恼怒，呵斥左右像拖死狗一样，将邝野拖出了王振的大营。

王振不准疾驱入关，是因为他要和心爱的财宝在一起。他本人的千余辆辎重，还没跟上大部队，远远地落在后面。相比起来，士兵的命就是一把草，而这些财宝就是他的命。

王振派遣成国公朱勇、永顺伯薛绶，率4万（《明英宗实录》记录为4万，《明史》写5万）人迎战也先。

朱勇冒险而进，率领的骑兵在鹞儿岭中了埋伏，被也先包了饺子。

朱勇有勇无谋，被杀。《明史》记载："迎战鹞儿岭，中伏死，所帅五万骑皆没。"

明军已经没有选择，继续逃吧，下一步就是死亡之地——土木堡（今河北怀来东南）。

在失败、躁狂情绪的支配下，王振没有让太监吴亮侦察地形，下令直接在土木堡扎营，明天继续前进。

没有比这更愚蠢的命令了，因为土木堡的地形，就是一块死地。然而，因为王振已经把大臣们折磨得没有了脾气，所以没有人站出来指出此地不宜久留。

土木堡地势较高，形似船形城堡，南北长约500米，东西长1000米左右，城墙高六七米。最致命的缺陷是这里地高无水，没有任何水源！

八月十五日，英宗想继续行进，但为时已晚，也先的部队已经包围了土木堡。

土木堡没有水，附近也没有。士兵们掘地两丈多，仍然不见水的踪影，到处愣是找不到一滴水喝。只有南面15里处有一条河流，早已经被阿剌知院占领。

渴！渴！渴！

从来没有感到水是如此珍贵。绝水终日，人马饥渴，大家渴得嗓子直冒烟。明军陷入了绝境。

双方连夜作战，打到第二天，接近中午，一直作战、疲惫不堪的明军已经一两天没有喝水了，渴得嘴唇干裂，吃不下食物。天上无雨，也无风。士兵们怨声载道，骂不绝口。

南面15里处的那条河流，水就在那里流淌，但是没人组织去抢水。

老奸巨猾的也先使了一计——诈和，伪装退却。

他们将土木堡南面的河水让出，暗地里设下埋伏，专等明军过来争水。

王振根本不是老猎人的对手，以为瓦剌军真的要议和。

剧本完全是按照也先的设计来演的。王振果然上当，下了最后一道致命的命令——

向南移营就水。

这个命令下达之后，明军的命运走到了尽头，王振自己的生命也随之完结。

大家毫无组织，纷纷奔向河边，行军秩序大乱。

明军南行不到三四里，意想不到的事情发生了！

瓦剌大军突然折回，重新把他们包围起来，四面箭如雨下，明军毫无准备，有的甚至为了去喝水时能跑得快一些，脱去了身上的盔甲。

不大一会儿，宦官、将军们一个个被射得如同刺猬。

还没死的明军士兵，溃不成军。逃跑的人太多了，慌不择路，自相践踏。

明军中，有大批士兵倒戈，皇帝身边的禁军越来越少。

瓦剌铁骑随后发动凶猛的攻势，四面出击，像狼入羊群般，突入明军阵中，拿着长刀左右砍杀，大喊道："解甲、投刀者不杀！"

听到喊话后，又饥又渴的明军，纷纷照办，竟无一人拿刀枪战斗。

士兵们都解甲去衣，袒胸露腹，坐着等死，没有任何战斗意志，如同一具具僵尸。不投降的人，早吓破了胆，争相奔逃营中，像无头苍蝇一样，以至于自相践踏，死者堆积如山。

战争结果就是：明军 10 多万人中有一半受伤，三分之一死亡。20 余万匹骡马以及衣甲、兵器，尽为也先所得。

朱祁镇傻眼了，起初还与几名亲兵乘着马，奋力突围，然而冲不出去。朱祁镇知道，一切全完了，还是保命要紧。

朱祁镇索性跳下马来，面向南方，盘膝而坐，等待就缚。

身边唯有宦官喜宁随侍。

接下来的 8 年里，他将作为一名顶级演员，开始绝佳的表演，剧本的主题就两个字——保命。

护卫将军樊忠，是名陕西大汉，天生神力，平时勇武无敌，耍得一手好锤，因此在英宗驾前保卫安全。此时，早就对宦官王振愤恨至极的樊忠，拿起铁锤，狠狠地向王振头上砸去，大喝一声：

"吾为天下诛此贼！"

只一锤，将王振砸得脑浆迸裂。

一个暗无天日、黑白颠倒、鬼魅横行的时代落幕了。

完成了历史使命的樊忠，挥动铁锤突围，杀死数十人后被乱箭射死，年仅 49 岁。

一名瓦剌兵冲上来，索要英宗的衣甲，朱祁镇不给。

这名士兵拿刀要杀他，其哥哥赶忙制止，说："此不是凡人，举动与别人不同。"

朱祁镇没有武器，手无寸铁，看起来好好的，身上没有一点伤，衣服还穿得这么鲜亮，应该是个大人物。

兄弟俩将英宗俘虏，拥出雷家站，带他去见也先的弟弟赛刊王以及也先。

在此战中，明军数十万人全军覆没，从征的文臣武将几乎全部战死。

英宗被俘后，太监喜宁等一批人投降。

也先劫持英宗，妄图以他诈开各大城池，进入北京，夺回元顺帝丢失的皇位。

在宣府，也先逼迫英宗写下开门的手谕，传旨告诉守城的杨洪、纪广、朱谦、罗亨信开门来迎接。也先试图诈开城门，攻占宣府。

杨洪识破此计，知道打开城门肯定完蛋，令士兵收下皇帝的手谕，并对城下的瓦剌骑兵说："我们所守的是皇上的城池。现在天色已晚，不敢开门，而且杨洪已经去了别处。"

也先无法，只能渡过宣府河，向北而去。

为了让家里人知道自己还没死，赶快来营救自己，朱祁镇开始了自救，让使者、千户梁贵，带着他的书信回北京想办法，并去拿珍珠、黄金、白银等搞定也先。

英宗手书送达北京时，已经是八月十七日夜晚三更，从西长安门入报。

这样，土木堡之战全军覆没的消息传到了北京，整个朝廷震惊不已。京师立即实行了戒严。

朝廷里，深深的恐惧笼罩在每个人头上。整个北京，疲卒不满10万人，就是一群待宰的羊，似乎没什么战斗力。

听到英宗被俘的消息，留守北京的于谦北望哀号："誓不与虏俱生。"

救国的重任落在朱祁钰身上。

朱祁钰是朱祁镇的异母弟，比朱祁镇小1岁。母亲是吴贤妃，官方的说法是，她为宣宗做太子时的侍女，16岁进宫，生下朱祁钰。

而按《罪惟录》的说法，朱祁钰是个"野种"。吴贤妃本是朱高煦的宫女，朱高煦谋叛失败后，女眷被全部没收，充入后宫当奴隶。朱瞻基对这个美人一见钟情，赦免吴氏的罪，秘密安排她住在宦官陈符的家中。罪臣的女眷，如果成为皇妃，有损皇室的尊严，所以生下朱祁钰之后，吴氏仍然秘密地住在宫外。直到宣宗快去世时，这个事情不能再隐瞒了，宣宗只好派人将吴氏母子召进宫中，正式承认他们，托付自己的母亲张太后予以善待。

监国的朱祁钰和群臣商议：是逃，是战，还是守？

侍讲徐珵当时很有名气，也锐意功业。

太监金英召来徐珵问计。徐珵竟然胆大包天，第一个提出逃跑，

第一章 救时宰相

说:"验之星象,稽之历数,天命已去,惟南迁可以纾难。"

兵部左侍郎于谦听闻后,厉声说:"言南迁者,可斩也!京师为天下之根本,一动则大事去了!独独不见宋代南渡的事情吗?为今之计,速召天下勤王兵死守。"其他大臣纷纷表示支持于谦的主张,必须坚守北京。

在于谦看来,也先精于骑射,擅长野外作战,但是兵力有限、火器较少,特别是不善于城墙攻坚战,而紫荆关、居庸关等关口以及北京等城池,工事坚固,易守难攻,在军事上有战胜瓦刺的把握。

徐珵听到于谦"南迁可斩"的一声断喝,犹如五雷轰顶,吓出了一身冷汗。

第二天,于谦再次上疏指明徐珵当斩:"京师为天下根本,宗庙、社稷、陵寝、百官、万姓、帑藏、仓储咸在北京,若一动则大势尽去,宋代南渡之事可为借鉴。徐珵妄言当斩。"

孙太后和郕王同意了于谦的主张,决定守卫北京。于谦和徐珵从此成为死敌。

随后,北京的领导系统仓皇建立。

八月十八日,孙太后再次命郕王朱祁钰监国,负起救亡图存的实际责任。

八月二十一日,孙太后看兵部左侍郎于谦可堪大任,将他升为兵部尚书,把备战御敌的重任交付于谦。

八月二十二日,司礼监太监金英传奉孙太后圣旨,立英宗的儿子、皇长子朱见深为皇太子,时年3岁。郕王为辅助,代总国政。

但在明朝,兵部尚书不能直接指挥军队,于谦还是个空架子。

正统十四年(1449)秋八月庚午,下午5时,郕王朱祁钰在午门摄朝,言官、延臣一个接一个,宣读弹劾土木堡之变罪魁祸首王振的奏章。

王振的同党马顺仗着自己是锦衣卫指挥,权力很大,目中无人地和大家大声争吵了起来,不仅为王振辩护,还厉声呵斥言官、大臣们快滚,言辞之激烈、态度之嚣张,令人血脉偾张。

大臣们被激怒了,开始群殴马顺,揪的揪,捶的捶,踩的踩,打死了马顺。宦官毛贵、王长随也是王振之党，大臣请求将他俩依法惩治。朱祁钰也只好答应了。殿廷的卫士红盔将军，抡起瓜锤，"嘭嘭"两声，直接将这两个宦官捶杀，鲜血溅了一地。大家拖着3具血肉模糊的尸体，扔在东安门下。

路过的士兵和百姓听说他们是王振的死党，也参加了辱尸，大家对着3具尸体用脚猛踢，争击不已。

朱祁钰心里害怕极了，没见过这么恐怖的场景，几次三番站起来要跑回寝宫。

于谦奋力从人群中挤过去，连袖子都扯脱了，紧紧拉住朱祁钰的衣服，让他不要走，说："殿下止步。王振为罪人之首，不籍没他，无以发泄众人心中的愤怒，并且群臣一心只为社稷，无其他意图。"听了这一番开导，朱祁钰心里才安稳一些，坐了下来。

大臣们尽管出于正义，打死了王振的3个走狗，但是毕竟群殴死了人，会不会被追究罪行，大伙儿心里没有底。于谦请求朱祁钰给大家免罪："请再宣谕群臣，王振罪行固然应族诛，等启奏太后后，再族诛不迟。马顺罪恶应死，对大家今日之事不予追究。"

朱祁钰觉得于谦的话有道理，降下令旨说马顺罪行应死，对大家不予追究，并奖谕了百官，让大家回去安心做事。

九月十三日，于谦、王直等文武百官，集体请于孙太后："圣驾北狩（指英宗被俘），皇太子幼冲，国势危殆，人心汹涌。古云：国有长君，社稷之福。请定大计，以奠宗社。"

孙太后对此批答，表示同意："卿等奏国家大计，合允所请，其命郕王即皇帝位。"礼部制定礼仪，择日行登基大礼。

九月癸未，郕王即皇帝位，遥尊朱祁镇为太上皇，诏赦天下，改第二年为景泰元年（1450）。

朱祁钰一登基，立即授予于谦"提督各营军马"的权力，这样，在京的所有将领、军队都必须听从兵部尚书于谦的指挥。于谦毅然以社稷安危为己任，筹备保卫北京。

第一章 救时宰相

原大同副将石亨在大同战败后，单骑逃回。英宗随后派他协助守卫万全。当英宗处于危险之时，石亨坐视不救，因此被贬官，戴上刑具，关押在诏狱。

总兵杨洪镇守宣府，土木堡之变时没有出城营救英宗。杨洪因此被逮进诏狱。

此时，于谦将杨洪、石亨从诏狱中释放。由于谦推荐，景帝（也称为明代宗）命都督杨洪仍守宣府，升为昌平伯；升都督石亨为武清伯，充总兵官，在北京管军操练。

在于谦的领导下，形成了由胡濙、杨宁、石璞、张凤、俞士悦、杨翥、何文渊、孙原贞、仪铭组成的文官集团，以及由石亨、杨洪、柳溥、郭登、朱谦、罗通、方瑛、毛胜等组成的武将集团，成为保卫北京的核心。

为了打持久战，增强防御力量，于谦派廷臣分赴各地，选兵勤王。

于谦调动北京、南京、河南备操军，山东及南京沿海的抵抗倭寇的军队，江北及北京诸府的运粮军，全部开赴京师操练，总兵力达到22万人。

正统十四年（1449）秋八月二十三日，也先劫持英宗经过大同。先前，郭登已经回到大同，督率军民严加守御。瓦剌军久攻不下，以英宗为要挟，想诈开城门，令大同守军出降。

郭登知道朱祁镇此时已经无用，与其说他是个皇帝，此时还不如一个匹夫。

只要有郭登在，那大同则固若金汤。

也先来到大同城下，说，只要金币足够，就送还朱祁镇。

然而郭登不上当，始终关闭城门。英宗很恼火，派人质问郭登："朕与你是姻亲，为什么把朕当外人，拒绝朕进入城内？"

郭登派人回答："臣奉命守城，不敢擅自开启、关闭城门。"

英宗无计可施，由此痛恨郭登。也先见英宗诈不开城门，派跟随朱祁镇的校尉袁彬入城，继续索要金币。

朱祁镇命取2.2万两白银来，先以5000两赐给也先，再以5000两赐给伯颜帖木儿等3人，其余的分给瓦剌兵。

过了几天，朱祁镇命袁彬进入大同城，来取赏赉之物。大家已经按照他的吩咐，筹集了 2.2 万两白银（有书记载是 2 万余两黄金），宋瑛、朱冕、宦官郭敬等人拿出了家资以及蟒龙衣，将士们拿出衣服、彩段，还准备了慰劳瓦剌兵的酒。袁彬用一队马车载着这些物品，驶出城门，交给朱祁镇，然后分配给也先、伯颜帖木儿等人。

正统十四年（1449）十月初一，也先仍不死心，以太监喜宁为向导，打着送朱祁镇还京的旗号，与其大汗脱脱不花兵分三路，大举进犯北京。京师闻报，实行了戒严。

于谦抵挡也先的方法，来自古代的智慧——"背水一战"。

不怕死，才不会死。只有置之死地，才能激发勇气，获得生的结果。

主将石亨建议尽闭九门，收兵入城，坚壁清野，以避开贼锋，凭借坚固的城墙抗击敌人。

于谦表示反对，说不可："贼兵张狂太甚，奈何示弱，将使敌更加轻视我。"

于谦分别派遣诸将，率领 22 万军队，背对城墙，列阵九门之外。九门全部关闭，即使死战，也决不撤退。景帝命令有盔甲的士兵当天必须出城，不出城的斩首。而有盔甲的士兵仅有十分之一，九成士兵都没有盔甲。

于谦率石亨及副总兵范广、武兴等主力，守卫德胜门。于谦躬擐甲胄，出营德胜门，以示必死，泣以忠义谕三军，人人感奋，勇气百倍。

具体分工如下：除总兵官武清伯石亨陈于德胜门以外，其他将领的都督陶瑾陈于安定门，广宁伯刘安陈于东直门，武进伯子朱瑛陈于朝阳门，都督刘聚陈于西直门，副总兵顾兴祖陈于阜城门，都指挥李端陈于正阳门，都督刘得新陈于崇文门，都指挥汤节陈于宣武门，皆受石亨节制。

此外，都督孙镗驻军于城西。起用因为撤军交阯（今越南北部）而被削职为民的王通，为中军都督府都督佥事，与都察院左副都御史杨善、吏科给事中程信、户科给事中王竑，提督官军守护京城。驸马都尉焦敬巡视皇城四门，提督官军严加防卫。

于是，将士们人人抱着必死的决心，筑起血肉长城，守护家园。奋勇杀敌。

也先望见明军气势盛大且军纪严明，不敢轻犯，加之谈判无望，坚守城池的人根本不拿英宗当回事，于是下令于十月十三日强攻德胜门。

而这里正是明军的主力、于谦的防地。

天上刮起大风，下起大雨、大雪。于谦令石亨率领上千名神机营的士兵在城外两边的空房内预先设伏，派遣数名骑兵做诱饵，迎战瓦剌骑兵。战不了几个回合，佯装不敌，引诱敌人来攻。

也先果然上当，率领1万多名铁骑杀到，副总兵范广命令埋伏的神机营将神炮、火器一起开火。

也先的骑兵部队遭到重创。也先的弟弟孛罗、平章卯那孩中炮而死，一会儿工夫，几千具尸体填满了街巷，血流成河。

孛罗，为瓦剌首领脱欢之子、也先之弟，素有"铁元帅"之称。

而击毙孛罗的辽东人范广，也是一名硬汉式的名将，精于骑射，骁勇善战。他性格坚毅果敢，在诸将中鹤立鸡群，为不少人羡慕嫉妒恨。每次打仗，他必身先士卒，一向未曾败绩，深受于谦信任。土木堡之变时，他任辽东都指挥佥事，此时受尚书于谦推荐，被提拔为都督佥事、左副总兵，作为石亨的副手。孛罗死在这个名将的枪口下，也不算冤枉。

伏击战过后，范广一马当先冲出，跃马陷阵，部下踊跃跟随，勇气百倍，锐不可当，击退也先。

经过事后统计，德胜门外有3000多名明军阵亡，加上在此抗敌的1.98万人，在战后都得到了奖赏。

石亨走出安定门，与其从子石彪，持巨斧突入也先中坚，所向披靡。敌人退却，向西转移。

瓦剌兵转到了西直门外，这里有都督孙镗把守。

孙镗正统十四年（1449）升任都指挥佥事，跟随总兵官徐恭平定了浙江庆元人叶宗留领导的起义军。

这次孙镗起先表现不错，与也先部队大战，斩杀其数名前锋。虏寇向北逃走，孙镗拍马追了上去。

瓦剌不断增兵，将孙镗团团围住。对方人数实在太多了，孙镗左冲右砍，突围不出去，一边力战，一边退至城下。孙镗急忙叩门，请求进入城内。监军西城的给事中程信，赶忙下令开门，放孙镗进城。

也先见有机可乘，益发嚣张，城内人心益危。因为有军令在，将士不得入城，程信关闭城门后，又逼迫孙镗出战。士兵们已经置之死地，只有奋勇战斗了。

程信、都督王通、都御史杨善，站在城上助威鼓噪，守军用神炮、火箭轰击瓦剌军。副总兵高礼、毛福寿率兵来援。激战中，高礼被一枚流矢射伤。

石亨也率军来援，将敌人合力打退。

也先转向南门，知道明军已经由羊变成了狼，士气稍微收敛。

十月十四日，石彪率精兵1000人，引诱也先军队至彰义门（今北京广安门）外。

也先见石彪兵少，提兵来战，石亨率众人痛击，副总兵武兴、高礼、都督王敬也英勇奋战。前队是神机营的都督范广，以飞枪、火箭等火器轰击，杀伤甚众；后队用箭雨压阵，挫败其前锋。

也先部队追至土城。混战中，武兴被一枚流矢射死。

土城的居民纷纷爬上房顶，大呼大叫，投掷砖头、瓦片击敌，喊声动天。敌人稍微停止了攻势。

王竑及毛福寿率军赶到，敌人远远看到他们的旗帜，匆忙退走。

于谦派出间谍，偷偷告诉朱祁镇要移驾远一些。做好这一切后，于谦令石亨等人在夜里进攻。那间谍举火，给予定位，大炮朝那火光处猛轰。也先猝不及防，死者上万人。

景帝又敕令提督居庸关的副都御史罗通等人，领精兵5000人赴京策应。

而未进关的瓦剌兵，运来板木、草束进攻居庸关。守关的明军用火器还击，瓦剌兵没占到一点便宜。

相持5天，也先遭遇惨重失败，谈判没有希望，知道不可能攻占北京了。

而各地的勤王师正向北京赶来,要断其归路。

也先劫持英宗从良乡方向撤退,在所经过的州县大肆劫掠,百姓苦不堪言。

景帝哈哈地笑了,客客气气地致书太师也先,还想把朱祁镇捞回来。信中说,使者送来书信,知道太师欲送太上皇帝回北京,足见厚意。太师倘能退到山下,只派遣一二十人解甲置兵送至中途,我方也当派遣一二十人解甲置兵来迎接,重加赏赐太师及众头目,以全永远和好。

也先自然不会放了朱祁镇。瓦剌军队带着朱祁镇出了紫荆关。

东路军脱脱不花没到北京,就听到也先撤退的消息,不敢入关,也匆忙撤军,北遁而去。

明军诸将乘胜追击,分兵尾随瓦剌军。

石亨与从子石彪大破瓦剌军于清风店(今河北省易县西)。

孙镗、范广与杨洪率领2万士兵追击也先,大战于涿州深沟,颇有斩获。

郭登率领所部,并纠集义勇军,从雁门关进入北京,此时,也先已经撤走了。

郭登手下在巡逻时抓获了两名也先的间谍——太监郭敬的家人把伯以及义州卫士兵王文,都是也先的亲信,郭登将两人械送北京。

他们在锦衣卫招供:也先军队在北京保卫战中死伤惨重,损兵折将不下10万人,伤亡人数超过军队总人数的一半。

而进攻居庸关的5万瓦剌军,被右副都御史罗通击退。

天气大寒,滴水成冰,凛冽的北风吹在脸上,如同刀割般疼痛。

罗通命士兵们取水灌入四周的城墙,那水在墙壁表面结了冰,滑如镜面,坚硬得如铜墙铁壁。

瓦剌骑兵围了7天,无可奈何,见城内兵精粮足,自己挨冻受饿、兵困马乏,怏怏退走。

在保卫北京的过程中,于谦指挥若定,谋略过人,他的才能得到了充分发挥。

十一月，京城解除戒严，景帝下诏，安抚天下。地方军回归本位，杨洪等人班师回到北京。

北京保卫战获得重大胜利，也先军队中大约有10万人葬身北京。

正统十四年（1449）十一月，胡虏已退，景帝诏告天下称北京保卫战取得光辉胜利。

四、论功行赏

也先退出居庸关后，景帝开始论功行赏。

然而，这些赏赐如果不公正，则会加深朝廷内部的矛盾。

于谦

正统十四年（1449）冬十月，北京保卫战还未结束，景帝就命于谦为少保兼兵部尚书，总督军务，将少保作为他的终身荣誉。

于谦坚决推辞不受。

皇帝却坚决要给他奖赏，说，国家重务委托于卿，卿当勉之，所辞不允。

许多人纷纷颂扬于谦的功绩，于谦推辞说："四郊多垒，卿大夫之耻辱，何敢邀功请赏！"

石亨

在奖励于谦的同时，石亨因为指挥有方，英勇作战，战果显著，晋升为武清侯。景帝称赞石亨、于谦"连日得报，足见尔等悉心效力"。

石亨被封为武清侯，很感激于谦，他的功劳不比于谦大，觉得自己愧对如此高的封赏。

作为回报，石亨上奏推荐于谦的儿子于冕升职。但是于谦坚决不同意，对景帝说，石亨位居大将，独独推荐臣的儿子，是出于私心，不合适。另一种说法是，于谦说，纵使臣欲为儿子求官职，自当乞恩于君父（皇帝），何必假借石亨之手？

石亨本来想巴结于谦，不徇私情的于谦却不领情，反而对石亨进行狠狠地批评。

大失所望的石亨感觉自己的好心被当成驴肝肺，于谦难以被收买，加上于谦贬低自己选才的贡献，于是转向了强烈反对于谦的立场，要置他于死地。

于谦有说过头话的毛病，容易得罪人。在拒绝石亨好意的同时，于谦指责石亨没有为军队和国家发现和提拔一名人才，显然说得过头了。

其实，石亨对选拔人才还是有贡献的，他主张唯才是举，任人唯贤，对优异者破格提拔。为弥补国家保举制的不足，他鉴于国家搜罗将才未广的情况，请求模仿汉、唐制度，设立军谋宏远、智识绝伦等科，令人才毛遂自荐，量才擢用，得到朝廷批准。

杨洪

对于有功人士，景帝批发了一大批官帽子，将白银分发了一大圈。

杨洪因功被封为昌平侯，从宣府调到了北京任职，率所部留在京师，监督京营训练，兼掌管左军都督府。杨洪的禄米达到了1100石。

郭登

对于郭登，景帝优诏褒答，其由都督同知升为右都督，任大同总兵官。

杨善等

左副都御史杨善升为右都御史，仍掌管鸿胪寺。

都督佥事纪广等升为都督同知。

范广升都督佥事。

右副都御史罗亨信升为左副都御史。

指挥同知石彪升为署都指挥佥事。

而对于英勇杀敌的官兵、百姓则兑现奖励。

右副都御史罗通击退5万进攻居庸关的瓦剌军，以逸待劳，乘胜追击，将敌人击败。因为守关立功，景帝奖励居庸关明军2万两白银、2万副胖袄。

所镇抚薛斌率领官旗23人，潜入贼营，射死一人，夺回瓦剌人掳掠的1000余名百姓。于谦报告给景帝，景帝很高兴，下诏薛斌官升2级、赏银2两，其他人都升1级、赏银1两。舍人（仆从）叶思实在京城外杀达贼，获得首级，得到3两白银的奖励；百姓任让等6人杀敌，每人得到白银2两。

连保卫景帝的侍卫官、带刀将军都督佥事张輗等2250人都得到1两白银的奖赏。

此外，还有一群失意的人，在北京保卫战中没捞到什么好处。

侍讲徐珵提倡南迁，被赶出朝廷，在北京保卫战中拖了后腿，被派到河南去招募民壮，在当地卫所操练后，等待调用。后来他改名为徐有贞，作为都察院右佥都御史，前往山东治理黄河。治水成功回到北京后，得到了景帝的当面表扬，命他暂理都察院事务。

太监曹吉祥当时在浙江、福建镇压邓茂七、叶宗留起义。等取得胜利、班师回到北京，此时已经换了人间，龙位上坐上了朱祁钰。

镇压苗人造反的靖远伯、兵部尚书兼大理寺卿王骥当时不在北京。湖广、贵州各地的苗民于正统十四年（1449）四月发动起义，包围平越（今贵州福泉）等城堡。王骥镇压了云南麓川叛乱后，走到武昌，朱祁镇命令他回师讨伐苗民。此时英宗被俘，十一月，刚上来的朱祁钰命王骥为总兵官、侍郎侯琎总督军务，镇压苗民起义。苗民起义发展迅速，平越被围半年之久，守城的巡按御史黄镐几乎撑不住，只能挖草根充饥，而王骥屯兵于辰州和沅州，见死不救。黄镐起草奏疏，藏在竹筒中，派人从小道出来，上报朱祁钰。朱祁钰立即派保定伯梁珤率2万人增援。侯琎从云南督军进军，获得大胜。王骥俘获了铲平王虫富，献给朝廷。

所以，王骥也没赶上北京保卫战。

一批人则受到惩处。

山西雁门关缺人防守，而镇守都督孙安、巡抚副都御史朱鉴都龟缩在山西城内，不出去巡边。景帝接到兵部上奏，对他俩进行了严厉批评，令其速往本关哨守，若再怠慢，必治罪不宥。

刑部侍郎江渊、兵科给事中刘清，在北京保卫战时奉命前往都督孙镗处帮助杀敌，但是江渊看到石亨处官军数量多，容易立功，跑到了石亨这里帮忙，而孙镗那边缺人，请治其罪。景帝收到六科十三道的弹劾，命令江渊、刘清赶快去帮助孙镗，再违不宥。

都指挥魏兴等人于西直门外杀贼时不卖力，先行回营。景帝收到兵部尚书于谦上奏，宽宥魏兴死罪，让其一马当先杀贼赎罪。

应城伯孙杰犯弃所守地罪，应斩首，降职为事官，送到武清侯石亨处戴罪立功。

蔚州左卫指挥使魏真，临阵逃避，命令立即在军中斩首。

河南都指挥佥事黄信，奉诏率兵进京勤王，但是他贪生怕死，延缓不进，战后被逮捕入狱，法司判决他斩罪。黄信在监狱中死亡。

还有人趁当时京城混乱的形势抢劫财物，在大白天的就杀人掠财。景帝命都察院分别派遣御史、锦衣卫官校、五城兵马司官兵，到处巡视，督限捕盗。

有人谎报也先军队来了，恐吓百姓，都被严厉镇压。

投降过来的瓦剌兵被安置在京城管辖之地，乘时并起，沦为盗贼，破坏治安。

景帝命都指挥董宽率兵指挥河间、沈阳等卫，缉捕京城的盗贼。

于谦还将投降过来的瓦剌兵征召入伍，让他们参与作战。

五、巩固北方防线

年去年来白发新，匆匆马上又逢春。
关河底事空留客，岁月无情不贷人。

> 一寸丹心图报国，两行清泪为思亲。
> 孤怀激烈难消遣，漫把金盘簇五辛。
>
> （于谦《立春日感怀》）

北京保卫战胜利后的第二年立春，于谦写下这首诗。

于谦在享受胜利喜悦的同时，总是有种深深的孤独感，他没有多少朋友，也加倍思念自己的亡妻、一对儿女以及亲人。他的老对手也先尽管惨败，但没有放弃夺回北京的念头。"一寸丹心图报国"的于谦也顾不得儿女情长，得做好部署，防止也先卷土重来。

也先进攻北京失败之后，仍然没有放弃南侵的举动，谋划夺取京城，频频派出探子来侦察情报。

而英宗，就是他手中的一张王牌。

正统十四年（1449）十一月四日，明军抓获也先的3名间谍，其中两人为喜宁的家奴，一人为忠勇伯把台麾下的指挥使安猛哥。把台战败后被俘，并没有投降。也先准备第二年春夏再次进犯，派他们来获取情报，指挥使安猛哥策反都指挥石连台，率手下将军为内应。经过法司审判，这3名间谍被斩。喜宁被抄家，对把台家产先置之不问，怕很多投降过来的瓦刺士兵会因此惊疑造反。

大同总兵官郭登也抓获了也先的间谍，械送到北京审问，他们就是把伯和王文。

锦衣卫审问得知，喜宁与也先商议，派遣他们到京师，侦察城中军马多少，大明皇帝立了没有，有无能人辅佐皇帝，预期五月送太上皇英宗回北京，谋划夺取京城。

郭登上疏说，寇骑虽回老巢，但距离边境不远。传报有云，黄河已经上冻，也先且进犯延绥。待到青草复生之时，再度侵犯京阙。事情虽然未必可信，备必先修。乞求皇上推诚待下，侧席征求贤能；明理，克制欲望，以成圣学；亲近贤人，远离佞幸，以收人望。

有人传言也先将再度进犯北京，郭登认为北京兵刚刚新选，不可轻易开战，又上疏说："今日之计，可以蓄养精锐，不可孟浪出战；可以用智，不可斗勇。兵法知彼知己，可守则守。涞水、易州、真定、保定一带，皆坚壁清野，京兵分据，犄角安营。以逸待劳，以主待客，勿求侥幸，务在万全。此谓不战而屈人之兵，善之善者也。"

既然明军不主动攻打也先，守卫边关则是重中之重。

于谦将守卫重点放在宣府和居庸关。他说："宣府，为京师之藩篱；居庸关，为京师之门户，边备既虚，万一也先乘虚而入，占据宣府为巢窟，京师能安枕无忧吗？"

学士陈循说："守卫居庸关的副都御史罗通，晓畅军事，宜召还。守卫宣府的总兵杨洪及其子杨俊皆英勇善战，宜留之京师。"

兵科给事中叶盛也上言，今日之事，边关为急务。以往马营、独石不被放弃，则六师何以会陷于土木之战？紫荆、白羊不被攻破，则寇骑何以逼近都城？即此而观，边关不牢固，则京城虽然守卫住了，不过仅保住了九门，寝陵和百姓都遭了殃。

景帝听从他们的建议，召昌平伯杨洪赴北京。为了填补杨洪走后的空缺，景帝升右都督朱谦为左都督，佩镇朔将军印，充总兵官，都督同知纪广充左将、都督佥事杨俊充右参将，镇守宣府。

命右佥都御史王竑、都指挥同知夏忠等镇守居庸关。对于居庸关以西一带的山口，明军堵塞了道路，以杜绝达贼往来。

京城周边、重镇都作了周全安排，防备也先再次南下侵略。郭登、都御史沈固镇守大同，都督王通守天寿山，都御史邹来学提督京都军务，平江伯陈豫守卫临清，副都御史罗通守山西。

北京已经十分安全，于谦认为自己难居重任，又受到一些大臣诋毁，请求辞去总督军务、少保的职务和名号，只保留兵部尚书一职。

景帝没有批准于谦的请辞。

皇帝这么重用于谦，下边的人却胡乱拆台。

翰林院侍讲刘定之曾经是探花，文章写得不错，一天能写100首诗。但是他对于谦打赢北京保卫战的功绩视而不见，肆意贬低。他的理由仅仅是于谦等人未能迎回朱祁镇，以偏概全，以一个方面全盘否定于谦的奇功，政治眼光何其短视。明军几十万将士奋勇搏杀，在他眼里仅仅是互相杀伤而已。

正统十四年（1449）冬十月，刘定之向景帝上言十事，其中胡扯赏罚之事。

刘定之说，有兵将而无赏罚，犹如没有兵将，将领不赏罚无以将其兵，君主不赏罚无以将其将。昨者，派遣石亨、于谦等将兵御虏，未闻其摧陷腥膻（指打败外敌）迎回英宗，但迭为胜负、互相杀伤而已，虽不足罚，亦不足赏也。今石亨自伯爵升为侯爵，于谦由二品升为一品，天下之人未闻其功劳，而但见其奖赏，岂不懈怠忠臣、义士之心乎？往昔汉之图恢复，所倚仗者是诸葛亮；宋之图恢复，所倚仗者是张浚，其人皆忠义素著、功业久立，及至街亭之战不胜，而诸葛亮降丞相之号。符离之役未捷，而张浚解都督之职，待收后效，乃恢复前官。今宜使石亨等但居旧职，勿受新升，以崇尚廉耻之节，以振作敌忾之气，他日勋名大振而加爵赏，亦何晚乎？既已给予而不忍剥夺，是姑息之政，既已提拔而不肯退职，是出于患失之心。上不行姑息之政，下不怀患失之心，则治平可计日而望。

会干的人不如会说的人。刘定之嘴巴轻轻一动，胡说八道一番，要于谦、石亨等人不要升职、不要奖赏，景帝竟然认为他说得有理。难怪于谦要打退堂鼓了。正直、清廉的人，眼里往往揉不得沙子。

第二章

我是北方的囚

一、朱祁镇保命

朱祁镇随着也先败退的军队逃命，出了紫荆关，天上下起雨雪，一连几天都是如此。

他现在唯一的任务就是保住自己的性命。以前，他万事不愁，朝廷事务由王振打理，自己可以安心当个傀儡。现在，他成了也先的阶下囚，什么都得靠自己了。

随着境遇的改变，朱祁镇沉睡的脑子越发活络起来。他并不笨，反而现在变得很聪明，知道怎么做才能使自己存活下来。

朱祁镇乘马踏雪而行，养尊处优的身体在马上颠簸着。路面忽高忽低，瓦剌骑兵如履平地，对他来说则上马下马都十分艰难。遇到危险的地段，袁彬在前边牵马，哈铭紧紧跟随在身后，生怕他摔下马来。

没有马骑的时候，朱祁镇走不动路，靠袁彬吃力地背着他行进。

袁彬是一名锦衣卫校尉，在土木堡之变中做了俘虏。在雷家站，袁彬听到英宗被俘的消息，就来见朱祁镇。

朱祁镇问道："能识字否？"

袁彬回答说能，朱祁镇就让他留下，随侍左右。当天朱祁镇就让袁彬立即写了一封书信，交给联络也先和北京的使者、千户梁贵，让他回北京去取九龙蟒、龙段匹以及6托珍珠、200两黄金、400两白银送给也先，以稳住对方，不要对自己下手。

哈铭是先前随使臣吴良来到漠北的，被瓦剌兵扣押在这里。还有一个人叫卫沙狐狸，也随朱祁镇来到漠北，负责供应柴薪、挑水，劳苦备至。这三人组成了服务朱祁镇的后勤小组。

既入敌寇大营，也先来见朱祁镇。士兵宰杀马匹，拔刀割肉，烤好后，再端给朱祁镇进食。

他们对待朱祁镇,采用的还是君臣之礼,认为朱祁镇是他们名义上的主人,也先领导下的瓦剌只是一个偏安漠北的政权。

也先对朱祁镇说:"你不要忧虑,终当送还你回去。"

朱祁镇因为没有回到他的安乐窝北京而郁闷不已,听也先这么说,也不再多说什么。也先在没有得到足够多的银子、城池之前,是不会放了他的。

两人吃罢,也先辞去。

朱祁镇随也先大军一路北逃,来到小黄河苏武庙。伯颜帖木儿的妻子阿挞剌阿哈剌,见到朱祁镇,令侍女设帐迎驾。大家宰了羊,进献给朱祁镇,还频频劝酒。

也先在于谦的打击下败得一塌糊涂,对待朱祁镇也有些客气起来,并没有虐待他。朱祁镇白天出行有时坐暖车,有时乘马,瓦剌民众见了他,皆于马上向他叩头,或在路上向他进献野味。也先每每宰马设宴,必先向朱祁镇敬酒,弹起虎拨思儿,自弹自唱,瓦剌民众齐声唱和。也先每两天进一只羊,每五天到七天设一次宴,朱祁镇每天都能喝到牛乳、马乳,又得到他们送来的一顶窝儿帐房,住宿条件也有所改善。大同王、赛刊王皆跪下向朱祁镇敬酒,口中念念有词地说,您是中原圣人,天缘幸会。朱祁镇摆脱了作为战俘的心理阴影,找到了当主人的感觉。

阿剌知院宰杀马匹,设宴招待朱祁镇。

伯颜帖木儿成了朱祁镇的好朋友,是朱祁镇的贵人。

他为瓦剌贵族、也先的重臣(一说为也先的弟弟,一说为阿鲁台太师的儿子),统率瓦剌的左翼诸鄂拓克。

英宗被俘之初,瓦剌士兵乃公建议杀他,伯颜帖木儿闻言大怒,手指乃公吼道:"快滚!"

伯颜帖木儿力言:"两军交战,人马必会中刀箭,或被践踏受伤,或被压死。今大明皇帝,独独不被践伤、压死,身体也没中刀箭,而问那颜、问我等,无惊恐之色,无怨怒之语。我等久受大明皇帝的厚重恩赏,虽老天有怒气，推而弃之于地下，而未尝使其死亡，我等何必去违反天意呢？那大人派遣使者告知中国，迎回天子，大人不是有万世好男子的美名吗？"

也先和众人都表示赞同，留下了朱祁镇一条命。

此后，英宗就跟着伯颜帖木儿的大营行动、住宿，得到他们的仔细看护。

朱祁镇派哈铭致意伯颜帖木儿的妻子，让她吹吹枕边风，劝伯颜送他还朝。

伯颜的妻子很为难，说："我一个妇人，能做什么呢？但是，我家官人洗濯，我侍候他脱下头巾时，也当向他进一言。"

伯颜一向对待朱祁镇很友好，出去打猎，打得一只野鸡来进献，顺便还拿来一壶酒。那盛酒的器具看起来很特别，口子小、腹大。

到了朱祁镇的生日（圣节），也先还来祝贺，进献蟒衣、貂裘，摆了盛大的筵宴。

天寒地冻，朱祁镇怕冷，哈铭、袁彬常和他一起住宿。每天夜晚，朱祁镇让袁彬当"人肉热水袋"，以两胁温暖他的双足。

一日早晨起床，朱祁镇打着哈欠，对哈铭说："汝知道吗？昨夜，汝手压在我胸上，我等汝醒了，才把你的手拿开。"

朱祁镇又说起光武帝和严子陵共卧一床的事情。严光（字子陵）与东汉光武帝刘秀是同学加好友。刘秀当皇帝后，盛情相邀严子陵去当官，但他隐居不仕。后来，刘秀请严光到宫里去玩了好几天，两人晚上还睡在一起，严光睡熟了，把脚压在刘秀的肚子上。尽管同窗情深，但刘秀说服不了严光出来做事，就放他走了，严光从此就躲在桐庐富春江畔（今桐庐严子陵钓台）生活，天天钓鱼。

哈铭听到自己得到了和严光一样的待遇，向朱祁镇顿首感谢。

一天晚上，朱祁镇走出帐房，仰观天象，对袁彬说："天意有在，朕当终归。"

哈铭时时劝慰朱祁镇不要忧虑，不然朱祁镇真要愁出病来。

回北京，成为他们坚持下去的最大念想。

骚扰边境

也先分调各部，袭扰明朝边境。

由于于谦先前派人告诫各边将，边防重镇修建了城堡，选拔精锐，做好了防备，并且于谦还告诫他们不要中了贼人和谈的奸计。

因此，也先碰到的对手犹如铜墙铁壁，不再是"傻白甜"式的对手，他的挑衅全部失败。

郭登败之于大同栲栳山，朱谦败之于宣府，杜忠败之于偏头关，王翱败之于辽东，马昂败之于甘州。

于谦将一些有才能的将领放到大同、宣府前线，抵抗也先。也先犹如一条猎狗，碰到了一只刺猬，转来转去无处下口。

景泰元年（1450）闰正月，都督同知范广、纪广和都指挥杨信，依照景帝的命令，将在怀来、长安岭等处出没剽掠的瓦剌士兵300余人剿灭尽绝，以除边患。

按照也先的计划，瓦剌将占据大同，作为蚕食朝廷领土的根据地。但是，大同有智勇双全的郭登，扭转了缺兵少马的不利局面，让也先的计划化为泡影。

景泰元年（1450）闰正月，几千瓦剌士兵从顺圣川进入大同境内，大同总兵官郭登率800名骑兵尾随，伺机杀敌。一前一后行了70里，到达水头，日头已经下山了，双方休兵扎营。

到了夜里二鼓，有人报告郭登："驻扎于东西沙窝的贼营，里面堆放的皆是自朔州抢劫回来的东西。"

郭登召集诸将问计，有人不想打，胆怯地说："贼众我寡，莫若全军而还。"

郭登表示反对："我军距离大同城已经有100里，一思退避，人马疲倦，贼人以铁骑来追赶我们，即使我们想自我保全，能做到吗？"

大家已经没有退路了，哑口无言。郭登按剑起立说："敢言退者，斩。"

郭登亲率800名骑兵，径自走向数千名瓦剌兵的营地。

天色渐明，敌人以数百名骑兵来迎战。

郭登奋勇打头阵，诸军跟进，呼声震动山谷。

郭登射中2人、手刃1人，大破其众，共斩首11级，生擒哈剌等3人。

瓦剌兵崩溃败退，郭登奋勇追奔40余里，追至栲栳山，又斩首5人，夺回被掳掠的男女116人，马98匹，牛骡驴621头，马鞍75副，盔甲、弓箭、腰刀、铜铁器皿400有余。

景帝得到战报，大喜过望，晋封郭登为定襄伯，食禄1100石，给予世券，其余有功官军都得到升赏。

此战，郭登打得坚决，以800骑大破敌寇数千人，一时战功列为第一。

代王朱仕壥对郭登的表现非常满意，上奏朝廷，请求给他褒奖。

景泰元年（1450）十二月，根据代王朱仕壥的上奏，大同作为西北绝塞，在胡虏屡次进犯、官军屡战失利、精兵健马伤亡殆尽的情况下，朝廷派遣广宁伯刘安来镇守1个多月，然后还京，又有郭登充总兵官继任，多次大败瓦剌军，扭转了被动挨打的局面。

根据代王的描述，郭登刚到大同时，城中士兵不到1000人，马才100匹。虏众不时包围城池，郭登令于四门外制造木栅，近城处设下陷阱、埋伏军队守卫。同时，招募勇敢的士兵，郭登亲自监督训练数月，士气振作。

当年闰正月，瓦剌人驻扎于沙窝，郭登率兵约1000人（实为800人），乘夜直趋驱巢，擒获斩杀20余人，大破贼众而还，所获牛羊悉以给主（地方上的王），其他的牛羊烹煮慰劳有功官军。四月，虏众1万骑兵自东北方向来进攻，郭登令打开东土城，诱敌深入，举号放栅，率兵出战，擒获斩杀15人，贼人败逃。又于南门外设置陷阱，周围挖陷沟700余丈，六月，虏骑数千人又从西南方向突袭至此战场，郭登率兵出击，自早晨打到日暮，力战数十回合，不少贼中箭、中炮，非死即伤，擒获斩杀5人。又置办毒酒，准备羊肉、猪肉、香纸，伪装成上坟的人，见贼人来到，佯装逃走，贼人争食肉食、饮酒，死者尤其众多。又于四土城门设置陷阱，阔三丈、深一丈，起浮桥，旁边挖洞穴以埋伏士兵，四城角上置大小将军铳，以遏止瓦剌骑兵奔跑冲击。

先前，军民出城打柴，每为虏抓获，郭登制造偏厢车 400 辆保护军民。有从虏中回来的人说，也先最初意欲攻占大同，以为巢穴，故数次来进攻，后每次来进犯动辄失败，有一营数十人全部战死而不生还的，虏众相谓：大同新总兵有智略，自今不可与争。不久，虏果然派遣使者来求和，想奉上皇回到北京。

代王说，即今大同已安宁，军民尚缺乏粮食，郭登律己治人，善于抚绥慰谕部下，以逸制劳、以少胜众，虽古代名将，何以能超过他？郭登虽已封爵，而其奇谋秘策别人未必可知，乞求降敕褒谕，使郭登感恩思报。

兵部接到代王的奏报，景帝和大家商议，虽然郭登有功，但是已进伯爵，代王的请求没有先例，所以也就罢了。

石亨佩大将军印巡边，石彪、杨俊也表现突出，王振时期武备不修的状况一去不复返了。

景泰元年（1450）二月，大同右参将、都指挥使许贵因为杀敌有功，升为后军都督佥事。

威远卫有达贼入境掳掠，许贵亲率官军，追至蒲州营，在对敌时，斩首 13 级，射死贼马 100 多匹，夺回被抢走的男女 123 人、牛羊 450 只、马骡驴 150 余匹以及器械等物。

于谦将杰出将领下沉基层一线御敌，大明江山由此巩固，无疑是正确的。也先攻克北京成了一个无法实现、遥不可及的梦。

二、为了黄金搏命

也先之所以敢进犯边境和北京，是因为通过卧底探听到了朝廷的虚实，并为他们传递情报。如何锄奸，是于谦必须考虑的一件大事。

跛儿干，本是归降的瓦剌人，任御马监少监，工作几十年，身在皇宫，其心却在草原。

御马监是何等重要的职位！掌管御马，负责养马、驯马，更重要的是，直接统领禁军，包括腾骧四卫及四卫、勇士营。

养马就是挂个名，其实就是为皇帝提供宿卫、扈从，掌管宫禁，防奸御侮，保卫皇帝的人身安全。要是禁军造反，这个皇帝的命也基本到头了。

天天在皇帝身边活动的高级武职干部，居然是瓦剌的间谍！

难怪瓦剌每次都能洞悉明军的动向，这肯定与跛儿干的通风报信有关。还有人看到，御马监的腰牌，居然出现在了瓦剌人的地盘上。

跛儿干伪装得太好，一直没有暴露。

直到土木堡之战时，见明军崩溃，自己的性命已经无忧，跛儿干才露出内鬼的面目，帮助瓦剌兵反攻，一箭射死了皇宫里的内使黎定。

正统十四年（1449）十月，跛儿干作为也先的使者，来到北京索要东西时，才被朝廷擒获，予以诛杀。

北京保卫战前，正统十四年（1449）八月，礼科给事中金达进言，从外边逃回北京的官军，经过关隘时，没有仔细盘查，恐怕里面有瓦剌间谍随大家进城，窥觇事情。朱祁钰令监察御史、五城兵马和管军衙门，凡是有语言不流畅、面貌可疑之人，当即擒捕到官，仔细审问。

北京保卫战时，城市里实行宵禁，景帝下诏京城夜晚严禁士兵走动，派遣郎中巡查监督，防止奸细渗透。吏部增加各城的兵马指挥等官50人，以防察奸细，巡捕盗贼。抓捕间谍对北京保卫战的胜利也有贡献。

景泰元年（1450）初，朝廷又连续处决了几名大叛徒。

最先解决的是小田儿，伏诛的时间是闰正月。

小田儿（又称田达子）投降也先后，引导也先进犯。他还以贡马为名，混在也先的使团之中，伺机刺探情报，打探北京方面的虚实。

于谦密授兵部右侍郎王伟妙计，计划在大同除掉小田儿。

王伟到达阳和城，侦察到小田儿混在瓦剌人的朝贡队伍里。他预先埋伏勇士在路边，等朝贡队伍经过时，勇士突然从路边冲出来，将小田儿一把抓住，以迅雷不及掩耳之势，用利刀砍下他的头，然后迅速撤离。

只一眨眼的工夫，这个大叛徒就死了。也先的使者也不敢来交涉。

当年二月，叛臣喜宁伏诛。

喜宁本为女真人，仗着英宗宠信，成为御用监太监，坏事做绝。

第二章 我是北方的囚

正统九年（1444），镇守辽东的太监王彦去世，喜宁奉命去检查家财，却把王彦的奴仆、骆驼、马、金银器皿、田地、食盐等私自弄走了。王彦老婆吴氏投诉后，金银器皿、田地、食盐物归原主，奴仆、骆驼、马为政府没收，喜宁却啥事儿也没有。

正统十二年（1447），喜宁向英宗索要河间府青县超过415顷（约4.15万亩）土地。户部去核查，里面大多是老百姓的田地，岂能轻易给他？最后赐给他7580亩荒闲土地。

当年，贪得无厌的喜宁侵占土地和住宅，居然欺负到太师英国公张辅的头上。

张辅向英宗告状，喜宁竟然毫发无伤，喜胜拿钱赎了杖罪。当时家奴自净属于违法，应发配到广西充军。喜胜反咬一口说，张辅也擅收自净人为家奴。英宗没有追究张辅，但将其自净身的家奴发配到广西充军。

土木堡之战，大家跑的跑了、死的死了，仅剩下喜宁跟随在朱祁镇的身边。

喜宁是个软骨头，投降了也先，泄尽朝廷机密，数次积极引导也先进犯，索取城池，抢掠财物，威胁京师安全，成为国家之仇敌、朝廷之大患，因此非除掉他不可。

喜宁为也先讨要利益。正统十四年（1449）八月，喜宁、通事岳谦等到北京索要金珠、彩币等。

喜宁以英宗为要挟，妄图攻占城池。正统十四年（1449）十月一日，也先派太监喜宁、通事指挥岳谦等人到大同城下，扬言："今天送太上皇回京，若不得正位，即使五年、十年也要进行仇杀。"大同拒不开门。

喜宁做向导夺取关隘。九日，喜宁引瓦剌铁骑攻打紫荆关。副都御史孙祥与之相持4日，瓦剌兵找到一条秘密路径攻入，孙祥腹背受敌，战死，紫荆关失陷。

十一月四日，喜宁又做向导深入大明，瓦剌兵埋伏于边境，诱使明军出战。十二月五日，喜宁与也先商议，欲南下侵掠。跟在英宗身边的锦衣卫校尉袁彬表示反对：天寒不可去。也先大怒，欲杀掉袁彬。

除掉了袁彬，就等于砍掉了朱祁镇的左膀右臂。

喜宁将袁彬引诱出大营。袁彬不曾提防，忽然冲出几个大汉，拿绳子把他捆了个结结实实，绑缚到旷野中，大汉见四下没个人影儿，要将他杀死、肢解。

也是老天有眼。英宗此时到处找不到袁彬，得到了别人传来的消息，袁彬刚才被人绑架了！朱祁镇急匆匆地赶去，救下了袁彬。

英宗视袁彬犹如自己骨肉，又切齿痛恨喜宁总拿自己当人质，数次诱导也先扰边。两人密谋锄奸，计划派遣喜宁进京传命，让总旗高斌跟他一路同行。到宣府后，找准时机除掉他。

正统十四年（1449）十二月，英宗秘密派遣高斌，向明廷传出诱喜宁入城立即杀掉他的消息。

而在朝廷方面，除掉作恶多端的大叛徒喜宁，早成了人们的共识。

景泰元年（1450）二月八日，朝廷公开悬赏：若能杀也先，赏白银5万两、黄金1万两，封国公太师；杀伯颜帖木儿、喜宁，赏白银2万两、黄金1000两，封侯爵。皇帝此次下诏，必置喜宁于死地。重赏之下，将士们擒拿喜宁的热情高涨。

万事俱备之后，除掉喜宁的时机到了。英宗先命校尉袁彬和也先商量，今欲派喜宁、总旗高斌、达官那哈出回到北京，索要礼物。

也先不知就里，就答应了，派三人上路。

英宗暗地让袁彬写了一封密信交给高斌。高斌将密信绑在大腿上，随喜宁出发，路过宣府之时，通知总兵等人设计擒拿喜宁。

在诱捕喜宁一事上，宣府右参将杨俊在上奏时做了手脚，说喜宁是自己擒获的，刻意抢功讨赏。

杨俊的奏报有自吹自擂、虚夸不实的成分，实际真正出力的还有都督同知江福。

喜宁和高斌来会盟之时，江福让十几名士兵内穿软甲、外着常服，拿着好酒、好菜出关，到野狐岭迎接他们。

双方见面，在敬酒时，高斌突然一把将喜宁抱住，两人一起坠落于城壕，高斌大呼捉拿喜宁。士兵们将喜宁合力擒获。伏兵听到信号，趁势杀出，瓦剌军不敌，败走。

那哈出回到瓦剌营地，报知喜宁被抓走了。朱祁镇得知后大喜，说："干戈长久不息，人民被害，皆是喜宁所为。今后边方宁靖，我南归也指日可待了。"

景帝接到奏报，大喜，将杨俊升为中督右都督，仍任参将，与朱谦各赏黄金20两、白银60两，高斌升为副千户、赏衣一袭。

这里就有一个问题：景泰元年（1450）二月朝廷公开悬赏的标准是杀喜宁，赏白银2万两、黄金1000两，封侯爵。标准是如此之高，为什么兑现赏金的时候竟然如此之少呢？因为景帝以为，抓喜宁是杨俊、朱谦等人职责内的事情，所以把高额赏金赖掉了。

喜宁在北京接受审判。景帝让群臣审问后，命磔杀这个叛徒于市三天，仍令沿边诸将严为守备。

喜宁作为太监里的败类，落得了可耻的下场。

翻译马云、马青有通敌卖国行为，先前胡诌也先儿子可以娶明朝公主，惹得也先和亲失败而发怒，进攻北京，此时马云、马青也被抓捕。

景帝下诏，将马云、马青逮进锦衣卫审问。

也先求和

正统十四年（1449）十一月初一，钦天监进献景泰元年大统历，景帝颁行天下。接下来的日子，便是围绕和谈、朱祁镇的去留进行争斗了。

也先的使者进贡后，要回去了，带回景帝给脱脱不花可汗写的一封信。信中陈述要和平不要战争，并强调朕继大位，岂肯再蹈前失，为奸臣所误？

所谓的和平，其实都是用拳头打出来的。也先太师在景泰元年（1450）还是在试探朝廷的实力，打得过，他肯定会继续折腾，打不过，他就会谋求和平。

三月，也先听闻喜宁伏诛，大怒，与赛刊王等分道进犯。也先、赛刊王进犯大同、阳和，大同王进犯偏头关，答儿不花王进犯乱柴沟，铁哥不花王进犯大同八里店，铁哥平章进犯天城，脱脱不花王进犯野狐岭和万全。

也先失去内奸，攻城略地屡屡失败，打又打不过，骚扰边境又占不到任何便宜，转而虚张声势，谋求停战。

也先声称将送朱祁镇回到北京，朝廷中的大臣一开始大多主和。

也先计划在五月送回朱祁镇，但是，他没放弃自己谋划夺取京城的夙愿。

所以，于谦独排众议，持拒绝和谈的态度，说："社稷为重，君为轻。"派人申戒各边将加强防守，敌若犯我，我必犯人。

当时，景帝非常倚仗于谦，看于谦这样说，于是大家不再鼓吹求和的论调，边将人人皆言战守。

也先见朝廷拒绝和谈，讹诈到的好处越来越少，就继续在边境生事，挟重恫吓，采取极限施压政策，希望在以后的和谈中捞到好处。

北方的谍报传来消息，也先逼迫总兵朱谦于关子口，明日又传来消息，瓦剌兵追赶石亨于雁门关。边境烽火连天的现状，使朝廷中的众人都很惊恐，请求大发军队去援助。

但是于谦有自己清醒的判断，知道这是也先的疑兵之计。也先大部队尚远离边塞，这些情报并不准确，必定是也先大张疑兵来威胁我方。

于谦拿出御敌方略，授意石亨坚壁清野，令各营秣马厉兵。如果也先大举进攻，仍然派遣延绥总兵率领骑兵渡过黄河去迎击，于保德州设下埋伏，截杀也先。

形势的发展再次证明于谦胆识过人，也先军队果然没来，只不过虚张声势而已。

夏四月，根据户部尚书金濂提出的建议，由于也先军队犯边，明军在马营、独石、龙门、雕鹗等处还有不少粮食，于谦令督储侍郎刘琏、提督军务副都御史罗通及宣府总兵朱谦、游击杨能等人，将粮食全部运往宣府，加强备战。

于谦看到畿辅诸州的郡兵力量非常单薄，都是战斗力较差的老兵。他征得景帝同意，派遣都指挥陈旺、石端、王信、王竑等将领，分别驻扎于涿鹿、真定、保定、易州诸处，统归右都督杨俊指挥。这些重镇屹然而立，军事实力大为增强。

右都督杨俊还提出了一个大胆的想法，请求集结重兵，大举出塞，彻底消灭也先。

于谦认为杨俊的计划太过冒险，不赞成出动全部军队去攻打，因此否定了他的建议。

于谦说，报仇雪耻，是臣等的职责。兴兵举事，关系到社稷安危。即如杨俊所言，万一我军出塞，贼以偏师牵制我军，而别遣部落间道乘虚进犯（北京），我们是自撤藩篱，非万全之计策，臣愚未见其可以实行。

景帝赞同于谦的意见，不与也先打大仗。

也先骑兵进犯宣府，总兵朱谦等率兵力战，打退了敌人的进攻，明军阵亡140人。都督江福等兵，应援不利，但也杀伤百余人。

也先这些挟重恫吓、极限施压政策效果不大，靠使用武力是无法奏效了，空抱虚名不义之质，于是他开始谋求真的归还朱祁镇。

打又打不过，讹又讹不到，手上的人质成了一个吃干饭的人。

京团营操

景泰二年（1451）十二月，于谦通过军事改革建立京团营操法，来提高军队的战斗力。

已往的军事制度，已经走过了春华秋实的上升阶段，进入严冬衰败的腐朽期。

朱棣以北伐为由，部署重兵于燕中。

永乐以来，京军分三大营——五军营、三千营、神机营。平时，五军营为营阵主力，三千营负责巡哨，神机营掌管最先进的枪炮、火器。宣德年间，征讨朱高煦叛乱以及镇压兀良哈部，都是京营兵出战，获得胜利。

洪、宣之治以后，由于边境安宁，承平日久，基本没有发生过大的军事冲突，因此军事防御方面比较懈怠。由于军人世袭制，随着军队中的老弱病残增多，公侯及他们的后代、宦官占去武将的编制，指挥系统的性能有所下降，真正能打仗的人越来越少，所以这种制度越来越不行了。

土木堡之变，京军精锐几乎全军覆没，表明这种制度已经腐朽。

这种制度有一个致命的缺陷，打仗临时调拨士兵，虽有五军、神机、三千各营参战，但由于是临时拼凑，士兵与将领互不认识，每遇调遣，号令纷更，不相统一，指挥起来不顺手，降低了军事效率。

兵部尚书于谦上言，士兵数量虽多，却全是吃干饭的，毫无战斗力。

有鉴于此，于谦对传统的"三大营"进行改革，创立十团营制度，挑选精锐，统一号令，兵将熟悉，以备警急，对提升军队战斗力十分有效。

团营制度的具体做法是：把"三大营"改为10个团营，从三大营中挑选15万名骁勇强悍的骑兵、步兵精锐，分成10个营进行团练。每个营设置1名都督领导。5000人为一小营，由1名都指挥领导。号头官1人，都指挥2人，把总10人，领队100人，管队200人。在三营都督中，推选1人任总兵官，用宦官监军，兵部尚书或都御史1人为提督。给事中邓林进献《轩辕图》，就是古代的八阵法，用来训练军队。

以10个团营团操以备警急，所以称为团营。

于谦以兵部尚书的身份督军，任总督，并推荐石亨、杨洪、柳溥为总兵，太监曹吉祥、刘永诚等监军。杨俊率领第四营。

没被挑选上的士兵，仍然归位三大营，叫老营或者"老家"。

新的十团营制度使士兵和将领相互认识，每次出征，即令原管都督指挥，所以号令统一，配合更为密切。

经过一个多月的整军备战，明军士气大振。杨洪、石亨这些老将向来老奸巨猾，其中石亨尤其贪纵，但都听从于谦指挥。于谦威令严密，目视、指屈、口奏，皆合机宜。于谦又掌握了这些将领的升迁、赏罚等大权，这些大帅、老将只有俯首听命的份儿。

随着军队战斗力的增强，也先面对明军的铜墙铁壁，更加无计可施。

三、软弱退让的人

也先经过北京之战，损兵折将 10 万人，元气大伤，已经无力跟明朝抗衡，而且利用英宗进行诱降、胁和、反间的政治阴谋又毫无作用，便决定放弃这枚棋子，频频派出使者和谈，要将英宗送回来。

朱祁镇能否回来，取决于两个人，一是送还人也先，一是接收人景帝。

也先已经从英宗身上捞不到油水，景帝和于谦也不是会耍手腕的人。如果也先讹诈一次就送一次重金，也先也绝不会放了英宗。现在的情况是：景帝方面一文钱也不出了，也先只好送英宗回来。

景帝自然不愿意朱祁镇回来，但他又受到也先的逼迫以及大臣们的制约。

也先要送朱祁镇回来，还要朱祁镇登大位，否则就对明朝进行数年的仇杀。回来可以，但是登大位的要求遭到景帝拒绝，认为归还大位，是"降尊就卑"，是"罔天（指欺骗上天）之事"。

但是所有大臣，包括于谦在内，都众口一词，要迎接朱祁镇回到北京。

正统十四年（1449）九月，朱祁镇刚被俘不到一个月，南京都察院右副都御史张纯就上疏说了 13 件事情，其中第一件就是迎复圣驾。

他的理由是为报君父之恩，必须迎接朱祁镇回来。

景泰元年（1450）春正月，朱祁镇的书信送达北京，要大臣来迎接他回去。

景帝和朱祁镇是兄弟，如果不迎接，大家的唾沫星子会把景帝淹死，骂他不顾兄弟手足之情，于是景帝命公卿集体商议怎么办。廷臣上奏，请派遣官员出使漠北，祝贺节日，并进献冬衣。

景帝说，必须派能认识太上皇的人，才能出行。

群臣一听，个个吓得直哆嗦，人人都害怕派遣自己去。既然没人出头，此事就搁置下来了。口头上说要报君父之恩，要做使臣又贪生怕死，足见这些人的虚伪。

当时，瓦剌的政事是由也先专权，他手下的骑兵数量最多。脱脱不花虽为大汗，但是士兵不多，实力不强，排第二。阿剌知院的士兵最少，排第三。君臣三足鼎立，表面上亲近，其实内心互相猜忌，暗地互相争权夺利。他们三人合兵南下进犯，得到的好处大多归了也先，而出现的弊病则三人平均分担，因此互相不满。

也先欲求和，秘密地派阿剌知院等人来和谈。知院派遣使者，进贡良马请和。边臣不知朝廷底牌，将使者留在怀来，上报朝廷请示怎么办。

于是，礼部召开会议，请求派遣太常少卿许彬、锦衣都指挥同知马政查看来使的真伪。

许彬等人查看后，说，也先果然欲议和罢兵，而且奉还朱祁镇。

景帝问尚书、学士陈循："可以和也先和谈吗？"

陈循回答："派人去谈，可以作为后备选项。"

景帝说："然。"

景帝写好玺书，厚厚地赏赐阿剌知院，说，也先挟诈，义不可从。即使阿剌必欲和好，等待瓦剌诸部落北归后，议和未晚。不然，朕不惜一战。

景帝要也先先全部撤军，再进行议和。

六月，吏部尚书王直等人又催景帝迎接朱祁镇回来。

大臣的要求是朱祁镇可以回来，但不可以做皇帝。大臣认为也先要送朱祁镇回来，是因为上天神仙启发了他的内心，使他悔悟了。这样理解政治，岂不可笑？

景帝在这件事情上是很软弱的，不反对，也不支持。

景帝指出了他当皇帝的正当合理性，又指出也先以英宗为人质，进犯北京的险恶用心。

景帝已经很不高兴了，但是还是让大家详细讨论。

也先又劫持朱祁镇来到大同，声称要选战马奉朱祁镇南归。定襄伯郭登设计，自己在城月门里，穿着朝服等候，暗地令人埋伏在城上，等朱祁镇进来以后，立即放下城闸板，抢夺朱祁镇。

也先像狐狸一般狡猾，警觉性很高，快到门口的时候，他有所察觉，劫持着朱祁镇又跑了。

秋七月，也先看到屡次议和不成，再次让阿剌知院起草文件，派遣参政完者脱欢等5人来到北京，请求和谈，商量英宗回归事宜。

景帝让礼部商议此事。

礼部尚书胡濙等上奏，要奉迎朱祁镇回北京。吏部尚书王直等商议，可派遣使者前去迎接。

最不希望英宗回来的，当然是景帝。他对两位尚书不悦地说，朕本来不欲登上大位，当时被推荐，实出于卿等人。

景帝已经认识到，朱祁镇回来，对他的皇位是很大的威胁。但是大臣们不买账，他们没有景帝现在是在位皇帝的思想，只管在迎接的事情上较劲，其中很多大臣怀念英宗的统治，暗地里铁了心要跟着英宗干。如果景帝给他们扣上谋逆大罪，他们也是在劫难逃。但景帝并没使用铁腕手段。

景帝的皇位是完全合法、正当、有效的，得到了孙太后的批准。按照朱祁钰的计划，朝廷应该与也先绝交，绝不和谈，在这种严重对立的情况下，朱祁镇就不会回到北京，也不会威胁到他的皇位。景帝的意见很明显：既然我当了皇帝，就不要迎接英宗回来了。天无二日，已经有了一个皇帝，则不宜来第二个皇帝。

因此，次日，景帝在文华殿召集文武群臣说，朝廷因通和而坏事，欲与贼寇决裂，而卿等屡次请求和谈，何也？

然而人善被人欺、马善被人骑，群臣置景帝的想法于不顾，坚决要求迎回英宗。王直说，上皇蒙尘塞外，理宜迎复。乞求一定派遣使者，勿使他日后悔。

景帝很不高兴，说，我非贪恋此位，而卿等强行树立，今天为什么搞得这么纷繁复杂？

立皇帝的是你们，要迎接前皇帝的也是你们，闹着玩儿呢？众人哑口无言，不知如何作答，唯有沉默。

如果碰到的皇帝是朱元璋、朱棣、朱厚熜这样的狠角色，这帮大臣早被廷杖打死了。然而朱祁钰什么都没做。

只有于谦从容说道:"天位已定,宁复有他?"按理当速速奉迎上皇。万一彼果然怀有欺诈,我有言辞应对。答应使者,是希望纾解边患,得做防备。

"天位已定,宁复有他"的意思就是,皇帝大位是您的,难道还会有其他人吗?

可是后来发生夺门之变,证明天位可易,于谦也可以说在此事上缺乏底线思维,往自己的脖子上套绳索。越是善良正直的人,越想不到对手是何等邪恶狡诈。

暗地支持景帝意见的,只有掌管都察院的左都御史王文,但是也没说不要朱祁镇回来。最硬气的大臣也扛不住集体所谓的愚忠。

王文是个很牛、很硬气的御史领袖。石亨这些人为什么要害他?仅仅是因为最怕他。

王文廉洁守法,为人深沉,很有城府,还是个"冷面包公",面目严冷,不苟言笑。他两总宪政,大振风纪,朝野上下都很怕他。后进入内阁任吏部尚书,他毅然担当多种重任,事有不可,多所匡正。

只是,王文在复杂的政治斗争中,总是维护当今皇帝,脑子反应比别人似乎略慢一拍,而且他性格强硬刻薄,缺少宽恕,个人恩仇太分明,不讨人喜欢。

迎接英宗,大家都表现得很积极,只有他很消极,但也改变不了整个朝廷要迎复英宗的"主流意见"。当大臣去接英宗回北京的时候,王文厉声说,公等谓上皇果真回北京耶?也先不索取土地、金帛,就送大驾回来吗?

大家都怕他,不敢开口说话。

等到商量更换太子时,王文还是率先支持景帝,换上了景帝的亲儿子朱见济。

等景帝病重,群臣想把太子之位还给朱见深时,王文还是冷处理,说:"你们哪里知道皇上中意谁呢?"只是上疏请求早立太子。

于是,朝廷内外热传王文与宦官王诚等,谋求立襄王的世子为太子。

第二章　我是北方的囚

当然这只是一种谣言。这是后话。

因此，于谦等大臣都支持迎回英宗，支持景帝意见的人非常少，可谓独木难支、孤掌难鸣。

于谦等人太自信、太大意了，没想到英宗这只所谓的"死老虎"，日后会有东山再起的机会，并且要了他们的命。

所以，这次朝廷议政，当于谦说出"天位已定，宁复有他"的话时，景帝自己也扛不住了。

景帝掌控局势的意志并不坚定，一再退让，他环顾一圈众人，面色一变，说道："从汝，从汝。"

景帝就这样轻易屈服了，说完这句话，就怏怏地退朝了。

在当时的情况下，他已经无力去反驳，心中的气愤和无奈无从诉说。

群臣出了文华门，景帝怒气未消，派太监兴安出来传话。兴安声色俱厉地大声呼喊："谁能当使者？你们这里有文天祥、富弼吗？"

兴安的意思是，明朝没有这样的能臣能完成迎回朱祁镇的重任。富弼是北宋名相，出使辽国，拒绝割地要求。而南宋末年名臣文天祥，担任右丞相兼枢密使时，作为使臣到元军中议和，落入元军主帅伯颜之手，在夜间又逃走了。

众人沉默不语，只管走路。只有王直气得面红耳赤，厉声回道："你说的什么话？臣等惟皇上之命出使，谁敢勿行？"兴安也闭嘴不语，进去回复景帝。

对于前任皇帝的处理，不妨和前朝的处理方式做个对比。

一种是严密监视式。

安史之乱后，唐肃宗将73岁的唐玄宗李隆基由成都迎接回长安，安排居住在兴庆宫（南内），称太上皇。尽管如此衰老，李隆基还每天与外人交通。李辅国强行把他迁居西内，清洗了他的亲信。只剩下玄宗只身一人待在西内，肃宗另选后宫100余人去洒扫，实际是监视他。李隆基郁郁寡欢，不到6年就死了。

另一种是直接不让回来。

宋朝靖康之变后，金军掳走宋徽宗赵佶、宋钦宗赵桓等。

徽、钦二帝先后被囚禁在燕京（今北京）、中京（今内蒙古自治区宁城县）、上京（今黑龙江省哈尔滨市阿城区）、韩州（今辽宁省昌图县）等地，最后北上至五国城（今黑龙江省依兰县），越走越远，受尽折磨。金天会十三年（1135），徽宗度过8年的俘虏生活，死于五国城。钦宗后来被迁往金上京及燕京，于被俘29年后死于燕京。

宋高宗赵构的做法是，说死也不让他俩回来。为了帝位，仁道不仁道的，他管不了了。

自从登上皇帝宝座，赵构日夜恐惧的只有两件事：一是恐惧他的哥哥赵桓被释放回国，他做不成皇帝，而且有被控非法篡夺皇位的可能性。二是恐惧将领太厉害，万一发生"陈桥"式的兵变，他的皇位难保。

而岳飞不懂他的心思，心里想的是"靖康耻，犹未雪。臣子恨，何时灭"。早年，岳飞对收揽英才抗金的招抚使张所说："今日之事，惟有灭贼虏，迎二圣，复旧疆，以报答君父！"后来，岳飞在《五岳祠盟记》中又写道："故且养兵休卒，蓄锐待敌，嗣当激励士卒，功期再战，北逾沙漠，蹀血虏廷，尽屠夷种。迎二圣，归京阙，取故地，上版图，朝廷无虞，主上奠枕，余之愿也。"

岳飞早年"迎二圣"的主张，恰恰是赵构最害怕的。"主上奠枕"不过是岳飞自说自话，实际上是"主上难以安枕"。

赵构无法说出内心的秘密，更无法驳斥岳飞。只有一个人了解他的那些小九九，即不久前从金国逃回的御史中丞、江苏江宁（今南京）人秦桧。

秦桧直指赵构内心的真实想法，建议宋跟金国和解，并达成协议，解除对赵构地位的威胁。赵构大喜过望，任命秦桧为宰相，跟金国展开谈判。

金兀术提出，和谈可以，但是和谈的前提条件是杀掉岳飞。他在给秦桧的书信中说，你朝夕请求和谈，而岳飞却图谋占领河北，且杀吾婿（金兀术的女婿夏金乌在河南颍昌一战中被岳云率军斩杀），不可以不报仇。必杀岳飞，而后和谈可成。秦桧于是决心杀掉岳飞，以表示和谈的诚意。

正当岳飞节节胜利、挺进朱仙镇（今属河南省开封市），与将士相约痛饮黄龙府时，谈判已经进入重要阶段，岳飞迎还二位被俘皇帝的言论，使赵构更加恐惧。于是，赵构下令撤退，并在一天之内，连发12道金字牌命令。岳飞接到第12个金字牌时，不能不撤军，否则就是叛变。他向拦在马前恳求不要撤退的民众垂泪说："十年准备反攻，呕尽心血。而今一天之内，化为乌有。"

赵构解除韩世忠、岳飞（枢密副使，相当于国防部副部长）的兵权，但岳飞没有察觉赵构的阴谋，"还我河山"的豪情使他一味主战、反对议和。金国暗示说，如果赵构没有能力整顿内部，就将赵桓放回来。赵构害怕了，决心铲除岳飞，令秦桧诬陷岳飞谋反，将其逮捕下狱。韩世忠质问秦桧：岳飞、岳云是不是真的谋反？秦桧回答说，岳飞儿子岳云与张宪书虽不明，其事体莫须有（指提兵谋叛的事也许有）。韩世忠怒道："'莫须有'三字，何以服天下？"

赵构害怕公开处死岳飞会激起事变，于南宋绍兴十一年（1141）将岳飞在大理寺监狱中秘密处死，同被冤杀的还有岳云和几位忠心于岳飞的部将。

第二年，宋金签署和约，宋降为金国的藩属国，每年进贡25万两银子和25万匹绸缎，金国归还赵佶的棺椁，并承诺继续囚禁赵桓和其他所有亲王。宋朝换来了随后20年的和平。

赵构以一个"辱"字，换来了一个暂时的"安"字。清初王夫之说他畏惧女真，就是个"活死人"。赵构冤杀忠良的确是活死人，但王船山指责赵构对父兄见死不救，却不知道政治是寒冬般的无情。

相对于赵构，于谦和景帝接纳英宗的做法无疑是仁道的，但毕竟是一计险招，等同于自寻死路。

景帝如果是和赵构一样的人，那于谦速迎上皇的意见，必是大逆不道，于谦会有变成第二个岳飞的危险。

然而景帝选择顺从以于谦为首的众多大臣的意见，迎回朱祁镇。

也先也没有选择做金国当年索要巨额财货以换取扣压人质的举动，因为他被一个人"忽悠瘸了"。

四、忽悠瘸了

也先派遣完者脱欢议和，明朝京官没有一个人敢去，只有一个人站出来说："国家养士，正备缓急之用，况主辱臣死，义也，其可避难？"又说："朝廷多事，安敢推辞？"

这个不怕死的人就是礼科都给事中李实，口才也不错。

于是，景帝命兴安传旨，派遣他出使瓦剌。李实为礼部右侍郎，充正使，罗绮为大理寺少卿，充副使，马显授指挥使，为通事（翻译）。

景帝在和谈代表团启程前，在左顺门召见李实等人，说："尔等见到脱脱不花、也先，必须做到立言得体。"

景帝还写了一封书信给脱脱不花可汗。

这封书信写道：我国家与可汗，自祖宗以来，和好往来，情意甚厚。往年，奸臣减少对使臣的赏赐，遂失去大义，阻拦滞留朕兄。今各边境上奏报告，言可汗尚留在塞上，杀掠我人民。朕欲命令大将出师，念及彼此人民为上天赤子，可汗杀朕之人，而朕也杀可汗之人，这与自杀有何异？朕不敢恃中国之广大、人民之众多，轻易开启战斗，唯恐悖逆上天。近来得知阿剌使者上奏称，已将各路军马约束回营，是有畏天之意，深合朕心。特地派遣使者，带书币给可汗，其更加体会朕意、符合天心。

这篇敕书里，景帝表现出和解、友好的姿态，要求停止战争，共谋和平，互不杀伤人命。里面还提到了也先扣押朱祁镇的事情，但是并没有说迎接他回来。

此外，景帝分别给也先及阿剌知院写了玺书，将白金、文绮等赠送给可汗、也先、阿剌。阁臣及各部大臣也摸清了景帝的意图，只提息兵讲和，不提迎回朱祁镇。双方由此开启了和谈大门。

李实等人和完者脱欢一起来到漠北，十七日到达位于失八秃儿的也先大营。

使者见了也先，递上玺书。也先读了玺书，便领使者们去见朱祁镇。

第二章 我是北方的囚

这是朱祁镇被俘后使者们第一次见到他。

朱祁镇住在伯颜帖木儿的大营，居住的是毡义帐服，饮食都是带着膻味的奶酪，有一辆牛车供他们使用，作为移营的交通工具。校尉袁彬和哈铭都在。

李实等人见到朱祁镇，伤心地哭了。

朱祁镇也哭泣起来，后悔自己重用王振。他心里其实还很怀念王振，但是为了能回去，必须表现出改过自新的姿态。

朱祁镇说，朕不是为游戏田猎而出来的，所以陷我在此地的人，就是王振。他本人之所以被俘，是他和王振共同瞎胡闹的结果，反正王振已死，拿王振当替罪羊，也无人反驳了。

朱祁镇询问太后、景帝、皇后的身体情况，得知他们身体都好，俱"安然无恙"，又问了二三个大臣的情况。钱皇后已经成了又瞎又跛又没生育能力的残疾人，代表团没敢告诉他实情。

原来，英宗被捉走后，孙太后和钱皇后立刻筹措了一批珍宝、文绮作为赎金，派遣使者带着这些宝贝，用8匹快马拉着，找到也先，希望这些宝贝能换回朱祁镇。

这些财宝中，包括钱皇后的所有财产。

但是也先拿了钱财，并不放人。也先的野心并不限于财产，他想玩得更大。

23岁的钱皇后因为赎人失败，日夜哀泣，向天祷告丈夫能够回来。

她本来还没有生育，这样的祷告，让她得了严重的疾病，丧失了生育能力。

她的一条大腿，也因为冰冷的地面、冬天的严寒导致血液循环不畅而肌肉坏死。

她的眼睛由于日夜哭泣，一只眼睛哭瞎了。

因此，使者没敢告诉朱祁镇钱皇后的惨状。

朱祁镇问："你们带衣服了吗？"看来，他在这里冻坏了，穿得不够暖和。

然而李实等人没有带衣服。礼部胡尚书想到过这一点，但是上面没批准。李实说，以往使者来，皆见不到您的天颜，故此行只计划和谈，没有带衣服。

李实等人把随身带的所有衣服和干粮进献给朱祁镇。

朱祁镇有吃有穿了，然后说回北京的正事：此都是小事情，但你们要与我图大事。也先欲放我回去，卿回去后报告朝廷，好好谋划。假如我能够回去，愿为黔首，守护祖宗的陵墓，我就心满意足了。

他收敛起锋芒，把自己的姿态放得很低很低，只想回去做个普通人、当个看坟人。

说完，大家哭声一片。大家看他这么惨，以前不敢说的话这时也敢说了。

李实问：皇上居于此地，也思念旧所以及以前享有的锦衣玉食吗？

又有人问：你何以那么宠爱王振，导致亡国？

这勾起了朱祁镇的伤心事，他作自我检讨，朕不能洞烛奸臣。但是，王振未败之时，群臣没人肯说出真相。今日之事，皆归罪于我。

的确，朱祁镇那时收到的消息都经过了大臣和王振的过滤，只有过滤过的好消息才能到达他那里。他如同茧房里的蚕，也只能别人怎么说，他就怎么听了，他早就脱离实际、脱离群众了。然而他的检讨未必是真心话，内心依然怀念"先生"。

相谈间，不知不觉太阳已经落山，天色渐晚，李实等人辞别了朱祁镇，回到也先的营地休息。也先摆了酒席，和李实等人一起吃喝起来。

也先、伯颜都穿着貂裘，戴着胡帽。也先的妻子也在座，但是看不清她的面容，因为她用长长的珠缨遮挡着她的面孔，一直垂到肩上。桌上的碗里盛着奶酪，盂里盛着冒着香气的牛羊肉。

大家放开肚皮吃起来。有人弹奏琵琶，吹奏着一种叫芍儿的乐器，踏着节拍唱歌，还不时过来劝酒。

也先喝了一口酒，说道，南朝（指明朝）是我的世仇。今天，皇帝使者进入我国（其实应是一个政权，并非国家），我自然不敢怠慢。如果南朝

第二章 我是北方的囚

抓获的是我，那么，你们肯留我到今日吗？

言下之意，北京如果抓获也先，肯定不会这么客气。朝廷不是也在悬重赏招募能杀掉也先的人吗？也先现在留了朱祁镇一条性命，似乎已经很够意思了。

李实等人支支吾吾，说不出什么。

也先又说，皇上在此，吾辈拿他也没什么用。我每次遣使到南朝，令你们来迎接，你们竟然不来，这是为什么？

朱祁镇显然在也先手上已经失去了利用价值，已成一枚弃子，城池、黄金、土地，什么都讹诈不到了，于是也先想放他回去搞点事情。

李实等人反复解释，表达想要奉迎朱祁镇的意思。

也先是个实在人，猜到了他们来的意图和难处，无职无权，啥也不敢做主，于是说道，南朝派遣你们来，只是通问，并非奉迎皇上。如果要皇上回去，请你们立即派遣大臣来迎接。

李实等人记下了重点，答应回去奏报景帝。

李实等人辞别也先前，朱祁镇又做了一把求生的努力，写了3封信件，交给李实，叮嘱他务必分别交给上皇太后、景帝，第三封则是给群臣的信件。

伯颜帖木儿诚心实意地约李实速速再来，促成双方和好。也先的幼子刚好也在。伯颜帖木儿指着他，对李实说："此人就是与朝廷商议通婚的人。"

也先的儿子与皇帝的公主通婚的事情，是几个朝廷翻译折腾出来的莫须有的事，朝廷根本没有参与，当然也不会承认。李实不敢说什么，只好装作没听见。

李实等人第二天踏上归途，还没回到北京，脱脱不花派遣的使者皮儿马黑麻也来到北京请求和谈。

朝廷派出第二个使团前往漠北。

右都御史杨善站出来，慨然请行。中书舍人赵荣也愿意前往。

杨善的本领，大家倒是知道的。

杨善并非进士出身，升职这么快，确有他的过人之处。他身材高大，语言诙谐，喜欢给大家讲笑话。他脑子灵光，精于计算，为人圆滑，朝会庆贺燕飨（指宴请）之礼、四夷朝贡之仪，没有人比他更熟练。他胆子大，外表柔和，内实阴忮，凡事能有利于自己的，便可不顾义理、冒着风险大胆去做。

这些性格特征，也恰恰是他能冒着风险，不顾朱祁钰的意愿，把朱祁镇救回北京的必要条件。换作别人，这事就做不成。

这次，去迎接英宗，如果英宗复位，那以后的前途真是不可限量。

大家都劝说去和谈太危险，凶多吉少，杨善却坚定地说："上皇在沙漠，这正是臣子效命之秋。"

景帝于是派遣杨善、赵荣及指挥王息、千户汤胤绩等人，组成升级版的代表团，与皮儿马黑麻一同来到漠北和谈。袁敏、尚书胡濙都说要给朱祁镇带点吃的、穿的，上面不批准，只带了金银、书币。杨善看这样不行，拿出了自己的家财，给英宗买了一些必需品带上。

但是，景帝的本意仍然只是和谈，没有指示要迎回英宗，敕书上对此只字未提。

杨善代表团出发不久，在路上遇到李实。李实向他一一介绍了出使的情况。

杨善听罢，高兴地说："和谈进展不错。即使敕书里没有写的事情，也可以相机行事。"

李实回到北京后，向景帝详细汇报了也先的情况以及朱祁镇的生活起居。

文武大臣一起上疏说，李实出塞的时候，在道路上遇到也先的骑兵，他们听闻要议和，都额手称庆。等李实见到也先，也先殊为欣喜，称迎接英宗的使者如果晚上来，第二天一早英宗就可以出发。

李实又汇报说，也先已经悔过，宜迎复英宗。

大家都盼望迎接朱祁镇回来。

景帝听罢，心里不愿意，还想拖一拖，说，也先狡诈。杨善已去和谈，将会把写有迎复之意的敕书交付也先。

大臣装作听不懂朱祁钰的话，反驳说，也先不狡诈，臣等已经详细询问李实。他们的使者来讲和，我们应当派遣使者回应。今对方请求迎复英宗，而我们不与他们立场一致，是轻视迎驾、不重视讲和。我们不迎驾归来，何以讲和？

大臣们不理会景帝的意思，非要迎接英宗回来。景帝令大家再议。

李实得寸进尺，还要跟景帝敲定迎复的日期，说，也先约臣去迎驾，不要超过八月五日。臣言须得圣旨，不敢擅定日期。也先说，日期必不可失，遂令渠长和罗绮（出使瓦剌的副手）一起，前往大同，并且也先调回了骚扰我们边境的人马。臣还经过怀来、宣府，看见军民已经敢走到郊外割草放牧，诚然这不是空话。伏望陛下俯从群臣的请求，如果对方有欺诈，我方也可以搪塞他。若超过所约定的日期，再欲派使臣去和谈，到那时，谁也不敢去啊。这真是步步紧逼啊。

景帝听李实这么说，还想继续拖延时间，说，姑且等待杨善归来。

监察御史毕銮又开口催促，群臣之情急切，而陛下一定要等待杨善归来。中国所恃者是信义，不迎复则为不义，超过日期则非诚信。即使对方有诈，我方已有准备。

翰林邢让也表达了相同的意思。

面对大臣的步步紧逼，景帝无奈地说，上皇是朕的兄长，岂有不迎回之理？也先情况叵测，正欲打探清楚。如果对方情诚，而迎接英宗，又怎么会晚呢？

大臣们热情积极，又有谁知道景帝心里的苦楚和担忧呢？君臣关系如弹簧，你强他就弱，你弱他就强。

北京后方在紧逼，前方却快马加鞭，已经自作主张，要靠三寸不烂之舌，把英宗弄回来。

杨善出境后，也先听到消息，派一个叫田民的亲信，作为馆伴来迎接。

其实这人是个探子，来排摸朝廷的底细。大家坐在帐中饮酒，喝得高兴，田民对杨善试探道，我也是中原人，可惜被留在此地了。之前在土木堡，你们六师为什么那么疲弱呢？

田民在打探军事情报，试图摸清明军现在的实力。如果实力弱，也先将不会放人。

经验老到的杨善知道其来意，并不挑明，不动声色地说，当时，六师劲旅全部在南征（邓茂七），而王振欲邀请太上皇驾临其故里，出动的军队只是扈从而已，根本没有做战争准备，所以溃败。虽然如此，也先仅仅是侥幸获胜，未必是福。现在，南征士兵全部回到北京，多达20万人。又招募中外材官技击之人，得到30万人。教他们全部使用神枪、火炮、药弩，射击必定命中，百步之外能洞穿人马，然后再穿透七层铠甲。又用言者之计，在沿边要害处，皆隐藏三尺铁制的金锥，部署之处，可以立即刺穿马蹄。埋伏的刺客数量众多，如果夜晚偷袭敌营，他们的身手会灵活得犹如猿猱一般。

听得田民都傻了。其实，杨善说的多半是假话。末了，杨善还假装叹息说，这些都已经过去了，弄这些已经无用了。

田民问道，怎么说没有用呢？

杨善答道，和议成了，大家欢饮美酒，亲热如同兄弟，这些部署又有何用？

临走时，田民拿了杨善送给他的礼物，很高兴，回去后，将这些假情报告诉了也先。

也先听了，也相信了，感到打不过已经组织起来的明朝，更坚定了他和谈、释放朱祁镇的决心。

七月二十九日，杨善等人到达也先大营。不巧的是，也先出去打猎了。或许这是他的刻意安排，故意冷落一下代表团。

八月初二，杨善代表团与也先相见。杨善给了也先很多礼物，也先也很高兴。

在谈判会议上，也先对于当年王振削减马价之事仍然耿耿于怀，就是这个事情惹得他大为恼怒，为此不惜一战，于是追问当年削减马价的原因。

也先问道，两家和好年头已久，这次为何拘留我使臣，减少了赏赐？

杨善回答道，太师，您的父亲在永乐年间，派遣去朝贡的使臣不过三四十人，所讨来的物件随意给你们，你们都不计较，所以能长久和好。今派遣的使臣多至 3000 余人，带来之人，有的为奸为盗，潜伏下来，躲藏在大明，留他们何用？使臣到北京后，虚报数量很多，朝廷只按照在的人进行赏赐，虚报者不给赏赐，这样赏赐不是减少了？但即使是稚童也无不加以赏赐，赏赐的金帛、器服络绎载道，岂能说对你们赏赐太薄？

意思是，我们对你们每个人赏赐得很够意思，是你们来的人太多，实在太贪心了。

也先无话可说，只好说，者（就是对的意思）。

以往占便宜占惯了，人家不给就翻脸，还是得怨自己太贪。

也先咄咄逼人的神色有所缓和，杨善于是说道，太师为北方掌军马的大将，却听小人之言，忘记了大明皇帝的厚恩，便来杀虏人民，上天好生，太师好杀，甚是悖逆天道。今和好如初，您可以早早收回军马，免得上天降灾。

也先笑道："者！者！"

也先又质问扣留使者以及帛的质量问题：那么你们为什么扣留我方使者？给我方的帛，怎么有裁剪尺寸不足的呢？

杨善说，一些帛裁剪尺寸不足，是通事干的，事情败露后被诛杀了。而你们进献的马匹，其中也有劣弱的，进献的貂皮也有次品，难道是出于太师之意吗？至于跟随使臣的从人，在其他地方做奸盗之事，有人已经遇害了，我们扣留他们又有何用呢？

就是说，朝廷没有扣留使者，他们没有回来，是因为干坏事，已经被别人杀了。翻译因为通敌，已经被法办，因此帛的尺寸不够的问题可以推到翻译身上。

也先又问起铁锅交易的事情。杨善说，此是老百姓之间的市场交易，朝廷岂能知晓？

杨善一一驳斥了也先的质问，又详细讲述了从明初至今各个皇帝对蒙古部落的恩遇之厚，劝他不可忘恩。天道好生，今也先纵兵杀掠我方百姓，上干天怒了。

杨善与也先反复辩论，滔滔不绝，不下数千百言，说得也先心服口服。

也先又想到了英宗回去后，将有什么待遇，问道，上皇回去后，还能临御天下吗？（《明英宗实录》记载："还坐天位否？"）

杨善给予否定的回答："天位已定，不得再易。"

也先有点失望，心里希望英宗执政，于是问道："古代尧、舜之事如何？"

古代有尧舜禹传位的说法（可能也非事实，也有舜逼尧、禹逼舜、汤放桀、武王伐纣的说法），因此也先希望景帝将皇位传给英宗。

杨善反过来说道："尧让位于舜，今日兄让位于弟，正与尧舜一般。"哥哥可以把皇位禅让给弟弟，而不是弟弟传位给哥哥。

也先心悦诚服，心里的怨气基本消散了。事实已明晰，逻辑已通畅，双方心结由此解开了。

知院伯颜帖木儿真是朱祁镇的好哥们儿，见他不能回去当皇帝，这时又跳出来，请也先扣留下杨善等使臣，再派人去问，如果允许朱祁镇登上皇位、临御天下（正天位），再送他们回去。

这样，瓦剌就可以干预朝政。

也先也觉得朱祁镇回去当皇帝的机会渺茫，反驳说，以前让他们派遣大臣来迎复，现在大臣已经来了，我们又去问话，是我失信了，做人不可没有信用，让他们迎接回去吧。

平章昂克想把朝廷当"杀猪盘"，不能轻易让朱祁镇就这么走掉，想再要点东西，于是问杨善，你欲迎复英宗，带来了什么礼物没有？

杨善看了一眼利欲熏心的昂克，忽悠他说，若拿礼物来迎接上皇，后人必定会说太师出于贪贿、图利而归还他。今天不用礼物而迎复英宗，才见太师有仁义，为好男子，此事写于史书上，万世皆会称赞。

被灌了迷魂汤的也先，认为杨善说得不错，连连说好："者！者！史书中一定要好好写写这件事情。"

杨善就这样，在没有景帝指示的情况下，自作主张，把送还英宗的事情定下来了，而且不用花一两银子，不用割让一寸土地。

当然，也先集团也有自己的小九九：这次放英宗回去，如果他能做皇帝，必定会对也先友好；如果他做不了皇帝，必会爆发皇室危机，朱家两兄弟会为皇位做一番你死我活的搏斗，削弱国家的实力，到时，也先就有机可乘。

于是，也先带杨善等人去见朱祁镇。朱祁镇终于盼来了他的救星，为期一年的囚徒生涯结束了。

次日，也先在大营设宴款待朱祁镇，与妻妾依次祝酒。杨善侍立于一侧，在饮酒的过程中，也先几次令杨善坐下。朱祁镇让杨善听从太师之言，坐下来吃饭。

但杨善不干，还是坚持站立着，说："此处虽是草野，不敢失君臣之礼。"

也先看了看，眼里流露出羡慕的神色，说道："中国有礼。"

大家酒喝好了，宴会结束，也先送朱祁镇走出大营，只有杨善一行饿着肚子。

第三天，也先专门宴请杨善等使臣。

第四天，伯颜帖木儿设宴款待朱祁镇。

第五天，伯颜帖木儿设宴款待使臣。

第六天，朱祁镇将启程回北京。

也先早先造了一个土台，设座位于其上。也先率众人拜辞，进献良马、貂鼠皮、银鼠皮，其妻妾也来拜辞。也先与渠帅送英宗的车驾，走了大约半日路程，终于到了分别的时候。也先下马叩头，解下身上的弓箭、箭袋、战裙，进献给英宗，与渠帅拜伏于地，恸哭而去。

伯颜帖木儿仍不肯走，独送朱祁镇到达野狐岭，在帐房中进酒。

既毕，伯颜帖木儿屏退左右，告诉哈铭，我也先顺应天意，敬事皇帝一年了。皇帝此来，为天下也，归时还当做皇帝，即是我主人，如有缓急，可得告诉我。

伯颜帖木儿明确表达了支持英宗上位的意图。

众人皆于道旁送驾，进献牛羊。

杨善大呼："皇帝行矣！"

伯颜帖木儿再送驾出野狐岭口，朱祁镇揽辔，给予慰藉，而后道别。

朱祁镇尽管是个战俘，却是个有尊严的战俘，回京的仪式也搞得如此隆重。

明代文学家冯梦龙分析说，杨善之遣，只是探问消息，最初未有奉迎之计。被杨善一席好语，说得也先又明白、又欢喜，即时遣人随杨善护送上皇来归，奇哉！然而有三个因素有机可乘：一是势利之辈皆欲归还君王；二是继使者十辈之后，先前已经有了和谈的基础；三是纷争之际，容易以利害动心。房狙依照晋、宋的故事，方以（朱祁镇）奇货可居。而朝中诸臣，一则恐怕遭受房之欺骗，二则恐惧拂逆嗣立者之意，相顾推诿而莫敢任。杨善义激于心，慨然请往，不费尺帛半镪，单辞完璧，此又岂是厮养之卒敢望哉？土木之战是一时误陷，与晋、宋国力削弱不同；而也先好名，又非胡刘（指宋夏边境的刘氏、胡氏家族）、女直（指女真族）残暴无忌可以相比，也远远不够强势，所以杨善之言容易入耳。假使在晋、宋往时，即使有一百个杨善也无从插嘴。然而当时印累累、绶若若（指众多），而慨然请往，独有一个都御史！即使无杨善之口舌，难道也没有杨善之心肝乎？

表扬了杨善既有口才，又有忠君的心肝。

为了避免帝王重蹈朱祁镇的覆辙，也为批评大臣贪生怕死不敢去迎接朱祁镇，英宗还没有回到北京，山西都司的史官贾斌就编写了一本《忠义集》进献给景帝，上奏请求出版发行。

贾斌说，昔汉桓帝不任贤臣而权归宦官，唐文宗（李昂）忽略良佐，而受制于家奴，至于像宋代之徽宗、钦宗从房北行，是小人道长而阉寺当权导致的。对此前帝王的覆辙，后世的人君应当夙夜敬惧，不可袭其迹而重蹈。我国家列圣相承寰宇，宁谧长达几百年。最近，胡寇进犯边境，未闻有一人敢奋勇督众以迎击；上皇被留房庭，未闻有一人能致身致命以翼蔽。往昔，豫让能报智伯之仇（豫让为春秋战国时晋人，为晋卿智瑶的家臣。智氏被灭后，豫让用漆涂身，暗伏桥下，谋刺赵襄子未遂，后为赵襄子抓捕。临死时，豫让拔剑击斩赵襄子的衣服，以示为主复仇，然后伏剑自杀)，王孙贾能雪湣王之耻（王孙贾为战国时齐湣王的侍臣，齐国被乐毅攻破后，齐湣王被楚将淖齿所杀。王孙贾在齐国街市上振臂一呼，率众人杀死淖齿)，颜杲卿骂安禄山为羯奴，李若水诋金人为狗辈（吏部侍郎李若水随宋钦宗至金营，金人逼钦宗易服，李若水怒斥完颜宗翰，被害)，皆是各为其主。昨之群臣，难道真的无一人能捐出生命以赴之吗？皇上宜阅唐太宗之三鉴（指以铜为鉴，可正衣冠；以古为鉴，可知兴替；以人为鉴，可明得失)、司马光之五规（为政为官五规：保业、惜时、远谋、谨微、务实)，举直错枉，亲贤赏功，对进谏者温言鼓励，对阿谀者厉色斥责，端其本而澄其源，慎其始而虑其终，则天下如果不臻于太平，臣就不信了。

礼部认为他言之有理，建议景帝借鉴其编写的《忠义集》，但是不必出版发行。景帝表示赞同。

五、礼薄礼厚？

在北京，大家也在做迎接朱祁镇的准备。但是，大家在迎接的规格、礼节上，又陷入了争斗。

工部尚书高谷、给事中刘福等人说："奉迎上皇，礼节不宜太薄。"景帝敕令做两手准备，一是礼部制定迎接、朝见朱祁镇的仪注，二是令兵部及各营总兵官严整军马，防备不虞。

礼部连日举行会议，但是迎接的规格定不下来。规格低了，不像话，堵不住大臣们的嘴；规格高了，景帝也不允许，他就不想高规格迎接朱祁镇。

百官集会于议所，讨论迎复礼仪的问题。

都御史王文一如既往，第一个开炮。他忽然厉声说道，哪个以为（朱祁镇）回来了？黠寇不索要金帛，必定索要土地耳！

王文的信息已经落后了，因为杨善已经凭一番忽悠，忽悠瘸了也先，使也先放了朱祁镇,此时他已经在路上了。

大家一向都惧怕王文,畏之如虎,唯有面面相觑,不敢说话。

太子太傅、礼部尚书胡濙等人借鉴唐代故事,定好迎接仪式,送往内阁定夺。

内容大致是:天宝之乱,唐玄宗逃往蜀地,肃宗即位于灵武,尊玄宗为太上皇帝。肃宗收复两京,迎还上皇。至了咸阳,准备了法驾,望颜楼。上皇在宫南楼,肃宗着紫袍,望着楼上,拜舞楼下。上皇下了楼,手抚肃宗而哭泣,辞让黄袍,亲自为肃宗披上黄袍。肃宗伏地,顿首固辞。上皇曰:"天下人心皆归于汝,使朕得保余龄,汝之孝也。"肃宗才接受。今备法驾于安定门外,诚为太简。

这里引用唐玄宗在安史之乱后回到咸阳的故事,李隆基辞让黄袍,让唐肃宗李亨继续当皇帝。李亨伏地磕头,假意推辞一番,最后在李隆基的苦劝之下,才勉强同意继续当皇帝。制定礼仪,只要有历史依据,以后就有可以搪塞的理由。

胡濙汇报说,宜令礼部派遣堂上官1人到龙虎台,锦衣卫派遣指挥2人以及官校,抬着丹陛驾辇轿到居庸关迎接。各衙门分官到土城外,总兵等官到校场门迎接行礼。太上皇帝的车驾从安定门进入,进入东安门,于东上北门南面而坐,景帝拜见完毕后,文武百官朝见,行五拜三叩头大礼。太上皇帝从东上南门,进入南城大内。

这个迎接礼仪是简化版。

景帝看了迎接礼仪,表态说,这次考虑到打压狡寇之计,所以简化礼节。大兄进入京城,朕知道如何尊重亲人。指令就按照胡尚书拟定的这个仪式进行。

于是,大家准备天子法驾,准备迎候于安定门外。法驾是天子车驾的一种。天子的卤簿分大驾、法驾、小驾等3种,仪卫繁简,各有不同。法驾属于中等,不大也不小。

景帝派遣太常寺少卿许彬跑到宣府,从那里就开始迎接朱祁镇。命礼部左侍郎储懋到龙虎台,锦衣卫指挥佥事宗铎领着轿马到居庸关,刘敬领着丹陛驾到安定门内，命安远侯柳溥率领马步官军，沿途迎接朱祁镇。柳溥请给神铳、毛马、响铃等件，因为响起来动静太大，上面不允许，还是要低调一点。

如此大费周章，但是户科给事中刘福等人还有意见，说，今用轿一乘、马二匹，丹陛驾于安定门内迎接太上皇帝，礼仪似乎太薄。

景帝回答道，太上皇帝是朕的至亲，自留房庭，宗社倾危，生灵无主，当时群臣进章，请命于皇太后，诏告天下，立朕为皇帝，保护宗社。我辞之再三，不得已，嗣登大位，已尊大兄为太上皇帝，礼之至极，无以加矣。今刘福等言所奉太薄，未知其意如何，礼部其会官详细弄清刘福所言，再来汇报。

景帝的意思是：我是皇帝，他是太上皇，以这样的规格迎接，难道还太薄了？

胡濙等人知道景帝很不高兴，就用亲情淡化政治意味，为刘福打掩护说，刘福所言，无非是想到皇上笃爱亲属，亲亲之义是臣子的尽忠之道，最初并无别的意思。

景帝松了一口气，说道，昨天有从房营逃回来的人，得到太上皇帝的书信，说也先将送太上皇回京。太上皇以为迎接之礼宜从简，朕遵行之，岂敢故意违抗？

伯颜帖木儿在野狐岭大哭而归后，仍命大头目率500名骑兵，护送朱祁镇回北京。

分别后，朱祁镇走了数里地，又有50余名骑兵追来，吓得朱祁镇大惊失色，以为也先变卦了。等他们到了眼前，朱祁镇才知道是平章昂克打猎，射得一只獐子，飞驰来献给他，吓了太上皇一大跳。朱祁镇接受了獐子，继续前行。

当天，朱祁镇驻跸于宣府右卫城外的官厅。宣府总兵官、都督朱谦率领儿子朱永及部属、军马来迎接，迎驾至宣府城外所设的行殿住下。

少卿许彬也赶到了这里。朱祁镇命他代为起草罪己诏，敕谕文武群臣，还派许彬祭奠在土木堡之战中阵亡的明军。

朱祁镇又命宣府总兵朱谦设宴招待大家，还拿出彩叚、衣服，赏给随驾的瓦剌骑兵那哈出等人，然后启行。

在北京，关于奉迎礼节的厚薄问题，有一个锦衣卫千户还在搞事。

此人名叫龚遂荣。他听说迎复礼节太薄，替朱祁镇感到委屈，就写了一张纸，悄悄投书于尚书、大学士高谷的住处。

龚遂荣在这张纸上写道，朱祁镇去往漠北，是为了宗社，不是去游猎的。北京百姓听闻朱祁镇将回到首都，无不欢呼雀跃，迎复之礼宜厚重，皇上也当避位恳辞，然后英宗复位，否则将贻笑于后世。其中还引用了唐肃宗迎接上皇的故事。

这龚遂荣不懂政治，纯属胡说八道。他也够大胆，居然希望朝廷隆重迎接朱祁镇，还希望景帝将皇位还给英宗。他以为这是民主选举呢，皇位还可以换来换去的？

龚遂荣之所以这么信任高谷，是因为高谷鲠直不回，端亮有守，长期跟随在朱祁镇的身边，曾以翰林学士的身份，与苗衷、马愉、曹鼐四人侍英宗经筵，后来进入内阁辅政，孜孜为国，恪持公论。英宗被俘期间，高谷极力主张派遣使者，迎接英宗回京。

高谷将这张纸藏在袖子里入朝，传给文武大臣看，说道，武夫尚且知礼，更何况我们儒臣呢？众人都认为他说得对。

王直、胡濙说，礼失则求之于在野之士，并想将此事上报景帝。

高谷说，迎复的决议呈上去后，皇上意久不决。若进此书，使皇上知道朝野同心，也不失为一大帮助。

这些人脑子里只有一根弦，只知道给朱祁镇拼命抬轿子，不顾及景帝的考虑和安危。

只有都御史王文表示反对，此事不可上报。

可是，言官们坐不住了。给事中叶盛、程信、于泰上疏景帝，其中写道，今日早朝退朝后，有侯伯、尚书、都御史等官，石亨、王直、胡濙等人，于午门前手持一帖，群立聚观，议论不一，俱各散去，将帖子隐匿，法当追究。乞求宣召他们问个明白。

景帝问道，各官多是祖宗旧臣，为何隐匿事情？

王直、胡濙将实情一一说了。景帝诘问诸位大臣，追查这张纸是从哪里来的。

王直说道，帖子实际上是从工部尚书兼翰林院学士高谷处拿来的，上面详细记载了唐肃宗迎接上皇的故事。

高谷慨然承认："是来自臣的住所。"并恳请按照龚遂荣所说的实行。

听说这张纸来自高谷的住所，景帝很不高兴，说道，朝廷大开言路，高谷你也是大臣，为什么不告诉朕，而要写这匿名书？何不明说唐肃宗的故事，其中必有异情。

见景帝动了气，胡濙等人说道，唐肃宗迎接上皇的故事，今日正可以效仿。皇上宜备法驾，到安定门外迎接。公侯、驸马、伯、五府、六部等衙门分官，到龙虎台迎接。文武百官、监生、顺天府耆老生员等到土城外迎接行礼。

这些礼数，比旧定的礼仪更为隆重。他们的意思是迎接礼仪要隆重些，再隆重些。

景帝反驳道，虏人谲诈，不可尽信，想备大礼在远处迎接，恐怕中了贼人之计，所以只用车马远迎，但得大兄入城，宗社奠安，亲亲尊让之礼，朕自有处置。今太上皇帝车驾进入东安门，朕于门内迎接，行叩头礼完毕，朕同文武百官再随他至南城内便殿。太上皇帝升座，朕行礼完毕，文武百官行礼。卿等悉遵朕命，再不许变更。

这些大臣见景帝态度坚决，于是也就闭嘴了。

龚遂荣怕连累高谷，站出来自首。

陈循、王文十分气愤，请治龚遂荣的罪行。

龚遂荣被抓进锦衣卫监狱，景帝放了他一马，没有扣上大罪，不久将他释放。即便希望景帝将皇位还给英宗这样的言论，还在大臣之间散布传播，景帝也没有杀他。

景帝也放过了高谷，没有治罪。可见朱祁钰是"皇帝"肚里能撑船，不过太大度反过来又害了他。

翰林院侍读商辂得到指令，前往居庸关，迎接朱祁镇。

朱祁镇在居庸关见到商辂，说，卿为祖宗社稷费心忧念，朕幸得回到北京，愿退居闲处。卿便写书于皇帝，使他知道朕的意思，并诏谕文武群臣。

朱祁镇还是保持低姿态，表态愿回去做个闲人，只为了达到一个目的——能够安全回到北京。

大家到达双泉铺，朱祁镇把素绫衣及也先进献的战裙，赐给袁彬。袁彬随侍日久，效劳尤多，此时也喜不自胜。

朱祁镇知道迎接礼节不够隆重，也给自己找台阶下，到达唐家岭时，派遣使者回到北京传达诏谕：上皇避位，免群臣迎接。

朱祁镇到达安定门时，百官已经在此等待多时了。

朱祁镇从东安门进入，景帝在此迎拜哥哥，朱祁镇答拜。

然后，两人相抱而哭。

两人做了一番血浓于水的亲情表演，各自陈述授受皇位之意，相互逊让良久，最后两人还是决定让景帝继续干下去。朱祁钰也不再谦让了。

然后朱祁钰亲自送朱祁镇到达南宫，文武百官来行了朝见礼。

也先派遣的 20 名勇壮士兵，送驾始终不离左右，保护着朱祁镇的安全。

护送途中的夜晚，他们围宿在朱祁镇的周围，即使都御史杨善等人都不得靠近。等到了东安门，也先所派的士兵揭开车驾的帘子，探头一看朱祁镇一切安好，然后叩头而退。他们跟着朱祁镇进入南宫后才退出，回到宾馆休息。

因为有瓦剌士兵的保护，暗害朱祁镇的手段在这里失效了。

最初的客气

景帝因为大哥回来了，是一桩天大的"喜事"，派遣宁阳侯陈懋、安远侯柳溥、驸马都尉焦敬和石璟祭告天地、宗庙、社稷、山川之神，并大赦天下。

诏书说，朕奉先帝圣体之遗，适值国家中衰之运，痛几务擅专于权幸，致大兄误陷于虏庭，赖天地、祖宗眷佑之隆，荷母后、臣民付托之重，授朕大位，俾绍鸿图，慰安人心，奉承宗祀。虽神器有可保，奈王业以多艰，夷虏内侵，蛮苗外扰，方兹攘除已定，尚犹宵旰靡宁，顾灭贼之难，威思以诚而怀怨肆，屡遣人重赍金帛，投虏所好，迎复大兄，奈顽梗而弗悛，岂怨仇之可匿，方图大举，遽见彰闻，逆虏革心翻然畏服，乃自今年七月以来，遣其亲信伏关朝贡，固请讲和，至于再三，悔见乎辞款浮于过，朕不得已，为亲而屈，厚加金帛，选使偕行，敢谓德可动天，自信诚能化暴。八月十五日，其太师也先果遣五百余骑，奉送大兄还京，臣庶交欢，宫庭胥庆，然朕即位之初，已尝祗告天地宗社，上大兄尊号曰太上皇帝，礼惟有隆而无替，义当以卑而奉尊。

这个诏书里当然有些不实之词。迎复大兄非常被动，而且也没有厚加金帛。其目的是告诉天下，我还是皇帝，大哥是太上皇。

尽管恨得牙根痒痒，景帝还是奖励了迎接太上皇帝还京的"功臣"。

都察院右都御史杨善自作主张，把人弄回来了，景帝没惩治他，反而升他为左都御史，仍掌管鸿胪寺。杨善及都指挥王息等17人得到银两、袭衣、彩币等奖励。随侍朱祁镇的忠勇伯蒋信（就是把台），补发了以前的禄米。

景帝还在奉天门举行宴会，招待瓦剌送驾的使臣，由文武大臣陪宴。

随后，作为南宫的新主人，朱祁镇也在南宫宴请了保护他的瓦剌使臣。

景帝听从礼部的奏请，对奉送朱祁镇还京的瓦剌使臣进行升职和奖赏。也先的正使奴塔台升为参政，剌来升为都督佥事，副使兀思塔阿里等8人升为都指挥佥事。阿剌知院的使臣土土儿等2人，都升为都指挥同知，也先弟弟的使臣劄儿虎赤兔夫乃等43人都升为指挥同知。

似乎天下一家，似乎兄弟情深，似乎日子一片欢庆祥和，然而，龙袍下掩盖的"小心机"，很快就要在下一个节点上暴露出来。

第三章

南宫岁月

一、南宫软禁

在一片欢庆祥和的气氛中,日子来到了景泰元年(1450)十一月太上皇的万寿圣节。官员们在当年感到气氛有些异样。

以往,皇帝的生日(万寿节)与元旦、冬至日合称为三大节,每个节都过得异常热烈。万寿节当日,王公百官身穿蟒袍,向皇帝呈上"如意",行大朝礼。皇帝先拜谒太庙,再到皇太后处行礼,然后到太和殿受贺。王公百官进呈贺表,行礼庆贺,外藩王公、使臣列班恭贺。午时,大家于太和殿吃万寿宴。大庆之年就更为隆重了。关键问题是:景帝当然是皇帝,那朱祁镇还是皇帝吗?他的生日怎么过呢?大臣蒙了。

礼部拟定了一个群臣到延安门向朱祁镇行朝贺礼的申请报告。然而,这份报告递到景帝手上的时候,朱祁钰却没有批准,命令免礼。这意味着,以往的朝贺场面全都没有了。即使朱祁镇身在也先大营,也有人来祝贺生日,然而在南宫,朱祁镇平生第一次要冷冷清清地过自己的生日。

朱祁镇现在不是皇帝了,自然没有了相应的礼节。那么,如何为原皇帝过三大节,还没有立新的规则。以后的7年里,每逢朱祁镇的生日,礼部都会锲而不舍地递上群臣朝贺的申请,然而朱祁钰年年批示免礼,禁止官员们去朝贺。

到了十二月,礼部尚书胡濙再次上奏:明年正旦节(即春节),在北京的文武群臣当天早上向朱祁钰行完庆贺礼之后,俱赴延安门朝贺太上皇帝,行五拜三叩头大礼。

朱祁钰照样批示:免行。

官员们都惊呆了,觉得朱祁镇可怜、朱祁钰绝情。

朱祁钰已经不需要做兄弟情深的表演了。

这里面，总有一个脑子正常，而另外一个脑子不正常。

那么，是否应当朝贺朱祁镇呢？

朱祁钰是当今皇帝，朱祁镇是前皇帝。朱祁钰认为，天无二日，朝贺只能向皇帝朝贺，臣子们最好不要跟前皇帝有任何接触，即使他是个"死老虎"，也不要跟他套近乎。朱祁钰想断了大臣们的念想。

而臣子们想的是，有两个皇帝，又何况是兄弟，不管在位不在位，都应报答君恩，朝贺一下没什么，礼多人不怪，表面上都和谐相处，何必分得这么清楚，做得这么绝情呢？

礼部尚书胡濙，是一个最坚定地要求群臣去朝贺朱祁镇的大臣，迎接朱祁镇的礼仪以及安排他住在南宫，都是胡濙一手主导的。

可以说，胡濙的安排，为夺门之变的发生埋下了最大的伏笔。

胡濙是宣宗托孤五大臣之一（另外四人是张辅、杨士奇、杨荣、杨溥），辅助太子朱祁镇。他为人宽厚，喜怒不形于色，能屈尊待人，其实就是个奉行中庸之道的老好人，左右逢源，善于和稀泥，两边都不得罪。正统九年（1444），胡濙70岁，请求退休，但是英宗不许。

土木堡之变后，胡濙抵制首都南迁。也先在攻打北京前，要求胡濙出城谈判，胡濙提议自己出城去谈判，但景帝不准。

赵荣、杨善等人出使也先时，胡濙说英宗被俘已久，应该带上衣服和食物送去，上面却不给回音。从这些细节可以看出，胡尚书是个厚道人，不搞落井下石。

英宗将回来时，礼部负责制定奉迎的礼仪。胡濙等人主张礼仪隆重，建议锦衣卫准备法驾在居庸关迎接，建议呈上后，景帝降低了规格，只派一轿二马到居庸关迎接，到安定门后再换法驾。

按照礼部的建议，朱祁镇回到北京后，就住在南宫，距离龙位很近。

这头猛虎就这样趴在了朱祁钰的身边。

景帝病重之时，胡濙与吏部尚书王直、兵部尚书于谦等大臣商议，决定一起上奏，请复立朱祁镇之子沂王朱见深为太子，准备次日清晨将奏疏递上去。但是当天夜里，石亨等人就发动了政变，朱祁镇复辟了。

胡濙撑着病体入宫朝见朱祁镇，不久后请求退休，英宗就放他回了老家。

朱祁镇被软禁期间，朱祁钰也不让亲王们来看望。

景泰元年（1450）十二月，荆王朱瞻堈等人以太上皇已经回銮为由，上奏欲到北京朝贺，朱祁钰不同意，不要他们来。

对外，朱祁钰以不同方式宣示自己是当今皇帝。

也先是很想朱祁镇上位的。瓦剌使臣昂克等人回到漠北时，带去了景帝赐给也先、他妻子及各个头目等人的彩段、绢疋等物品，还带去一份敕书。

这份敕书重申了双方和好的意愿，特别重申了朱祁镇兄弟是骨肉至亲，不分彼此。

脱脱不花还给朱祁镇送了2匹马。朱祁镇命收入御马监，赏赐了使者。

朱祁镇回来的第二年六月，景帝给安南国（今越南北部）下诏，通报发生土木堡之变、自己即位以及朱祁镇回到北京、自己仍然当皇帝的事情。

朱祁镇没有工作，也不能走出南宫，成天没事干，就每天和妃子"造人"。

景泰三年（1452）二月，他和淑妃高氏的孩子——第五子朱见澍出生。

景泰六年（1455）四月，他和周氏的孩子——第六子朱见泽出生，为朱见深的同母弟弟。

景泰七年（1456）六月，他和宸妃万氏的孩子——第七子朱见浚出生。朱祁钰对这些孩子都没下毒手，其中朱见浚活到了72岁才去世。

徐正献计

朱祁镇被软禁于南宫，长达7年之久。

礼部要礼遇朱祁镇，把他安置在南宫，而朱祁钰也没意识到这有什么不妥。

我们看看朱棣是怎么做的，就知道把朱祁镇放在南宫，的确不是一个好主意。

朱高炽在立太子之争中战胜了弟弟朱高煦。永乐二年（1404），朱棣册立朱高炽为太子，而次子朱高煦封为汉王，三子朱高燧封为赵王。

两虎共斗，必有一伤，他们为了皇位连性命都不要了，还要什么亲情？大家都如猎狗一般，想吃掉对方，又得提防着不被兄弟吃掉。要避免骨肉相残，最好的办法是把他们拉开，分离得越远越好。

朱高煦的封国在云南，距离南京有万里之遥，朱棣的用意是把他支开，远离储位斗争。朱高煦不去，朱棣把朱高煦带在自己身边，到北平办公。

朱高炽在南京监国，朱高煦却要跑到南京，专门收集哥哥的黑材料，朱高炽被整得身心俱疲，"监国二十年，被谗言邪恶所扰，心之忧危"。永乐十五年（1417），朱高煦被朱棣强令就藩乐安州（今山东惠民），朱棣显然给了他活路，然而他自己没有珍惜。

朱高炽当皇帝不到一年，仅仅经历了一个冬天，便因病去世（也有人说是被毒死），其儿子朱瞻基即位，才27岁。朱高煦在山东起兵造反，被宣宗的军队俘虏，数千名叛乱者被杀或者被发配到边远地区。朱高煦继续挑衅朱瞻基，其本人与诸子被杀。

朱棣显然给朱高炽父子留了活路，因为朱高煦从山东杀到北京需要时间，给了朱瞻基平叛的机会。

于谦难道忘记当年随宣宗平叛的往事了吗？

于谦当御史之时，口才出众，音吐鸿畅。宣宗出征山东乐安，朱高煦出降，正是宣宗命令于谦口数朱高煦的罪行。于谦义正词严，声色俱厉，吓得朱高煦匍匐于地，身体战栗，自称罪该万死。

整个朝廷几乎没有懂得景帝心思的人，都是忠于传统道德和秩序的士大夫。

也有人自以为懂得了景帝的心思，想把英宗父子弄得远一些，进言的结果却让人惊掉下巴。

这个进言的人就是刑科给事中徐正。

景泰六年（1455）七月，朱祁镇已经被软禁多年。

徐正秘密请求觐见景帝。

《明实录》说他素来邪恶，没有学识，往往请人代他起草奏章，陈述时政，因此得到重用。他与未取得军籍的军人汪祥谋划，如何让朱祁镇迁出南宫。

这些说法当然是从道德、能力层面否定这个人的才能。

在便殿，徐正见到了景帝，请皇帝屏退左右。四下无人后，徐正献上一计——太上皇帝（朱祁镇）临御日久，威德在人，沂王（朱见深）常位储副，天下臣民所仰戴，不宜居于南宫，宜迁置所封之地，以绝他人的希望，别选宗室亲王之子，育于宫中。

他还表示，今日臣民，有人希望英宗复位，有人希望废太子沂王嗣位，陛下不可不考虑。宜迁出沂王，安置于沂州（今山东临沂）。增高南城（软禁英宗的地方）数尺，砍伐城边的高树，宫门之锁亦宜灌进铁汁，以备非常之事。

徐正还特别提了一条："宜置沂王于所封沂州，出太上皇与俱，以绝觊觎者之心。"

徐正的眼光很毒，对人的两面性，特别是嗜血的一面把握得很精准，预见到了其后将发生的种种危险。既然有人希望英宗复位，便让朱祁镇与世隔绝，不与外人交通，又将其儿子朱见深迁到山东临沂，以阻断复辟之路。

而且他想到了，将朱见深迁走作用不大，还必须把朱祁镇也一起迁到沂州，这是一般人想不到的。后来的夺门之变，正是复辟者直接来到南宫，接走朱祁镇登上皇位。

不得不说，徐正的做法是历史上一些有为的皇帝做过的事情，尽管不地道，但是至少可以保住景帝的一条命。如果将朱祁镇迁走，绝不会发生后来的非常之事。

而不迁走朱祁镇，则让石亨这些觊觎者有了罪恶的幻想，加紧勾结，扩充实力。

这种纵横家，得遇着像刘邦、朱元璋、朱棣这样的人，心中有奇谋，尽管手段不地道，却是很管用，至少可以以恶制恶。

单纯的景帝多少讲究点兄弟感情，心中不忍，看不懂其中的奥秘，也不会举一反三，觉得徐正太下流、太毒辣。

景帝就是这样一个人，在不该干的事情上瞎干，在该干的事情上又墨守成规。前者比如金刀案，后者比如对待徐正献计。

景帝听闻徐正的计策，先是惊愕——世界上怎么能有这么卑鄙无耻的小人，简直超越了认知底线；接着大怒——离间我们兄弟感情，迫害哥哥父子，简直死有余辜。他用手指着徐正怒道："当死！当死！"呵斥他立即滚出去。

徐正本以为遇到一个明白人，结果被当头棒喝，刚才还是姚广孝一样的谋士，现在则像无人搭理的丧家之犬。

景帝立即下令，作为"乱献计"的惩罚，将徐正调为云南临安卫经历。

景帝怒气还没消解，欲明正其罪，但是考虑到公开审理会吓坏大家，于是派人默默伺察徐正。

徐正想着要去云南，在北京的一个"淫妇"家里，逗留着不愿走。他跟老相好浓情蜜意，心中万分不舍，景帝于是将他抓进锦衣卫狱，又来个更狠的惩罚，发配辽东铁岭卫充军。

徐正所遇非人，遇到这么个"又当又立"的皇帝，横竖都是冤。献上保命锦囊不成，反倒惹得一身骚。

又有御史高平进言，和徐正想的一样，软禁英宗的南城多树，事不可测，景帝这才把树全部砍伐了。

盛暑之时，英宗常常倚树憩息，好不自在。看到树木被砍伐，追问原因，竟然是为了防范他，其内心大为恐惧。

朱祁镇可不会这么傻，要玩就给你来最狠的。他经历过天堂和地狱，读懂了两个人世，看透了人性的两面，从而学会了霹雳手段，因此在复辟后，直接杀了这两个献计之人，其中一个动用凌迟，好不残忍。

那为什么于谦和景帝这么仁慈，对于英宗，不使用这种把人打发到偏远之地的手段呢？

于谦的思想概括起来，就是重名节、轻名利，重成仁、轻杀身，重社稷、轻君王。

对名利、生命，于谦不在乎，看重的却是名声、道义和国家利益，"粉身碎骨浑不怕，要留清白在人间"。这是君子的品格。

实际上于谦和景帝是同路人，前半生顺风顺水，不知世间险恶，阴险的事情干不来，要干也干不彻底。这种品格适合生长在风调雨顺、国泰民安的平世，在风云谲诡、尔虞我诈的乱世，则比较容易夭折。

而于谦轻名利、轻杀身，则给了重名利、重杀身、好结党的小人以可乘之机。

景帝如果有霹雳手段，早就把英宗干掉或者流放了，但他没有这么做，甚至没有肃清政治团伙流毒的影响。

景帝没有李世民的那种狠。李世民发动"玄武门之变"，杀死太子李建成和齐王李元吉，将李建成的五个儿子、李元吉的五个儿子斩草除根，杀得干干净净，再逼父亲李渊退位，这才坐稳了龙椅。

再如胡亥杀哥哥以及自己的整个家族，隋炀帝杀父亲，朱棣逼死亲侄子建文帝并囚禁其后代，朱高煦设计毒杀父亲，等等，一个个都利欲熏心、泯灭人性。

封建社会的皇权斗争，从来都是这么凶猛而残酷。

景帝也没有赵构奸猾。赵构直接让两个前皇帝不要回来。

所以说，景帝是一个心慈手软的人，人性尚未泯灭，还顾及兄弟情分。

袁枚评价，宣宗以社稷、人民付于正统，正统不能守；付于景泰，景泰能守之。吾又读《宋史》而叹明之不亡，非于谦贤，实为景泰之贤。他认为景帝贤能。

学者孟森评价景帝"不涉阴险"。他说，景帝之于上皇（英宗），始终无迎驾之说致也先，其不欲上皇之归（北京），自是本意。但其阻挠上皇之归，纵令诸将奋勇御敌，而不与敌人和谈，使敌人失去贡市之利，则愈阻止驾返，而敌人送驾愈急。英宗被俘虏而明代犹全盛。景帝之不负祖业，不涉阴险，实为明宗社之福。

景帝不涉阴险虽然是国家之福，对于他个人来说，则是大祸临头。

二、袋刀之祸

君子干不来坏事，而坏人干坏事，干起来却十分痛快。

景帝尽管也干了一件"坏事"，但是仍然不到火候，或者说在不该用力的地方用力过猛。

这就是金刀案。

迎回朱祁镇不是景帝的本意。恰恰是朱祁镇有霹雳手段，像一条僵死的毒蛇，时刻在寻找复苏、报复的机会。而他的同盟军——石亨、徐有贞、宦官曹吉祥等人潜伏在朝廷，抓紧结党营私，帮助朱祁镇伺机复辟。

景帝对哥哥不放心，将南宫的大门上锁并灌铅，在墙上挖个小洞，像喂狗一样将饭菜递进去。为避免有人与英宗联系，还加派锦衣卫看守。后世批评景帝不许官员去见朱祁镇，不讲兄弟情谊："南内深锢（英宗），不许百官朝谒，恩谊淡漠。"

英宗在南宫，心情很郁闷，又瞎又跛的钱皇后常常劝他宽宽心，细心安慰他。英宗很感激这个痴情的女人，下定决心，等钱皇后去世后，一定要和自己同葬。

跟英宗说话的，还有他的母亲——孙太后。孙太后到南宫来看过他几次，也在想方设法保护他。

后来，孙太后也不来了。因为有人不让她来，或者说，她自己不敢来。

而且，我们可以说朱祁镇之所以能安全走出南宫，跟孙太后的保护大有关系。

孙太后去世后，朱祁镇为她上徽号，称圣烈慈寿皇太后。英宗告诉礼部说，皇太后抚育朕躬，君临天下，暨朕居南宫，上贻忧危，近者仰荷以祖宗社稷为虑，废黜昏乱，俾朕复承大统，康济天下，其有功于宗社、生民甚大，宜上徽号，以示尊崇。按他的说法，孙太后正是保护他度过忧危时刻的金钟罩。

既然母子无法再相见，在南宫里，跟英宗说话的外人，就只有御用监少监阮浪了。

阮浪跟英宗本来就很熟。他跟从宣宗出征塞外，因功升为御用监右监丞，英宗执政后升他为左少监。

朱祁镇的保命之术也是顶级的，土木堡之变后更是达到了常人无法达到的高度。朱祁镇的一贯做法就是给人送东西。

一天，朱祁镇赐给阮浪一个镀金的绣袋及一把镀金的刀。送金刀的目的，大家不妨去猜测。

如果知道它会惹出一场血案，阮浪打死也不敢接受这把金刀。然而，老实的阮浪想都没想，就收下了这件礼物。

不知道是觉得太珍贵，还是自己玩腻了，阮浪把这一套刀具，又赠给了门下皇城使王瑶。

皇城使是干啥的？是掌宫门出入、保卫宫廷、宫门启闭等事的，就是一个关门、锁门的人，当然也顺便侦察、监视朱祁镇，然后将情况直接报告景帝。

给皇城使送礼物，想干啥？是想给朱祁镇行个方便，让他逃跑吗？

锦衣卫指挥卢忠是个有心计的人，他就是这么想的。

《明史》说锦衣卫指挥卢忠者，"险人也"，说他是个阴险的人。

正统十四年（1449）十二月，景帝升锦衣卫正千户卢忠为指挥佥事。

景泰元年（1450）冬十月，命卢忠代替吕贵捕盗。

景泰二年（1451）十二月，景帝削去广通王朱徽煠、阳宗王朱徽焟的爵位，废为庶人，正是卢忠押送他们去凤阳。朱徽煠是朱元璋的孙子，被人蛊惑说，他天生有异相，应当一统天下，于是朱徽煠脑洞大开，打算谋反。他草拟假诏，让段有洪、蒙能、陈天行进入湖南苗人居住区，用金币银币引诱当地苗人造反，让他们进攻岷封国所在地武冈。苗人首领杨文伯不敢谋反，事情败露，段有洪和朱徽煠被捕，押送京师。

湖广总督王来、总兵官梁珤又发现阳宗王朱徽焟伙同谋反，将朱徽焟一同押入京师。经过三法司、王亲、司礼监审问，朱徽煠全盘招供。王来、梁珤上奏，朱徽煠的家人陈添仔、蒙能招了叛军约2000人来到武冈，听说朱徽煠不在，回去屯军于青坡木洞等处。明军击败叛军，擒拿斩杀500余人，堕崖、溺死者甚多，陈添仔受伤，单骑逃走。景帝说，朱徽煠、朱徽焟谋危宗社，论法本来难以宽恕，但念及是宗室之亲，宽宥死罪，削去王爵，废为庶人，扣留朱徽煠于北京，后送凤阳关押。对于朱徽焟以及两人的家属，命内官陈安、锦衣卫指挥佥事卢忠等人手持金牌前往岷府起取，送往朱家宗族的监狱——安徽凤阳高墙看守。

景泰三年（1452）五月，镇守德州的署都指挥佥事周泉举报锦衣卫指挥卢忠，到德州出差，嫖宿乐户，对他迎接卢忠迟缓，动辄加以殴打侮辱。景帝因为此事发生在大赦之前，不予追究。

由这些事情可以看出，景帝颇为倚重卢忠，卢忠本人也是个颇为厉害的角色。

锦衣卫是专门的侦缉部门，景帝的皇位是否安全，就得靠它了。政治气候早已经发生了变化，先前迎复英宗还不是罪行，现在谋复英宗则是死罪。

卢忠的嗅觉果然灵敏，见王瑶的袋刀不同凡响，不是一般人能拥有的东西。职业的敏感告诉他，金刀是个极好的突破口，于是他决定追查它的出处。

卢忠请王瑶吃饭，备下一桌好饭菜，一番甜言蜜语频繁劝酒，不知不觉间，灌醉了王瑶。

王瑶毫无警惕之心，推杯换盏中，不到一顿饭的工夫，便醉得不省人事。

卢忠将王瑶的袋刀解下、偷走，交给老朋友、尚衣监宦官高平，请他鉴定它的来源。尚衣监是掌管皇帝所用的冠冕、袍服、履舄、靴袜的专职部门，自然知道这套刀具的来历。

果然，经过高平鉴定，它来自朱祁镇。

这事就大了。

他们感觉此事非同小可。卢忠在家里与高平合谋，把这事上纲上线，与英宗复辟扯上联系，岂不是大功一件？于是就让校尉李善去告发，声称少监阮浪传达英宗的命令，勾结南城内使王瑶，其最终目的是图谋复位。

里面的逻辑关系经不起推敲，但"图复位"三个字，令景帝十分震怒。他日夜恐惧的，就是这个事情。于是，对袋刀事件紧咬不放。

他下令将阮浪、王瑶逮进诏狱，彻底追查此事，由锦衣卫指挥卢忠作证，妄图通过一把金刀证明英宗有复辟的意图。这样，就有了废掉英宗的理由。

然而，卢忠让景帝失望了。他并不是纪纲这样的狠人，审又审不出结果，不审又无法交代，他走到这一步，骑虎难下，自己越审越感到害怕。

卢忠找到一个算命瞎子，名叫仝寅。仝寅却是石亨的人，间接是朱祁镇的人。

历史就是这样阴差阳错，偶然碰到偶然，最后成了必然。

仝寅是"神算子"，《明史》中有传，他是山西安邑人，12岁的时候成了盲人，学习算命，占卜祸福，大多灵验。后来，他随父亲流落到了大同，遇到了参将石亨。石亨很迷信仝寅，将仝寅收到自己的帐下，有什么事情都咨询他。

占卜本质上就如同现在的大数据，或者如专家的数据模型，能在纷繁复杂的形势中，理出一个头绪，以一个简单的卦象，来一番哲学性的分析，给未来做一个模糊的、模棱两可的趋势性的判断。这种"神算子"，和一般的算命先生还是大为不同。分析是科学的，卦象则是伪装的、骗人的。

这锦衣卫指挥卢忠，惹出了这桩金刀案，处理不好的话，英宗恐怕性命难保。卢忠于是请仝寅占卜吉凶。卢忠也实在是找错了人，仝寅是石亨的人，石亨又是朱祁镇的人，仝寅无疑会全力保护朱祁镇，卢忠对人物背景一无所知。

仝寅见身边没人，斥责卢忠说："这是大凶之兆，你即使死了，都不足以赎罪。"

仝寅晓之以大义，指出如果你去作证，证明朱祁镇有复辟的企图，那纯属找死。

卢忠听后异常恐惧，就想让事情到此为止。他不愿意出来作证，就效仿朱棣，来了个"苍蝇采蜜——装疯（蜂）"，希望逃过这一劫。然而，潘

第三章 南宫岁月

多拉的盒子既然已经打开，后面的形势就不是他能控制得了的。

景帝抓住这件事，大做文章，希望彻底解除朱祁镇对自己皇位的威胁。但是两个和事佬，又跳出来搅局了。

一个是内阁学士商辂，另一个是宦官王诚。

他俩对景帝说，卢忠不足以相信，不应听他胡说八道，伤害根本的兄弟之情。

商辂属于儒臣，就知道搞君贤臣忠、兄弟友爱那一套。这一套理论碰到无风无浪的时候那是一片大好、一片圆融，然而碰到激烈的矛盾斗争，它便会呈现出软弱性。

这一套和稀泥的理论在朝廷主流中占了优势，把景帝也搞蒙了，斗争很不坚决。

景帝听后，怒气稍稍得到缓解。于是将卢忠一并下狱，以与同僚不和、难居近侍的罪名定罪，降为事务官，贬往广西总兵官处立功赎罪。

阮浪、王瑶还算有骨气，在诏狱里遭受折磨，但始终不承认英宗有复位的意图（"词终不及上皇"）。

景帝没有找到想要的证据，无法惩治朱祁镇，事情不了了之。

最后，王瑶被处以磔刑，阮浪在锦衣卫监狱病死。一把金刀，闹出两条人命。

一个磔刑，充分说明景帝对和朱祁镇有勾结的人那种刻骨的仇恨。袋刀案当然是朱祁钰炮制的一桩冤案、疑案，商辂、王诚努力避免了案件扩大化，但是，锦衣卫等没有查出朱祁镇背后的图谋复辟势力。

英宗复辟后，为阮浪、王瑶报仇，以牙还牙，磔杀了差点置他于死地的卢忠及宦官高平。卢忠的退缩和装疯，完全无效。保护过朱祁镇的宦官王诚，照样人头落地。

英宗要给保护过自己的仝寅官做，仝寅坚决推辞不就，于是英宗赐他金钱、金卮诸物，将他父亲升官为锦衣百户，留在北京。此后仝寅在公卿贵人间游走算命，人们都信任看重他。

奇怪的是，仝寅既然世事洞明，又跟石亨关系友好，为什么救不了他呢？这是因为，全寅每每用算卦的形式劝诫石亨，然而石亨不听，最后才丢了性命。

鬼迷心窍的人，是叫不醒的。

三、可笑的杀人犯

景帝既然做了皇帝，立谁为太子自然由他说了算。但是，他做事情犹犹豫豫，不敢乾纲独断。朱祁钰想废掉太子朱见深，改立自己的儿子朱见济，他碰到三个大麻烦，一是皇太后，二是大臣，三是自己的儿子。

孙太后先前给他挖了一个大坑。

土木堡之变后，孙太后先立英宗3岁的儿子朱见深为太子，后立朱祁钰为皇帝。朱见深是孙太后的亲孙子，废掉他，得过孙太后这一关。

监禁金英

朱祁钰想立自己的儿子朱见济为太子，除了给朝臣送金子收买外，还逐步试探大臣的想法。

一日，朱祁钰对司礼监太监金英说："七月初二，是东宫的生日。"这是他儿子朱见济的生日。

金英跪下叩头回答："东宫生日是十一月初二。"这是太子朱见深的生日。

金英的话外音是朱见深才是东宫，反对易储。

高手都不用说出反对两个字，而对方已经心领神会。

景帝试探失败，默然无语。

金英这种态度，使他在一定程度上失去了景帝的信任，地位难保了。

随后，针对他的弹劾一个又一个浮出水面，言官纷纷揭发金英及其家人犯有贪腐的罪行。

景泰元年（1450）六月，都察院上奏，司礼监太监金英的家人李庆等人，多支官盐，挟取淮安府60余艘民船装载食盐，还杖死了船夫。刑科给事中弹劾金英怙宠欺君，怀奸稔恶，弹劾左都御史陈镒、王文和监察御史宋瑮、谢琚，畏权避势，纵恶长奸，明明知道金英的罪行却不弹劾他。

景帝说，对于金英朕自处之，命锦衣卫逮治监察不尽职的陈镒等人。

经过锦衣卫审问，陈镒、王文得到宽宥，然后被释放；宋瑮、谢琚等人送刑部，判处赎杖，还职，然后又被弹劾，因为欺软怕硬，不敢伸张正义，被调到别的部门降职使用。金英的家人李庆直接被处死，给了金英一个强有力的警告。

一批包庇金英多支官盐的官员受到严厉处理。

直隶淮安府知府程宗因为擅集民船60余艘，为李庆等人运输食盐，事后又接受了纻丝等行贿，被发配辽东充军。

金英的家奴郭廉、赵显还把手伸到了浙江，多支浙盐，被发配边卫充军。

都察院弹劾两浙运使吴方大，畏惧权势，接受贿赂。

吴方大被抓到北京，追赃后，免职为民。

锦衣卫校尉查到金英家人贿赂监察御史林廷举、盐运司同知郑崇等人，多支官盐。林廷举得到贿赂，不弹劾金家罪行。经过法司审问，林廷举被杖一百，发边卫充军，郑崇免职为民。

金英还和锦衣卫勾结，获取情报。刑部尚书俞士悦等人审问锦衣卫校尉刘信，得知他攀附金英，冒升百户，经常在午门外打探各种事情，然后汇报给金英。刘信为此被杀，金英下狱，但没有治罪。

不久，金英再次被查出本人受贿、家人行贿的问题。锦衣卫都指挥佥事吕贵恐怕调走失势，通过中间人——金英家人、锦衣卫百户金善，贿赂金英，让自己还能维持原来的职位。都察院查清后，金善为此丧命，吕贵被降职调往边卫，金英则被交付都察院审问。

左都御史陈镒等人受过牢狱之灾，知道金英要倒，于是痛定思痛，将他全部的罪行集中在一起上奏，要一举推倒他。这些罪行包括：金英纵容家人，倚仗权势多支官盐，屡次接受贿赂，升指挥韩志为署都指挥佥事，升宦官汝住为长随奉御，升都指挥孙镗为都督总兵，升校尉刘信为百户。工部尚书石璞先前靠巴结王振而得到职位，在这一靠山倒台后，又通过向金英行贿，保住了乌纱帽。金英又保护吕贵仍在锦衣卫任职，其人如此奸恶，宜处以极刑、抄家。

金英罪行这么多，看来理应处死。

景帝对这些跟在自己身边的老伙计还是心软，命令监禁金英，审问孙镗、石璞、韩志。这些人论罪皆应斩首，但景帝还是网开一面，宽宥了他们。景帝一向对受贿者进行严惩，对行贿的人基本是网开一面，很少有惩处的情况。

景帝立太子成功后，大赦天下，金英于景泰三年（1452）得以出狱，调任南京守备太监，实际是个晒晒太阳的养老的闲职。

收买大臣

易储遭到许多大臣反对。

大臣们满脑子还是皇太后的懿旨以及嫡长子继承制的旧思想，这种思想实际就是"刻舟求剑"。景帝已经是皇帝了，但臣子们认为他只是代理皇帝，因此叫他"代宗"，认为他应该把皇位还给朱祁镇。

实际上，这种基于血缘的世袭制度已经落后了，在中国实行起来磕磕碰碰、跌跌撞撞、勉勉强强，皇位的继承总是会出现断层的现象，没有可持续性。难以为继、实在没人时，又要血缘纯正、根正苗红，就强行找个白痴或者幼儿充当皇帝。直到清代雍正皇帝创立了秘密立储制，科学性胜过嫡长子继承制，但还是世袭制度的升级版。

景帝执意要将皇位在未来的某一天交给自己的儿子。为了争取文武大臣支持更换太子，他用金钱加以笼络，分赐每个内阁学士50两黄金、100两白银。好多人还拿到了双倍工资。

拿双倍工资的都是各部大臣，包括吏部尚书王直，礼部尚书胡濙，兵部尚书于谦，户部尚书陈循，工部尚书高谷，吏部左侍郎江渊，礼部左侍郎王一宁，户部右侍郎萧镃，兵部左侍郎商辂，吏部尚书何文渊，户部尚书金濂，刑部尚书俞士悦，都察院左都御史王文、杨善、王翱，吏部左侍郎俞山，兵部左侍郎俞纲。

第三章 南宫岁月

王直等人上疏辞让，不想拿双倍工资，但景帝不允，非要他们拿。

陈循、王文等人收了财物，心思活络地改了口，称太子可易。

在更换太子一事上，景帝终于等来了一个契机，说起来很荒唐也很不光彩。

广西浔州的守备都指挥使黄𬭎，为思明土知府黄珊的庶兄，就是说黄𬭎是父亲的妾生的。知府年老退休了，当然由嫡长子黄钧世袭知府职位。妾生的儿子黄𬭎眼看自己轮不上，朝廷又想让自己的儿子黄瀚守备浔州，便对此非常不满，欲谋夺这个知府职位，兄弟俩干起来了。大哥黄𬭎就率领黄瀚等数千人，在距离知府衙门35里之外结寨，乘夜骑马冲入老父亲的家，将老知府、新知府一家全都杀害了，然后将黄珊、黄钧肢解，装入大瓮中，埋在后花园里。

黄𬭎等人仍然回到原寨，第二天进城诈称发丧，派人汇报说是盗贼所致，请黄𬭎来捉拿盗贼，以掩盖弑父、灭门劣迹。

知府的仆人福童在黄𬭎行凶之时，侥幸逃脱，向司法部门举报。老百姓都说，老知府父子是黄𬭎父子所杀。

广西左副总兵武毅将这事上报朝廷，将黄𬭎逮捕。

弑父当处凌迟之刑。黄𬭎感到了巨大的恐惧，似乎谁也救不了他了。情急之中，他想到了皇帝的赦免权，估计可以使他转祸为福。是的，只有讨好皇帝，迎合朝廷，投其所好，他们父子的命或许才能保住。死马当活马医吧，除此之外，别无他法。

当今皇太子不是皇帝的亲儿子，这肯定是皇帝心里的一个坎，只要让皇帝高兴，说不定就能赦免他们的死罪。于是，黄𬭎就想了一个"金点子"——派遣千户袁洪来到北京，上疏请改立太子。这招可行的话，立了皇太子，一定又会大赦天下，或许他们又有了一次活命的机会。

袁洪的上奏称，臣窃闻太祖高皇帝削平僭乱而成帝业，必期圣天子神孙传之于无穷。前岁胡寇犯边，太上皇被虏遮留，扈从文武群臣、天下将士十丧八九，逆虏乘势长驱逼临京师，四方震惧，几乎危殆，赖太祖、太宗列圣之灵，预诞至圣之功，继登大宝，不然，则民何所归焉？此实为上天眷命，非当时预画。今逾两年，未见易立皇储。臣切实认为，国之本不可缓也，古之圣王，奄有天下者，未有不急乎本。愚臣切恐逾久，议论妄生，况且今时俗不古，人心易摇，争夺萌发后，祸乱难息，或朝廷欲循前代逊让之美，复全天伦之序，臣恐势有不可者。若谓有皇太后之尊及东宫至亲不忍突然更换太子，然而天命岂可逆违？固本岂可轻缓？古人有云，天与不取，反受其咎。及又土星逆行太微垣，盖上天有所垂谕。愿及今留意，弗以天命转付与人，早与亲信文武大臣密议，以定大计，易建春宫，统一中外之心，绝觊觎之望，天下幸甚。

这个奏书拿天命所归那一套胡说八道了一番，说朱祁钰当皇帝是上天眷命，立朱见济为皇太子也是天命，天命难违，固本不可轻缓，必须早点更换太子。

杀人犯这步垂死挣扎的投机的棋，正中景帝下怀。

景帝大喜，说道，万里之外，还有此等忠臣。下诏说，此是天下国家重事，发给廷臣集体讨论。他下令不追究黄竑的罪行，还给他都督的官位做。黄竑从杀害父亲、弟弟本该被凌迟处死的杀人犯，摇身一变成了大忠臣，还成了都督，真是好不滑稽。

礼部尚书胡濙、侍郎薛琦召集大家廷议，吏部尚书王直、兵部尚书于谦认为这么操作太荒唐、太荒诞、太出人意料，相顾愕然。

有人说，必是有人接受了黄竑的贿赂而教他这么说的，也有人怀疑是侍郎江渊在背后给他撑腰。

大家都知道这样做违背天理、法律，可没人敢发言表示反对，更没有人表示赞同，因为是非曲直就摆在那里，这不是明摆着侮辱大家的智商吗？迟疑得久了，尴尬得久了，上边不高兴了。朱祁钰命令参与讨论的91名文武大臣应当签名支持更换太子，王直面有难色，不愿意署名。

司礼监太监兴安见状，厉声说，此事不可停止，即以为不可者不要署名，不得首鼠两端，尚何迟疑之有？

礼部尚书胡濙本来就是四面讨好的老滑头，脑子转得快，积极上奏说，陛下膺明命，中兴邦家，统绪之传，宜归圣子（朱见济）。

第三章 南宫岁月

群臣一看有胡尚书带头，皇帝的礼也收了，也没人为朱见深出头，没办法，没有一人敢违抗上边的意思。大家都唯唯诺诺、亦步亦趋、争先恐后地表示赞同改换太子。

大家联名合奏，说，父亲拥有天下，必然传于儿子，此三代做法，所以享国长久。惟陛下膺天明命，中兴邦家，统绪之传，宜归圣子。今黄竑所奏，宜允所言。

户部尚书陈循签了名，把毛笔蘸上浓浓的墨汁，硬塞到王直手里，强求他署名。

王直心中一万个不情愿，但也随波逐流走个形式吧，皇帝强迫你签名，哪敢不签？王直叹一口气，写上自己的名字。其他人看几个尚书都签了字，都唰唰几笔，写好了自己的名字。

拿双倍工资的都签名了，包括王直、胡濙、于谦、陈循、高谷、江渊、王一宁、萧镃、商辂、何文渊、金濂、俞士悦、王文、杨善、王翱、俞山、俞纲。英宗复辟后，这些人大部分倒了大霉。其中杨善参与了夺门之变的谋划。

签名了，后来又参与夺门之变的有石亨、张𫐄、张𫐄等，他们对利益分配不均显然不满。

签了名，什么好处都没捞到，后来被英宗清算了的还有范广、杨俊、项文耀等。

连十三道御史左鼎这样什么话都敢说的人都不敢说个不字，只好签名。

景帝心花怒放，喜不自胜，赶忙批准了申请报告。还假惺惺地说，卿等所言三代圣王大道理，近日耆旧、内臣也都来劝，遵与卿等所言，皆朕不敢自专，上请于圣母上圣皇后，蒙懿旨宣谕。只要宗社安定、天下太平，今心既如此，当顺人心，朕以此不敢固违。

朱见济就这样因为杀人犯的上奏，堂而皇之地成为太子了。

大臣们得到了实惠，大多数都很高兴。

事后，景帝给王直加授太子太师，加赐金币等物。

王直拿到了皇帝赏赐的黄金"封口费"，觉得是个烫手山芋，退回去又没办法退，拿着又丢人，痛苦地拍案顿足，说道，此何等大事，居然被一个蛮酋破坏，吾辈羞愧死了！

孙太后见景帝势大，也只好顺水推舟同意更换太子。

景泰三年（1452）五月，景帝册立皇妃杭氏为皇后（先前已经废了汪皇后），长子朱见济为皇太子。朱祁镇的长子朱见深变成了沂王，次子朱见清为荣王，朱见淳为许王。

诏告写得冠冕堂皇，好像是大臣们合辞上请，他们不得不当，实际情况却恰恰相反。

五月，景帝命安远侯柳溥为正使，少保、兵部尚书于谦为副使，持节更封皇太子朱见深为沂王。

想必朱见深见到柳溥、于谦持节前来的那一刻，肯定吓得魂飞魄散，心中充满无比的愤恨。

当时，朱见深年方6岁，哪见过什么世面？太子之位没有了，他日夜恐惧，竟然落下口吃的毛病，说起话来结结巴巴。

恐惧之外，朱见深身边还有个美丽的女人——万贞儿，在时刻守护着他，时刻在抚慰他孤寂、无助的心。

万贞儿比朱见深大16岁，是一个山东美女，4岁进宫，在孙太后宫中做宫女。朱见深3岁时成为皇太子，19岁的万贞儿开始照料他的生活，既当爸又当妈。朱见深的童年可以说是悲惨的，父亲当囚徒，母亲是残疾人，只有万贞儿无微不至地照顾着他。过了10岁，朱见深渐渐懂事了，长出了喉结，越来越有男子汉的模样，和他相依为命的万贞儿竟然成为他的初恋。

世间的情感就是这么神奇。"情不知所起，一往而深"，两人的感情如滔滔江河，一发而不可收，一直到死，都爱得死去活来、轰轰烈烈。以至于后来太后给他安排了吴皇后、王皇后，他都提不起半点兴趣，一心一意专宠万贵妃。

更换太子，在民间引起舆论关注。一个进士因为批评掌权者换太子，居然还升了官。

进士杨集胆子大，也觉得此事荒唐，上书于谦，批评他们贪恋奖赏。

杨集写道，奸人黄竑进献易储之说，以迎合皇上的意思，本是逃脱死罪之计策。公等为国家柱石，竟然贪恋官僚之奖赏，而不思所以善后乎？章纶、钟同死于狱下，而公坐享崇高，可是清议又怎么看呢？

于谦宽宏大量，不但没生气，还拿给王文看。

王文说道，书生不知朝廷法度，然而有胆识，应当提拔一级。于是提拔杨集为六安州知州。

被人批评还提拔人家，可见两人都是有雅量的人。

王世贞认为景帝改换太子，并无不当："景帝其德如何？在知人，在安民。其不复辟，合乎道理。易太子，合乎情理。"

然而改换太子，引起朱祁镇的无比仇恨。

利益分配矛盾，必然会激起一部分人的仇恨。没有得到好处的石亨、徐有贞等人，岂会善罢甘休？

四、不温柔的皇后

朱见济，不是景帝和汪皇后的亲生儿子，是杭妃之子，属于庶子。

汪皇后是一名来自顺天府（今北京）的女子，其家族世代为金吾左卫指挥使。因为出生在军人家庭，她的个性比较刚强，不够温柔。

人的性格就是这样，形成了就很难改变。

嫁给朱祁钰后，正统十年（1445）经过册封，汪氏成为郕王妃。后来她的命运像开挂了一般，待郕王变成了皇帝，汪妃又一跃成为母仪天下的皇后。

英宗被俘后，英宗之妻、钱皇后心急如焚，日夜祷告，汪皇后在旁边女慰她。

混乱的世道中，有不少人死于战乱和饥饿。汪皇后看到北京的军人、老人、乞丐等的尸体，暴露在街道上，总是令官校掩埋、安葬。

福气盈满，而后又有祸事发生。生孩子是罩在皇后头上的紧箍，时不时要发作一下。这首咒语念得汪皇后痛不欲生。

汪皇后生育了两个孩子，一个是固安公主，另一个也是女孩子。她有幸福感吗？真说不上来，作为皇后，如果没有一个儿子做皇太子，那真是压力巨大，在生育皇子的竞赛中，她落了下风。

次妃杭氏，却生下了朱祁钰的儿子朱见济。汪皇后第一回合输了，压力更大了。

正统十年（1452），汪皇后还是没生出儿子，景帝要立朱见济为太子，废掉朱见深的皇太子之位。

而性格刚烈的汪皇后，因为没有儿子，对立别人的儿子当太子态度消极，坚决反对。

汪皇后甚至哭泣劝谏，以为不可这么做。

景帝要立朱见济为太子，大臣们不支持，皇后不支持，真是阻力重重，只有两个远在广西的杀人犯支持。

景帝一怒之下，把汪皇后废了，立杭妃为皇后，为立太子扫除一个障碍。

景帝废汪皇后的方式，比较简单粗暴，说废就废了，而且汪皇后的待遇极差。相比而言，宣德三年（1428）二月，宣宗废掉胡皇后，册封孙妃为皇后，则进行了精心的策划，显得更有人情味。

杭皇后上位后，劝谏景帝将汪妃软禁于宫中，与两个女儿孤苦度日。

在汪妃幽禁期间，几乎没有一个人来看望她，她如同一个被遗弃的布娃娃，蒙上了一层厚厚的灰尘。

福可以转化为祸，祸同样也可以转化为福。

等到英宗复辟、景帝成了郕王，汪氏又成了郕王妃。

景帝逝世后，其他妃子都得一起殉葬，汪妃因为是被废皇后，免于殉葬。

大臣们讨论汪妃的出路问题，朱祁镇最初也要她殉葬。大学士李贤及太子朱见深予以阻止。

李贤劝阻说，汪妃虽立为皇后，但立即遭到废弃，与两女度日，若令她随郕王而去，情所不堪。况且幼女孤苦无依，尤可矜悯。

朱祁镇也神色恻然，说，卿所言极是。朕以为弟弟的妇人数量太少，不宜存于内宫，最初没考虑到她们母女的性命。

皇太子朱见深得知汪妃曾经哭泣劝谏景帝不要废立太子，这次也极力为她说情。

英宗因此留了汪妃一命。

朱见深时时护持她们母女，对待汪妃很是恭敬，汪妃才得以从宫中迁至郕王府，在太子和钱皇后的照顾下，将所有私产和服侍她的宫女、太监带出宫中。她两个女儿由此得以抚养长大。

一天，英宗问太监刘桓，我曾经有一个玉玲珑的腰带，怎么不见了？

刘桓说，被汪王妃拿走了。

英宗就说，你去给我要回来。

刚直的汪妃得知英宗要这个玉玲珑腰带，十分生气，偏偏不给，把腰带扔到井里，让谁也得不到。她对使臣说，那腰带丢了，到处找不到了。使臣走后，她对旁边的人说，我夫君当了七年天子，难道我不能拥有这区区几片玉吗？

此话传到英宗的耳中，英宗大怒。听到有人举报汪废后搬出宫时携带了大量钱款，英宗派人将钱财予以罚没。

天顺八年（1464），宪宗朱见深即位以后，对汪氏还相当孝敬。

汪氏二女长大后，跟随母亲吃斋饭素食，矢志不出嫁，要一心一意做"剩女"。

汪氏住在郕王府里，失去了势力，差点被人赶走。她的邻居是朱祁镇的次子，初名朱见清，朱祁钰封其为荣王。英宗复位后，朱见清被封为德王，改名朱见潾，也住在郕王府里。

英宗刚刚去世，襄王朱瞻墡就上奏，近闻德王及重庆公主出居于外府第，而郕府王妃还住在里面，我们往来朝谒，恐怕有不便之处，请把汪氏迁往别处。

朱见深就维护汪氏，说，叔祖所言极是，但是郕王妃一直寡居，孤女未嫁。她们当初从西宫迁居外第，是先帝的盛德之事，今如果迁走，没有合适的地方安置，还是不要迁走了。

这样，汪氏又安心地住下了，直到德王到山东济南就藩，郕王府才恢复了清净。

在宪宗的极力推动下，汪氏的一个女儿嫁给了王宪。

正德元年（1506），汪氏以80岁的高龄去世，以妃嫔之礼，与朱祁钰合葬于金山景泰陵，以皇后之礼祭祀。

汪氏父亲汪瑛几经沉浮，平安终老。

太子夭折

景泰三年（1452），朱祁钰立朱见济为太子，其势力已强，孙太后只能顺势而为，无法坚持她原来的主张了。

景帝费了九牛二虎之力达到了目的，不料朱见济第二年就夭折了，年仅5岁。这是景帝碰到的第三个大麻烦。朱祁钰没有其他儿子，一切努力白费了，"竹篮打水一场空"。

建议立谁当太子，就如用高杠杆炒股一样，是高风险的政治博弈，普通大臣去掺和啥？蒙对了就有机会升官，蒙得不好就要掉脑袋。

这些大臣偏偏又强烈要求恢复朱见深的皇太子之位。

请求复储的大臣，最积极的有3个——廖庄、钟同、章纶，倡议复储，九死而不悔。

太子之位空了两年后，贵州道监察御史钟同上奏，请求复立储君朱见深，话语说得十分难听。他说，父亲有天下，固当传之于儿子。乃者太子（指朱见济）薨逝，足知天命有在。臣窃以为上皇（英宗）之子，即陛下之子。

钟同说朱见济夭折是天命，而天命是不可违背的。景帝伤心失望还来不及，钟同还往他的伤口上狠狠地撒盐，还说英宗的儿子就是景帝的儿子，纯属生拉硬扯。景帝气愤至极，当时没发作。

两天后，温州乐清人、礼部仪制郎中章纶又来上疏，内容差不多。

章纶有胆气，讲话直，所以在朝廷上不受待见，在礼部侍郎的位置上坐了20年，还是原地踏步。

第三章 南宫岁月

章纶上疏说，内官不可干预外政，佞臣不可假借事权（处理事情的职权），后宫不可盛行声色。凡阴盛之属，请全部禁止。

章纶给宦官、佞臣、后宫都贴上"阴盛"的标签，这些人在他眼里成了被歧视的对象，而恰恰就是这些人的一句话，足以要了他的命，他胆子也真够大的。

章纶又说景帝要做英宗的臣子，将储位还给朱见深。他说，孝悌（指孝顺父母、敬爱兄长），是百行之本。愿陛下退朝后，朝谒两宫皇太后，修问安、视膳的礼仪。上皇（英宗）君临天下14年，是天下之父；陛下亲受册封，是上皇的臣子。陛下与上皇，虽是不同的形体，实际上是同一人。我伏读奉迎还宫之诏，上面说："礼惟加而无替，义以卑而奉尊。"希望陛下施行这句话。或朔望，或节旦，率领群臣朝见英宗于延和门，以展友爱之情，实为天下之至愿。更请恢复汪皇后于中宫，正天下之母仪；还沂王（指朱见深）之储位，定天下之大本。如此则和气充溢，自然灾害自然消失。

章纶以孝悌为武器，占据道德高地，建议景帝朝见南宫中的朱祁镇，做他的臣子，还要恢复汪氏为皇后，恢复朱见深为太子。

这些都是景帝坚决反对的。

看到这两份奏疏，景帝气得肝疼。

天已经黑了，宫门也关闭了，景帝把逮捕令从门缝里传出来，令立即逮捕他俩，下诏狱痛打。

诏狱里，什么酷刑都有，不怕弄不死你。

两人惨遭酷刑，锦衣卫逼问：谁是你们的主使，和英宗有什么勾结？

两人被打得体无完肤，咬紧牙关，一言不发。

后来，两人又被各打了100杖。

钟同身子骨弱，100杖下去，打得他鲜血直流，骨断肉烂，直接被当场打死，一命呜呼。

章纶命大，流了不少鲜血，但是还有一口气在，他一直在监狱中撑到英宗复辟，才走出锦衣卫监狱。

章纶在监狱里之所以没死，主要靠兵部左侍郎兼左春坊大学士商辂极力挽救。

景泰五年（1454）秋七月，南京大理寺左少卿廖庄也上疏。他为人刚直，不拘小节，喜欢当面批评别人的过错。

廖庄对景帝说，以前英宗对您非常好，有个做大哥的样子，而现在您连南宫都不去了，也不让大臣去朝见他。廖庄劝两兄弟要友爱，以慰上皇之心。

还说英宗的儿子就是陛下的儿子，宜令朱见深亲近儒臣，读读书。

奏疏送进去，景帝没理他。让他对大哥好一点，还要培养朱见深，怎么可能？

第二年的一天，廖庄母亲去世了，廖庄要到北京办事，到东角门朝见景帝。

景帝突然想起这份奏疏，动了怒气，命人将廖庄抓到朝堂上廷杖八十，打完了贬官，打发到定羌（今甘肃省广河县）当驿丞。

直到英宗复辟后，廖庄才回到南京当官。

五、君臣美谈

有外部威胁，内部就会很团结；外部威胁解除后，内部的矛盾就会释放出来。

同样，也先对北京的外部威胁解除后，朝廷内部的团结程度降低了。统治阶级的内部矛盾逐渐激化，这些矛盾又会造成各种势力的分分合合，势力的天平逐渐向朱祁镇倾斜。

于谦等大臣拥立年仅22岁的朱祁钰为皇帝。景帝在位期间，重用于谦，取得北京保卫战的胜利，击退也先入侵，对政治、经济、军事等进行了整顿和改革，将明代从"中衰"之世带向中兴，将明代统治推向了正轨。

对于于谦，景帝是万分信任，给予其极大的权力。

（一）给予军权。于谦任兵部尚书，朱祁钰登基后，立即授予于谦"提督各营军马"的权力，可以指挥所有的将领、军队，还给予他对正二品以下的人先斩后奏的权力。

（二）给予人事权。对于谦的部署方略，景帝几乎全部赞同；对于他推荐的人，景帝几乎全部任用。

景帝任用一人，必密访于谦，询问他的意见。于谦具实以对，无所隐瞒，不避嫌怨，便于景帝了解和掌握官员们的真实情况。

但是，得到提拔的人感谢于谦，而那些没有得到提拔的人，皆以为于谦坏了他们的好事，怨恨于谦，而任用的职位不如于谦的人，也往往对他充满了羡慕嫉妒恨。

（三）充分信任。对于说谗言暗害于谦的人，景帝一一挡了回去。

人太善良了，就很容易被人算计、欺负，上演农夫和蛇的故事；如果是王振、魏忠贤这样的狠角色，则很少有人敢去举报，因为一举报，石沉大海不说，一条小命休矣。

于谦心胸坦荡，对于收集自己黑材料、伤害自己的老部下，选择了大度和原谅。

比如王伟。

王伟能爬到兵部右侍郎的位置，完全得力于于谦的荐举。

英宗被抓走后，王伟作为监察御史，发动民众守卫广平。

王伟的才能还是有的，边境多事，军书堆积如山，但是他处理起来中规中矩，而且处理速度快，挥笔立就。于谦推荐他任职兵部郎中。景泰三年（1452）九月，于谦对他很信任，放手使用，又推荐王伟成为本部右侍郎，成为自己的得力助手。王伟成为高官后，自己提出申请，摆脱了军户的身份。

于谦还指导他建功立业。王伟巡视边境期间，常常秘密写好守边方略上报。

于谦给他授以机宜，指挥他除去了大叛徒小田儿。壮士们埋伏在道旁，快速掳走小田儿，砍掉了他的头。

可以说，王伟能翻身，全靠有个好举主——于谦。

按照当时的制度，个人升官需要举主，举主的角色类似"伯乐＋担保人"，如果被提拔的人不称职，举主会受到牵连。

提拔王伟，于谦为此还栽了跟头。

景泰五年（1454）五月，兵部尚书于谦听闻瓦剌将进犯边境，又请升户部署郎中陈汝言、刑部郎中陈金，守备倒马关。

十三道监察御史李琮等人对此不满，上章指责陈汝言这个人不行，挟诈怀奸，还说于谦所推荐的人，皆无出众的才能和品行，指责于谦乘时势紧急，擅自推荐这些人担任要职。军官中，有阿谀奉承、投其所好的人，虽无功劳，于谦也妄请升用，应将于谦法办。

景帝看到了李琮的上章，为于谦进行辩护，但同时也给于谦"打预防针"，下诏称，凡是举官者，都是欲为国家找到贤才，然而也不能杜绝徇私的人。于谦专职兵政，推举人才也是适宜的事情，已经过去的事情，置之不问。今后如果假公营私，必用祖宗成宪治罪，不予宽宥。

由于军情紧，急需用人，于谦难免用了一些不该用的人。于谦替王伟"挡刀"，两次提拔王伟，还把他作为自己的得力助手。

可王伟看到嫉恨于谦的人很多，怕被当作于谦的朋党受到陷害和牵连，就想了一招阴的，刻意跟老上级、恩公划清界限。

王伟暗中收集于谦所谓的过错，秘密上奏景帝。

景帝拿到这个奏折，看到里面都是说于谦的坏话，以下犯上，哭笑不得。

景帝十分信任于谦，将王伟的奏章拿给他看。

于谦急忙跪下，叩头称谢。

景帝说："我很了解你，你不用道歉。"

看到于谦从皇帝那里出来，做贼心虚的王伟问上司，皇上与于公说了什么？

于谦笑道，我有什么过失，希望王君当面给我指出来，何至于这样做呢？

然后，拿出王伟举报的黑材料给他看。

王伟见了，顿时满脸发烧，羞愧得无地自容，非常沮丧。换作一般的领导，早把这种小人废了，但于谦没有为难他，照样任用。

王伟纵然急着跟于谦划清界限，还是被复辟党看作于谦党，最后被赶回老家，成为平民。

李琮尽管参了于谦一本，但是后来的事情表明，他也不是全部看走眼。他火眼金睛地看出于谦荐举的陈汝言狡诈藏奸。果然，陈汝言当上兵部尚书后，大贪特贪。

（四）肝胆相照，施与恩惠。于谦在北京保卫战之后多次请辞少保、师保、总督军务等职务、称号。

在北京保卫战中，石亨的功劳不比于谦大，而被封为武清侯，石亨内心有愧，作为回报，他上书推荐于谦的儿子于冕升职。

景帝同意了，然而于谦坚决不同意。

另一种说法是，石亨推荐于谦的儿子当千户。于谦拒绝的理由是，纵使臣欲为子求官，自当乞恩于君父（皇帝），何必假借石亨之手？石亨听后，大恨于谦，两人从此分道扬镳。

于谦的确高风亮节，绝不顾及私情为儿子冒功领赏，因此与石亨结下大仇。

景帝除了功名利禄给到位以外，对于谦的生活也很关心。于谦一向有痰疾（可能是哮喘或者肺病），疾病发作，景帝派兴安、舒良去探望慰问。景帝听闻于谦生活太简朴，服用过薄，让人给他做了一些酱菜；又亲自去万岁山，砍伐竹子取竹液，给于谦治疗痰疾。

景帝看他住所简陋，仅能避风挡雨，就在西华门赐予他一套房子。于谦不要，坚决推辞说："国家多难，臣子何敢自安？"

有人进谗言，称景帝宠爱于谦太过分。太监兴安反驳说，他日夜为国分忧，不问家产，如果他不在，令朝廷何处更得此人？

于谦的清廉，让进谗言的人哑口无言。

六、暗箭难防

于谦是个重名节的清官。他不送礼，不拉关系，不贪污，除了皇帝赏赐的荣誉外，别无余资。

他可是一个长期担任巡抚、兵部侍郎、兵部尚书的人，却到死都很穷。

于谦轻名利。他不贪功，不贪财，自奉俭约，对于别人的好意，或者是皇帝的恩惠，一向是拒绝的。对于名利，于谦一推再推，显示出了高风亮节和高尚的道德情操。

于谦无党无派，不搞小圈子，所以在朝廷中几乎没有同盟。他不拉关系，不许私人拜谒，门庭冷清。他提拔人是出于公心，为了国家事业得人，而不是培植私人势力。

于谦重成仁，轻杀身。该说的话他要说，该干的事他要干，不计后果，对个人生死看得很淡。这样的个性，很容易得罪人。

于谦重社稷，轻君王。

人们普遍认为英宗有几大污点，概括起来就是：用错一人（王振）、打错一仗（亲征）、杀错一人（于谦）。朱祁镇本人恨不恨于谦，历史书中的记载不多，难以判断。

当然，英宗有理由记恨于谦。于谦经常说的一句话就是"社稷为重，君为轻"。

英宗做了阶下囚后，于谦大义凛然地说："社稷为重，君为轻。"杜绝也先把朱祁镇当人质要挟，不要中了也先的诡计。谷应泰认为，朱祁镇北狩期间，许多廷臣主和，于谦经常说"社稷为重，君为轻"，导致也先如同抱着一具无用的空壳，英宗因此得以回来，然于谦"祸机亦萌此矣"。就是说，于谦的这番言论是萌发灾祸、导致朱祁镇杀他的原因之一。

实际上，朱祁镇也是因祸得福，因为朝廷的不妥协政策，使英宗失去了被利用的价值，他才得以回到北京。于谦也带头主张迎回英宗，推动景帝救他回来。

英宗回来后，景帝没有让位于英宗，还将他软禁。于谦尽心辅佐景帝，可以说，于谦只忠于当今皇上，忠于这个国家。景帝病重、政变发生时，于谦未做任何反抗，计划景帝病逝后拥护朱祁镇父子。

于谦被捕后，有生杀大权的英宗认为他是忠臣、有功，不忍心杀害，可最后还是在徐有贞的教唆下杀害了于谦，而且在位时没有给他平反。

英宗对于谦的感情应该是复杂的，有爱也有恨。

于谦的仇敌圈

于谦作为景帝的左膀右臂，被清洗自然不难理解。推翻景帝，必先收服于谦。要彰显功劳大，这伙人就肆意诬蔑、妖魔化于谦。

于谦对祸福的转化，有着清醒的认识——

凄凉复凄凉，世间好事难久长。
月圆无奈阴云蔽，花发愁看风雨狂。
良人恩爱中道绝，秋月春花空断肠。
空断肠，心不移，玉洁冰清天自知。

（于谦《节妇吟》节选）

然而纵观中外历史，救国救民的国之干城，为什么最后大多下场不好？这就值得深入研究了。

第一，这类人功劳高，容易引起人嫉妒。

于谦领导北京保卫战时，指挥得当，作战有力，办公只留宿值班房，不回私第。

作为景帝的得力助手，他的功劳无人能比，被其他大臣嫉妒是无疑的。

景泰五年（1454）二月壬辰，兵科都给事中苏霖等人针对于谦"专权"以及总兵官石亨、柳溥、张轨制定战守方略消极无为的情况，提出上奏。

奏书里说，军队里都是于谦说了算，没有调动好每个将领的工作积极性，导致总兵官石亨、柳溥、张轨工作不积极，萎靡不振、怯懦无为，只听于谦怎么安排。

于谦掌握了将领们的升迁、赏罚等大权，这些大帅、老将只有俯首听命的份儿，也积累了一些仇怨。

第二，这类人大多有一个共同的性格特征——个性刚直、敢做敢当。

刚直的个性，是一把双刃剑。

一方面，国家危难之时需要这样个性的人。

另一方面，这种个性容易得罪人。

国家有了重病，治疗重病就必须下猛药，必须集中权力于一个能人，带领大家救亡图存。下猛药必然会有副作用，积累的内部矛盾最后又反噬自身。

由于时间紧、任务重，主帅没时间和人从容地做沟通和思想工作，容易疾言厉色，说狠话、说重话、说过头话，这样就容易得罪人、惹人生气，从而与人结怨。

当然，同样一句话，在不同的人听来，会有不同的反应和处理方式。有的人是有则改之，无则加勉。而有的人就是摸不得、惹不起。彼时，于谦的仇敌圈越来越大，武清侯石亨、都督张軏兄弟、太常卿许彬、左副都御史徐有贞以及原王振门下的太监曹吉祥等人，都想置于谦于死地。

性格锋芒毕露的危害，于谦岂能不知？

只是屡次在国家处于危难之时，于谦只能奋不顾身，按照自己的想法大胆去做了。杀不杀身，他已经无暇考虑了。

徐有贞：最恨于谦的人

极力要置于谦于死地的人是徐有贞（原名徐珵），时任左副都御史，是朝廷中最恨于谦的人。

徐珵，南直隶苏州府吴县（今江苏苏州）人，是一个个性十分复杂的人。

徐珵很有智谋，是扶持英宗复辟的主要谋士，其才能虽然不如于谦，可也相当有本事，但是其人品值得商榷。

徐珵长得矮小，双眼炯炯有神，很精悍，喜功名，热衷升官发财那一套。与人论及历史上的兴亡成败，慷慨激烈，很是激动，听者为之一惊。

在土木堡之变后的战守之争中，徐珵胡说八道："验之星象，稽之历数，天命已去，惟南迁可以纾难。"

第三章 南宫岁月

如果徐珵南迁的主张真的施行，丢了北京以及半壁江山，他真就成了千古罪人，幸好于谦拒绝了他的懦夫之策，补救了他的言论之过。

当时，骂徐珵的人很多，太监金英斥责他，胡濙、陈循也不赞同他。兵部侍郎于谦话说得最重："言南迁者，可斩也！"

这句带有杀气的话，严重伤害了徐珵脆弱的自尊心，阻挡了他的仕进之路。徐珵因为建议南迁被于谦在朝廷当众斥责，无脸见人，后来受到大臣们的讥笑，特别是景帝对徐珵的印象更坏了。

"杭铁头"于谦不怕得罪人，正是这一声断喝，再加一纸"徐珵妄言当斩"的上疏，将徐珵得罪得彻彻底底。

那一声高呼"言南迁者，可斩也！"，版权到底是谁的，说法不一。当时形势混乱，很难判断那句话究竟是谁喊的，肯定是有人喊了，而且是金英、兴安、于谦3人之中的一个。徐珵就打心眼里认为那句话是于谦喊的。于谦的上疏，白纸黑字，里面提到"徐珵妄言当斩"。

徐珵对于谦的仇恨，就从这里开始了。

他把于谦当作政治上的死敌，心里的嫉恨一天天像野草一般滋长。

当时用人多取决于于谦向皇帝的推荐。被提拔的人感激于谦，没被提拔的人则痛恨于谦。

要进步就得委屈自己。徐珵谋求国立大学校长（国子监祭酒）一职，不能不面对于谦，于是通过于谦的门生游说，找于谦当荐主。

在这种情况下，或许有人说，于谦不应该当那个温暖僵蛇的农夫，而应该把毒蛇一锄头弄死，至少不能让它威胁到自己的生命。

然而，于谦并没有这么做。他心地坦荡，不怀私仇，知道徐珵很有才能，很想修好和徐珵的关系，于是又充当了一把侠义的角色，在皇帝面前帮徐珵说话。

于谦公私分明，不拉帮结派，举荐徐珵一事都没有告诉他本人。不打击徐珵，而且还提拔他，这是一种大局观。

但是景帝一听是那个主张南逃的人，心里厌恶至极，召见于谦，屏退左右，悄悄地对于谦说，有贞虽有才，然而奸邪。就是说徐珵有才而无德，当国子监祭酒德不配位,而且说徐珵"为人倾危,将坏诸生心术"。既然皇帝都不提拔他,于谦举荐无效,顿首而退。

于谦举荐他的时候不存半点私心,徐珵对整个过程一无所知,却错怪于谦不予推荐,因此更加切齿痛恨于谦。

见仕途无望,徐珵听从陈循的建议,改名为徐有贞,换个"马甲"转战官场,以期东山再起。他与于谦之间,已经不共戴天了。

最终在于谦的提拔下,瞒过了景帝,徐有贞升到左副都御史的高位。

然而,徐有贞的目标是做内阁首辅。

徐有贞曾与门客杜堇一起喝酒,大醉,两人谈论当宰相的话题。

他问杜堇,你说何等人物可做宰相?

杜堇佯装不知,让徐有贞先说。

徐有贞回答,左边堆放数十万两黄金,右边是杀人流血的场面,在这种情况下能够目不转睛,这样的人,才是真宰相。

杜堇听得心里一紧。

这话正是徐有贞内心的写照,足见一个"狠"字,他可以为了达到当宰相的目标,不择手段。所以,他为了上位,牵头发动政变就可以理解了。

徐有贞的格局是如此之小,怀恨之心是如此之深,政治野心是如此之大,不管于谦后来是如何善待他,他的切齿之恨始终如旧,因为他认为是于谦和景帝阻挡了他登上内阁首辅之位的道路。

徐有贞同样恨景帝,因为景帝不重用他。

景泰四年(1453),景帝需要治水人才去治理黄河,大家都推荐徐有贞。景帝不知道徐有贞就是徐珵,任命他为左佥都御史,派他到张秋(在今山东阳谷)治理黄河。

徐有贞乘小船四处考察,提出设置水闸、开凿支河、疏浚运河的办法。他的治水卓有成效,雇佣5.8万名民工,干了555天,在张秋到黄河、沁水之间,修成广济渠、通源闸。这样,黄河的河水就可引入大清河,通过济南府入海。它们在景泰七年(1456)经受住了大洪水的考验,并发挥作用长达34年之久。徐有贞因为治水有功,升为左副都御史。

徐有贞在心里认为景帝不是正牌皇帝，而是篡位。因为英宗复辟后，大家起草了复位诏，都署名了，但是徐有贞偏不署名。英宗问他什么原因，徐有贞把自己起草的诏书递给英宗看，里面有一句"岂期监国之人，遽攘当宁之位"。意思就是说，朱祁钰是监国之人，匆忙窃取了皇位。

于谦被捕后，英宗不想杀他，却因为徐有贞的谗言，弄死了于谦。

人是善与恶的复合体，善人有恶行，恶人有善行。徐有贞害死了明代的岳飞式人物——于谦，然而他本人却很崇拜岳飞。

可以说，徐有贞是一个复杂的人，对于谦的仇恨扭曲了他的"三观"。

蔡东藩认为于谦是君子，被小人徐有贞陷害："于少保君子也，君子不容于小人，小人固可畏矣。徐有贞小人也，小人不容于小人，小人愈可畏，君子愈可悯也。"

纪晓岚评价徐有贞"悍鸷"，追求功名利禄太过，未可称一代完人。

头号武将石亨

扳倒于谦的头号武将是石亨，也是一个极具才能又极具野心的人，曾经是于谦最得力的助手，后来却成为于谦最凶恶的死敌。

于谦本是他的恩人。明代的军法是很死板的，打不赢就只能战死，不能逃跑，逃跑了就要下狱。

在大同一战中，石亨打不过也先，单骑逃回，和杨洪等人被抓进锦衣卫监狱。于谦爱惜人才，宥而用之，将石亨作为自己的副手，晋升为右都督，掌管五军大营，给了他很大的军权。于谦建立团营时，命石亨任提督、总兵。

作为上下级，两人有些工作上的矛盾。

于谦是他的上司，锋芒盖过了他，商量事情的时候，丁谦论议断制，无一不精，宿将都很佩服，直接领命执行。而石亨不能赞一辞，活像一个哑巴，一句话都说不上，才能没有表现出来，心里就很恨于谦。再者，石亨对于谦存在畏惧之心，感觉于谦像一块巨石压制着他。

两人性格、志趣也很不同。石亨邪狠粗傲，于谦谦虚谨慎；石亨热衷邀功请赏，于谦拒绝贪功冒进；石亨招权纳贿，于谦两袖清风，家无余资；石亨追求奢侈，修建的府第豪华程度超过王府，而于谦居室简陋，拒绝景帝赠送的豪宅；石亨广罗朋党，培植私人势力，而于谦无党无派，不拉关系。

尽管两人有些小矛盾，于谦还是以大局为重，忍了他，屡屡重用。

两人本来是好战友，但是，由于于谦刚直的个性，将心高气傲、骄横自大的石亨推向了自己的对立面。

后来，石亨上奏推荐于谦的儿子于冕升职，于谦坚决不同意，对景帝说，石亨位居大将，独独推荐臣的儿子，是出于私心。这引起石亨的强烈不满。

但是，石亨是个能量很大的人。

石亨大肆培植自己的党羽，喜欢冒功，给亲信们捞取了不少好处。到发动曹、石叛乱前，以石亨为首的武将集团是军队中最大的不安定势力。石亨从子石彪贪暴，于谦将他赶到大同任职，也为石亨所不满。

景泰三年（1452）十一月，总兵官、武清侯石亨因为干得不爽，又有谏官说他的风凉话，就提出辞职，要么做个普通的军官，要么退休回家。

景帝说，朝廷以卿老练，托付重任，你还是要勉图国事，辞职不予批准。

到了景泰五年（1454）二月，于谦总督平时军务，大将都听他节制，从总兵而下，莫不张口结舌，都依从于谦，他们只有俯首帖耳、唯命是从的份儿。一些大将觉得在于谦手下干得不爽，总兵官、太子太师、武清侯石亨又想辞职，还拉上总兵官、右都督张軏一起辞职。

他们上奏说，臣等本来平庸愚蠢，素无才德，荷蒙皇上任命，任职总兵，虽然夙夜忧勤，无益于事，灾变之由，实由臣等总兵不得其人，乞求革除总兵名目，让我们随操听调，另选贤能之人，来当总兵。

这其实就是对于谦不满，给他使绊子、撂挑子。景帝于是挽留他们，说，卿等才识优长，特委以军务重事，今辞去总戎名目，以消除灾异，所辞不予批准。

程敏政评价石亨："呜呼！自昔权奸将有所不利于忠勋之臣，则必内置腹心，外张羽翼，蛇盘鬼附，相与无间，而后得以逞焉。若汉太尉李固之死梁冀，宋丞相赵汝愚之死韩侂胄，与肃愍公之死石亨，一也。"

石亨大树党羽，做好了搞倒于谦的准备。

都督张轨兄弟

于谦因为个性的原因，"粉身碎骨浑不怕"，什么人都敢惹。

都督张轨兄弟则是朝廷中资格最老的勋旧国戚。

《明史》记载，于谦对这些怯懦不前的大臣、勋旧、贵戚，很看不起（"意颇轻之"），招致对于谦有意见的人很多，愤者日益众多。

都督张轨兄弟就是被于谦视为婴儿、稚童一类的人物，然而却都掌握军权，是于谦的死对头。

张轨来头太大，属于王公之家。

父亲是河间王、靖难名将张玉，大哥是英国公张辅，二哥是中军都督府右都督张輗，姐妹是明成祖的贵妃张氏。

张轨一生下来，就含着金勺子。因为是官二代，生活奢侈而腐败。

尽管过着锦衣玉食的生活，张轨打仗却临难不惧，毫不含糊，屡立战功。

张轨曾跟从宣宗征讨朱高煦，朱高煦投降。

英宗时，张轨跟成国公朱勇出塞，讨伐蒙古部落。在北城首战获胜，又追敌至毡帽山。蒙古士兵悉众来战，张轨奋起还击，致对方溃散，斩首甚多。张轨因功升为指挥使。

张轨后任都指挥佥事，管理禁军，不久，升前军都督府都督佥事。

正统十三年（1448），云南麓川土司思任发发动叛乱，张轨以副帅的身份，出征麓川，分道进兵，擒获思任发。

胜利还师至湖北荆州时，张轨又受命和总兵官宫聚一起，回师讨伐贵州苗民叛乱。

张轨个人虽然勇敢，但是不太会指挥打仗，刚愎自用，胸无计谋。他轻率出兵，率领的 1.5 万多名明军，被当地苗民打得大败，万余名明军战死，他本人丢盔弃甲，慌忙逃命。

张轨吃了败仗，自然应该追究责任。景泰元年（1450）四月，于谦不徇私情，不给脸面，对张轨进行弹劾，请求严惩。

这份弹劾书把张轨说得一无是处。于谦说，张轨器非远大，质本凡庸，素无汗马之劳，虽列官资于五府，萃恩宠于一门，然惟知纵欲以肆非，罔顾越理而犯分，骄奢淫逸，而僭逾之恶屡彰；卤莽粗疏，而统御之才安在？并请予重惩。

于谦说张轨虽然出生于豪门，却是个庸才，向来没有功劳，纵欲无度，骄奢淫逸，志大才疏，没有统帅之才。

于谦的话说得有点过头，有点像人身攻击了。这种刀子嘴，谁也受不了，谁听了都会跳起来，何况张轨是当朝最显贵的勋贵之家。

于谦应从法律入手，扳倒张轨，否则当然无效。

景泰元年（1450），张轨因为镇压麓川叛乱有功，升前府右都督，总管京营军队。

中官王振败落后，张轨看中了又大又新的王振豪宅，求皇帝赏赐给他居住。

顺天府房山县有一块面积超过 19 顷的栗园地，是仁宗赐给嘉兴公主和驸马都尉井源的。井源在土木堡牺牲后，太平侯张轨将土地据为己有，直到去世后，才交还给井源的弟弟井潆。

这种勋贵之家，皇帝捧着他、宠着他，有罪也只是拍两下，不予治罪。

在景帝更换太子时，都督张轨、都督佥事张輗都签了名。英宗后来追究这个事情，没有背景的倒了大霉，而他俩因为背景实在太牛，不受追究，照样高官厚禄。

夺门之变前，张轨兄弟与太监曹吉祥、忠国公石亨等抓紧勾结，准备拥戴英宗复位。

第三章 南宫岁月

司设监太监曹吉祥

司设监太监曹吉祥，是个文盲，早年依附王振。曹吉祥跟石亨一样，是个野心极大的人，可以说是野心最大的太监。

凡是曹吉祥监军的战争，基本都是胜利的，他也是比较有本事的一个人。

景帝时，曹吉祥已升至司设监太监。

曹吉祥恨于谦的事情，记载不多。

于谦剪除了王振等宦官势力，还奏请取消宦官监军的制度，没被景帝批准。如果宦官不能监军，曹吉祥将丧失插手军队的机会，这是他万万不愿意的。往年，宦官都要在真定、河间、直沽等地采办野味、鱼干，从中渔利。但是于谦认为此举扰民，上奏予以废止，断了一些宦官的财路。

于谦以国家多事，一直住在值班室，不回家住宿。夺门之变前，军队的重要决策都是于谦决定，曹吉祥监督京营军，尽管在一起讨论军机大事，但是在气场上于谦压倒了曹吉祥，使他有点边缘化，他心里恨于谦盖过了他的风头。

在夺门之变中，曹吉祥是宦官势力中的主力，率领私人武装参与政变。根除景帝和于谦，只是他发动叛乱的第一个步骤。

罗通怼于谦

罗通，江西吉水人，进士。算起来他不算坏人，但是喜欢胡咧咧，闲得"蚱蜢撩公鸡"，几次三番挑于谦的刺儿，处处跟于谦作对。

从北京宫殿刚刚建好、皇宫三大殿被烧算起，罗通的一张嘴就没停止过挑刺。第一次，他和何忠等人就借此批评时政，惹得朱棣满脸不高兴，将其贬为交阯（今越南北部）清化知州。

本来于谦是罗通的恩公、贵人。土木堡之变后，在于谦的推荐下，罗通才翻了身，任兵部员外郎，守卫居庸关，不久升右副都御史。在北京保卫战中，罗通汲水灌城。进攻居庸关的5万瓦剌军，攻打7天后无果而撤退。

北京保卫战后，罗通对于于谦和石亨的升赏羡慕嫉妒恨，又开始满嘴跑火车，不点名攻击于谦与石亨虚报战功。

于谦上疏争辩，说，概责边报不实，果有警报，不奏必致误事。

大臣们都说于谦、石亨、杨洪实堪大任，不用换人；罗通也是志在灭贼，没有别的想法。双方找了个台阶下了。

罗通喜欢谈兵，遇到一个人，就要跟他天南海北地扯半天军事。鉴于他喜欢挑刺，给事中覃浩等人说，罗通只通晓军事，不宜负责都察院。景帝就把他这个都察院的兼职拿掉了。

罗通本是于谦举荐的，而做事总跟于谦唱对台戏，人们都说这个人品格有问题。

于谦将最优秀的将领派到前线防御也先，让罗通去镇守山西，而杨洪请求派人从雁门关护饷到大同。景帝让罗通去，而罗通推三阻四，说要去也得拉上于谦、杨洪一起去，不识大体。

于谦说："国家多难，非臣子辞劳之日。"上奏自己去镇守山西和护饷。朝廷离不开于谦，最后景帝强令罗通去了山西。

罗通处处针对于谦，打击了于谦的工作积极性。于谦几次三番上疏请辞，为景帝挽留。到了英宗复辟，罗通又跳出来抢功劳，为儿子捞好处。他自陈参与策划迎接英宗有功，杀贼也有功，求世袭武职，被给事中王竑弹劾。但是，英宗还是给了他一点面子，授予他的两个儿子为所镇抚。

太常寺卿许彬

在夺门之变中，太常寺卿许彬推荐了关键人物徐有贞。

许彬是个文人，性格坦率，喜欢结交三教九流的朋友，其中不乏浮荡之士。他精通各国语言，主管外交事务。

英宗从漠北启程回北京，许彬毅然主动请求去宣府迎接，他说："主辱臣死，是分内之事。"在宣府见到英宗，英宗命他撰写罪己诏、宣谕群臣的敕书，还命他祭奠了土木之役的阵亡将士。

他和石亨本质上不是一路人，但是在扶持英宗复辟上，两人立场完全一致。

石亨等人谋划夺门之变，告诉了许彬计划，许彬就推荐徐有贞参与谋划，使政变获得成功。

英宗复辟后，升许彬为礼部右侍郎兼翰林院学士，直文渊阁。

不久，许彬和石亨产生矛盾，被一贬再贬，最后辞职而去。

投机家杨善

杨善不是进士出身，按理说，在明代没有机会当上大官。但是，"鱼有鱼路，虾有虾路"，他封伯封侯，巧取功名，靠的就是好口才和政治投机。士大夫还讲究个礼义廉耻，可权力场只讲升上去的强者和爬不动的弱者。

杨善天生就是适合搞政治的人。

他语言幽默诙谐，对客人很少有庄重的语言，然而气场十足，讨人喜欢。

谁势力大，他就巴结谁。

王振掌权，他巴结王振，善媚事之。

石亨、曹吉祥势力大，杨善又贴上去了。

迎接朱祁镇返回北京，杨善除了对朱祁镇有感情外，政治投机也是一大动因。

石亨、曹吉祥推动朱祁镇复辟，杨善参与了谋划。

于谦、王文被杀，陈循被充军，杨善在其中是出了大力的。

精致利己主义者陈汝言

陈汝言，早先是直隶潼关卫的一名没有军籍的军人，为人阴险狡诈，一边混社会，一边发愤读书，寻求做官的机会。

当都御史陈镒镇守陕西道潼关时，陈汝言认定这就是他的贵人，就给陈镒写了一封信，巴结上了陈镒。陈镒将他带到西安，送他在西安府上学，后来由陕西州县荐举，陈汝言成为一名进士。

这样，陈汝言的人生就如同开挂了一般，先升为户部主事，后又升为郎中。

陈汝言这个社会"老油条"一当官，就开始捞钱，勘查灾情、核查盐税，到了哪里就欺压官吏到哪里。他巧妙地索取贿赂，心机之巧、手段之高，即使把同事卖了，同事还得帮他数钱。

陈汝言很会见风使舵，看到于谦得罪的人太多了，就暗地疏远于谦，转而谄附石亨和曹吉祥，参与他们阴谋策划的政变。

陈汝言亲自参与了夺门之变，将提拔自己的于谦害死。

精致利己主义者，跟人的亲疏远近，只以自己权力的增长为依归，情感只是一块招牌。

于谦不徇私情

人的命运大体是由个性决定的。

"沧浪之水清兮，可以濯吾缨；沧浪之水浊兮，可以濯吾足。"人总得现实一点，总得向现实低头，社会环境如此，总得去适应它。

然而于谦是个理想主义者，甚至还有些个人英雄主义，性格中缺乏那种政治家的大度包容、中庸圆融的品质。水至清则无鱼，人至察则无徒。他像屈原一样，宁赴湘流，葬于江鱼之腹，而不能以皓皓之白，而蒙世俗之尘埃。

于谦的责任心太强了，管得很细。他总是将不满和怒气写在饱经风霜的脸上，写在洋洋洒洒的奏折里，在政治上他是个天真无畏、说话无忌的顽童，不是一个心狠手辣的政治家。

于谦无党无私，对任何人都不徇私情，即使是自己亲手提拔的人才，如果犯了错误，照样不留情面地批评。他不计较个人得失，名、官、利可以不要，但是在道理上总是寸步不让，争个你死我活。

于谦就好像一个喋喋不休、尖酸刻薄、刀子嘴豆腐心的老妇人，说话直来直去，喜欢把某某"当斩"挂在嘴边，可是很少真的杀人。无论对方是什么样的身份和背景，他动不动就弹劾别人，而且从来不理会别人的反应，这使他看起来不像是一个持重老成的兵部尚书，而像是一名尽职的都察院高官，或者是一名爱挑刺儿的御史。

于谦不耍心眼，而那些奸臣，比如王振，把御史们当枪使，自己躲在幕后整人。而于谦，却是自己赤膊上阵，像堂·吉诃德一般骑着一匹瘦马，向着一切不公发起猛攻。于谦的这些猛攻，就像拳头砸在墙上，反作用力一定会在某个时刻反弹回来。

在他的心里，只有国家利益最大，至于大臣的脸面，那不是他考虑的事情。

因此，他的仇敌越来越多。

于谦对自己刚直的个性有清醒的认识，慨叹自己的糟粕，像天外大雁一样缥缈，像雪中仙鹤一样孤独，说自己不够聪明，白发越来越多，却顽劣天真得像个顽童——

平生糟粕数行书，潦倒真成一腐儒。
天外冥鸿何缥缈，雪中孤鹤太清癯。
聪明不及顽如旧，少壮无能老更迁。
览镜自惊还自叹，又添几缕白髭须。

（于谦《自叹》）

于谦得罪人的事情，没法一一列举。参与夺门之变的重要人物还有很多，下面章节也会提及。

第四章
夺门之变

一、于谦耶？

景泰八年（1457），朱祁钰病了。

皇帝生病，一般都是大事，预示着政局或许会发生大的变化。

那些日子，狐狸都会露出尾巴，是人是鬼都会显现原形。

景泰八年（1457）正月十二日，离元宵节还有几天，朱祁钰照常出巡，到郊外祭祀，住在南郊斋宫。

当天，朱祁钰疾病发作，忽然吐血，躺在床上爬不起来了，不能行祭祀礼仪，命武臣总兵官、武清侯石亨代他祭祀。

太医院判董速立即赶过来，与20多名宦官日夜在跟前侍奉。大家24小时轮流值班，不敢合眼。

以现在的医术看，也不知道朱祁钰得的是什么病。

景帝病重，没有引起于谦等人的高度警惕。于谦忧虑的不是政局，而是嗣君问题。他们没想到，这时有人会发动政变。

英宗这颗定时炸弹，终于在被软禁南宫7年后爆炸。

引爆者正是于谦曾经重用却又得罪的人——徐有贞、石亨、曹吉祥人。他们组成了蛇鼠一窝的小集团。

立谁为太子

景帝没有了儿子，在嗣君问题上再也没有作出任何安排。

因为储君未定，大家都很忧惧。

兵部尚书于谦与廷臣上疏，请立东宫，但没具体说立谁为太子。

景帝不听，可能他认为自己身体还好，会康复。自己已经没有儿子了，或许以后还会有儿子，现在立别人的儿子当太子，他心里一万个不乐意。

第四章 夺门之变

大家都在议论,说大学士王文与太监王诚请示孙太后,要迎立襄王的世子为太子。这些可怕的谣言传播很广,但奇怪的是,王文与王诚都没有站出来纠正。是谁第一个制造谣言,是有意还是无意的,不得而知。谣言,如同催化剂,使政局在失控,政变的发生在加速。

朱祁钰回到北京后,都御史萧维祯同百官在左顺门外向皇帝问安。太监兴安出来,不满地说,你们都是朝廷大臣,不能为社稷着想,光问安,有个啥用?

萧维祯琢磨了半天,然后召集御史进行讨论——今日兴安所说的话,你们皆领会意思了吗?

众人说,皇储一立,别无他虑。

大家一商量,最后达成共识:英宗儿子宜复立。

立朱见深为太子,成为大多数人的意见。这仍然是个"昏招",不符合景帝的意思。

但当时的人就是这么"轴",违背皇帝的意思,他们也敢说。

唯有王文不这么想,意有他属。

陈循知道王文的意思,但话儿藏在心底不开口。这本来就是个政治大坑。

李贤问萧镃,该立谁为太子?萧镃说:"既退不可再。"说得很含糊,估计是朱见深被废了一次,不会再立他当太子。

王文于是对众人说,今天只请立东宫,哪知朝廷之意在谁。

大家都不知道他的真实想法。

萧维祯举起毛笔,说道,我更改一个字。把"早建元良"改为"早择元良"。

上疏送上去,里面没写立谁为太子,只说要早点选择太子。景帝传来旨意,等十七日御朝时再看。

朱祁钰回到北京后,是居住在外殿的。董速与宦官们尽心服务,白天进药,夜晚则在榻前陪护。

十三日,于谦求见景帝,恳求皇帝处理政事。病这么重,还要处理政事？他估计对景帝的病情未必了解。

十四日，景帝命太医董速赶快诊脉。董速诊脉后，发现景帝病情略有好转，说："圣体安矣。"

景帝心里放松了一些，说："明日当受朝。"

十五日是元宵节，景帝起得很早，服完汤药，穿戴好衣冠，表面上看不出有什么大病。他正要往大殿走，听闻计时的夜漏还未滴尽，时间还早。景帝和衣而卧，以待天亮，不知不觉又沉沉地酣睡过去。左右轻手轻脚，不敢惊动他的好梦。

等到日头高照，景帝没有上朝，宫里忽然传出旨意，当天放朝，让群臣不用朝参了，还传出话："姑且等待明日。"看来，景帝的病情有所反复，不能受朝。

然而十五日当夜，人们在热热闹闹、欢天喜地闹元宵的时候，宫廷里的政治波涛早已经汹涌澎湃、蓄势待发了。

夺门之变

景帝重病不起的消息，经过石亨之口，也被都督张轨、左都御史杨善、左副都御史徐有贞、司设监太监曹吉祥等人知道了。

石亨受命于病榻前，见皇帝病得不行了，代皇帝祭祀之后，就偷偷与张轨、曹吉祥等人密谋，准备迎接英宗复位。石亨发动政变的理由是：与其和众人一样复立东宫朱见深为太子，不如直接请朱祁镇复位，可以立即得到功劳和奖赏。大家都表示赞同。

石亨先联络太常寺卿许彬。许彬说，此为不世之功。我老了，无能为力。徐元玉（有贞）善出奇策，何不与他图之？

石亨于是连夜赶到徐有贞的家里。

徐有贞闻之大喜，说："须令南城（英宗）知道此意。"张轨说："已经偷偷告诉他了。"曹吉祥作为英宗的联络人，从中牵线搭桥。

这样，石亨、张轨偷偷到徐有贞家里，或者徐有贞时时到石亨处密谋，抓紧策划发动政变。

随后，太监曹吉祥密禀孙太后，获得她的懿旨，允许发动政变，让朱祁镇登基。

也有人说，是张𫐄到孙太后那里，拿到了孙太后允许发动政变的敕符。

孙太后的心偏向朱祁镇。

按照《明史》记载，孙太后本来没有儿子，是她偷取宫人的儿子作为长子，即英宗。孙太后对这个假长子疼爱有加。朱祁镇被俘后，孙太后和钱皇后筹措珍宝，作为赎金送过去为英宗保命。英宗作为战俘的一年里，孙太后牵挂他的冷暖，数次给英宗寄去御寒的棉衣。

英宗回来之后，被幽禁在南宫，孙太后心疼他，多次去探视，畅叙母子之情。后来怕引起猜忌，母子二人也不再见面了。

在谁当皇帝的安排上，她说话很有分量。在景帝重病，幼子死去，再无子嗣的情况下，扶持朱祁镇重新复位无疑是一条捷径。

立朱见深当太子，这样的处理已经满足不了这伙人的政治贪欲了，他们不要"绩优股"，而是要立即"变现"暴富。

正月十四日，他们再次在夜晚密会于徐有贞家。徐有贞说道，太上皇帝以前出狩，不是为了出游田猎，是为了国家。况且天下无离心，今天子置上皇而不问，纷纷向外求计，这是干什么呢？如诸公所谋，南城上皇也知道吗？

石亨、张𫐄答道，一天前已经密报英宗了。

徐有贞放心了，说道，等有了详细的报告才可以行动。

正月十六日天色已晚，石亨、曹吉祥等人再次齐聚徐有贞的家中，得知朱祁镇已经批准了政变计划。

他们把这场政治赌博的筹码押在英宗身上。

徐有贞对天象十分迷信，再次出门看了天象后，说："时机到了，勿失。"决定当夜发动政变。大家对计划再次进行推敲。

恰好，北边传来了瓦剌骚扰边境的警报，边吏跑到北京报警。徐有贞让石亨、张𫐄等人以保护京城安全为名，借口防备非常之事，调兵进城，然后进入大内，一定可以成功。石亨、张𫐄表示赞同。调兵的理由有了，大家仓皇而出。

行前，徐有贞焚香向天祷告，与家人诀别，毅然说，事成，为社稷之福；不成，为家族之祸。如果归来，我就是人；如果不归来，那我就成了鬼。

徐有贞、石亨、张軏一行与曹吉祥、王骥、杨善、陈汝言等人会合。

大家率领家兵 1000 多人，来到南宫门外埋伏起来。

石亨掌管有宫门的钥匙，待到四鼓时分，见四下无人，悄悄地打开长安门。宿卫的士兵发现了这些人，十分惊讶，不知道他们要干什么。

1000 多人进门后，又立即关闭宫门，用大锁锁上，防止外兵闯进来。徐有贞将钥匙投入下水道，说道，万一他们内外夹攻，大事去矣。

天色很昏暗，黑黢黢的，石亨心里没底，很害怕，问徐有贞道，这事能成功吗？

徐有贞却一点也不恐惧，说道，时机已经到了，大家不要退缩。

石亨、徐有贞等人，直接来到英宗所在的南宫。因宫门紧锁，英宗睡得很沉，敲门也没有人应，不能进入，隐隐还听到城中有开门的声音。徐有贞命众人拿来一根巨大的木头，数十人举着，撞击宫门；又令勇士爬墙进去，内外一起毁坏了宫墙，打开了宫门。石亨、张軏等人进入。

英宗听到响动，惊醒披衣，独自一人拿着蜡烛，出来查看，见是石亨、张軏，说道，你们来干什么？本来英宗是知道政变计划的，史官如此记载，是为了掩盖他参与政变的图谋，仿佛是被动复辟。

徐有贞等人见到英宗，都跪伏在地，请英宗复登大位。

《明实录》记录，此时朱祁镇辞让再三，石亨等人坚决请求他复登大位。

南宫这边动静很大，"声彻帝所"。

佛系的景帝也从睡梦中惊醒了，听见了这边的动静，但是没采取任何行动，仅仅让宦官登高，四处看了看。

宦官远远看见火光自延安宫来，那里正是软禁英宗的地方。景帝听了宦官的汇报，叹着气说，大兄做皇帝，吾是无天禄之人。景帝面对政变，

第四章 夺门之变

居然没做任何反抗。

在南宫，徐有贞等人让人抬来轿子，士兵们由于心里惶惧，双手软绵绵的，都抬不动轿子了。徐有贞等人扶持了一把，将朱祁镇扶上去坐好，簇拥着他前往奉天殿。

杂乱的人影在地上晃动起来。天上的星星发着清冷的光，月光朗照，地上的宫墙、树木、花草等景物，有的朦胧，有的看得清楚，依稀映入眼帘。

士兵们实在太害怕，双腿好似软绵绵的棉花，迈不开步子，走不动路。徐有贞率领众人，互相搀扶着前行。如同死刑犯上刑场，吓得尿裤子，就是这种感觉。

英宗似乎不怕，头脑还清醒着，一一问过众人的姓名和官职。他想记住当天的"功臣"。

到了东华门，守卫见到这些不速之客，大声喝止，不让众人前进。

英宗大声道，朕太上皇帝也。

守卫一看果然是英宗，吓得拔腿就跑。

徐有贞等人推开东华门，将英宗送入奉天殿。帝座放在大殿的一角，众人将它推到大殿中间。英宗像多年前一样，熟门熟路地坐上皇位。

此时，殿中的武士有所反抗，抄起瓜锤击打徐有贞。朱祁镇大声呵斥武士住手，武士见过朱祁镇，这才罢了手。

徐有贞等人在下面身着常服谒贺，行五拜三叩头礼。

朱祁镇说，卿等以景泰皇帝有疾，迎朕复位，其各仍旧用心办事，共享太平。

群臣皆山呼万岁。

五更时分，百官正在午门外朝房等待升朝，听到奉天殿里有响动，还以为里面闹鬼，面面相觑，惊愕不已，不知道里面发生了什么事情。

曹吉祥敲响钟鼓，打开殿门。

徐有贞高声宣布，太上皇帝复位了。

公卿百官见端坐于朝堂之上的竟是朱祁镇，一时间目瞪口呆。在徐有贞的大声催促下，大家匆匆整队入宫、拜贺。

朱祁钰听到奉天殿里响起钟鼓声，还有群臣百官入贺的声音，大惊失色，忙问左右："于谦耶？"

他的第一反应，认为是于谦发动了政变，坐上了龙位。

左右回答道："是太上皇帝。"

景帝反应过来，连声说道："哥哥做，好！好！"

英宗宣谕群臣，说道，朕居南宫，今已七年，保养天和，安然自适，今公侯伯、皇亲及在朝文武群臣咸赴宫门奏言，当今皇帝不豫，四日不视朝，中外危疑，无以慰服人心，再三固请复即皇帝位，朕辞不获，请于母后，谕令勉副群情，以安宗社，以慰天下之心，就以是日即位，礼部其择日改元，诏告天下。

史料记载登基的时间是早上，是政变性质的急匆匆登基，而《明实录》篡改了时间，把宣谕、登基的过程写得非常从容——上御文华殿，命徐有贞兼翰林院学士，于内阁参与机务，召内阁臣少保兼太子太傅、户部尚书、华盖殿大学士陈循等面谕之，遂命循等与有贞，俱就文华殿左春坊，草宣谕，顷之进呈。上览毕以付礼官，于午门外，开读其文。

等到群臣听完宣谕，"遂各具朝服以入奉。上登奉天殿行即位礼，时日已正午矣"。

《明实录》说朱祁镇登上奉天殿即位的时间是正午时分。

无论是早上还是中午宣谕，兵部尚书于谦和吏部尚书王文都是刚刚听完宣谕，于朝班内被逮捕。英宗又下令，在宫内立即抓捕司礼监太监王诚、舒良、张永、王勤等人，关进锦衣卫狱。

大学士陈循、萧镃、商辂，尚书俞士悦、江渊，都督范广等人也被捕。

小说《于少保萃忠全传》这样描述于谦被捕前后的情形：

当夜，于公宿于朝房，公子于冕四鼓时看见有兵行动，不知何为。少刻，忽然闻得城南内呼噪甚急。于冕慌忙来报知于公："南城呼噪甚急，想太上欲行复位也。"于公呵斥道："小子无知，此乃国家大事。若果皇上病危，群臣不立沂王，当请上皇复位。自有天命，汝可自去。"须臾闻得钟鸣

第四章 夺门之变

鼓响，于公神色不乱，徐徐整朝服，趋朝。将入朝时，范广闻变，率兵至阙下。于公见范广，忙呵止之，即入朝就班。将行礼，忽殿上传旨下：拿王文、于谦等。

根据这段描述可以看出，于谦知道政变发生，和景帝完全可以控制形势。范广已经提兵到了皇宫，完全可以冲进去，把复辟的人一个不剩地抓起来。

这个最危急的时刻，是最考验一个政治家的本色的时候，一条指令、一丝犹豫，都将改变历史的进程。

如果是雄才大略的人物，比如秦始皇、汉武帝、李世民、曹操、朱元璋、朱棣，他们的命令只会有一个：去，范广，把这些人统统抓起来。他们，都是主动控制局势的人物，而不允许局势被人控制。

然而，景帝没有任何动作，没有发出任何一条命令，没有掌握政治主动权。孙太后还在，英宗又是他哥哥，他此时或许料想自己无论如何死不了。他的确迫害了英宗一家人，但是毕竟没有弄死他们中的任何一个人。抓自己的哥哥，景帝做不到。

没有景帝的命令，于谦也没有任何动作。

兄弟争位，让于谦左右为难。去把英宗等复辟者抓起来，也不符合于谦的性格。于谦是传统的士大夫，学习的是忠君、爱国思想。世间没有绝对的道义，却有绝对追求道义的人，他们宁愿为了自己的人格、理想、信念而殉难。

英宗是于谦的恩人，抓英宗他做不到。

于谦的计划是：在景帝病危或病逝后，立朱见深为太子，扶持朱祁镇当皇帝。

因此，于谦尽管知道发生政变的消息，也没有采取任何行动，甘愿就擒，并制止范广带兵维持秩序。

明末张岱也认为于谦等人有能力控制局势，"社稷存亡股掌中"，反而因为获罪而见其精忠——

平生有力济危川，百二山河去复旋。
宗泽死心援北狩，李纲痛哭止南迁。
渑池立子还无日，社稷呼君别有天。
复辟南宫岂是夺，借公一死取貂蝉。
社稷存亡股掌中，反因罪案见精忠。
以君孤注忧王旦，分我杯羹归太公。
但使庐陵存外邸，自知冕服返桐宫。
属镂赐死非君意，曾道于谦实有功。

（张岱《于少保祠》）

忠君情，兄弟情，正是这些顾虑，使于谦和景帝在政治斗争中比较被动，没有拿出敢于斗争、敢于胜利的勇气。他们首先想到的不是主动控制局势，而是任其发展，顺其自然。

是兄弟情，束缚了朱祁钰的手脚。

兄弟情，应该是世界上最美好的情感之一。

然而，兄弟长大后，一切都变了味道。

兄弟相残的事情从舜的时候就开始了。假如舜在疏通水井的时候，没有躲过父亲与弟弟在上面填土的毒手，便会化为井中的泥土了；假如他在粉刷粮仓的时候，没有逃过父亲和弟弟在下面放火的毒手，便会化为粮仓里的灰烬了。《资治通鉴》记载："使舜浚井不出，则为井中之泥；涂廪不下，则为廪上之灰，安能泽被天下，法施后世乎！"

扶苏和秦二世兄弟，李世民兄弟，曹植和曹丕兄弟，赵构兄弟，朱高炽和朱高燧兄弟等，为了皇位，上演的都是"本是同根生，相煎何太急"的故事。

英宗和景帝也是如此，所谓的兄弟，不过是血缘的纽带，至于兄弟情，已经随着南宫幽禁、更换太子而零落成泥，两兄弟之间的矛盾不可调和，兄弟互相提防，你要吃我，我要吃你。

而下面的臣子也首鼠两端，两边押宝：扶持朱祁钰，必会不利于朱祁镇；扶持朱祁镇，必会不利于朱祁钰。历史的天平总会倒向有实力的、主动作为的一方，这本来就是一场难料胜负的豪赌。

靠山倒了，于谦完了。

英宗绝地逢生，这一方完全获胜。

二、鸡犬升天

大赏功臣

英宗一登上大位，立即回报"功臣"。

英宗对几个参与复辟的主将大力封赏。

令徐有贞入内阁，不久升为兵部尚书。

英宗告诉吏部大臣，说，朕居南宫七年，心已忘于天下，不意奸臣谋逆，武清侯石亨等奉迎朕复正大位，功在宗社，特封石亨为忠国公，食禄1500石；都督张𫐄为太平侯，食禄1300石；张𫐄为文安伯，食禄1200石；都御史杨善为兴济伯，食禄1200石。以上的人的爵位，都子孙世袭。

曹吉祥当司礼监太监，凌驾于内阁之上。

这些人又推荐与自己关系近的一批人升官。

石亨等人推荐好朋友太常寺卿许彬，升为礼部右侍郎兼翰林院学士，于内阁参与机务。

在石亨的推荐下，朱祁镇封右都督孙镗为怀宁伯，董兴为海宁伯，升都督同知卫颖为都督佥事，刘深为右都督、署都督同知，冯宗实授都督同知。

跟从石亨等参与政变的都升了。礼部祠祭司郎中萧聪升为本部右侍郎，户部江西司署郎中陈汝言升为本部右侍郎。命都督佥事石彪回到北京，命镇守大同的内官韦力转右参将。

曹吉祥手下的一帮人飞黄腾达，曹吉祥嗣子、锦衣卫带俸指挥佥事曹钦升为都督同知，侄子曹铉及太监刘永诚的侄子孙聚、蒋冕的弟弟蒋成、叶达的哥哥叶成，俱为锦衣卫世袭指挥佥事。

杨善推荐大理寺卿薛瑄，升为礼部右侍郎兼翰林院学士，丁内阁参与机务。

长期跟随朱祁镇的袁彬得到了回报，升为锦衣卫指挥佥事。

原礼部郎中章纶进谏易储，在锦衣卫狱关押将近3年，多次被残酷拷掠，"死"而复苏，终于大难不死。此时出狱，提拔为礼部右侍郎。

富贵来得如此容易，对石亨、曹吉祥等人却未必就是好事，因为欲壑难填，人的欲望是不断膨胀的，就像一个魔咒，无人能逃得出去。

一些神秘人物也纷纷来"碰瓷"。

曾和朱祁镇在大同见面的广宁侯刘安为和尚、道士请赏，理由是他们以前替被俘的英宗祈过福。

刘安上奏，皇上驻跸大同，臣回到北京，郕王朱祁钰将臣问罪降职。那时刘安迫不得已，密令神乐观的知观和朝天宫的道士、大兴隆寺的僧人，朝夕诵经，祈保圣躬。乞求授予他们官职。

英宗也不傻，只给每人赏钞300贯。

还有谁参与政变
外戚孙继宗兄弟

孙继宗是孙太后的哥哥、朱祁镇的舅舅，属于外戚势力。景泰年间，任都指挥佥事（正三品），封会昌伯。

孙太后批准发动政变，孙继宗自然会支持自己的外甥朱祁镇。

根据孙继宗自己的上奏，他在政变当天带领弟弟孙显宗以及家丁夺取东上门。他说，正月十七日早上，臣同总兵官、忠国公石亨，太平侯张𫐐，文安伯张𫐄及臣弟孙显宗，率领子侄、甥婿、义男、家人、军伴43人，各藏兵器，夺取东上门，直抵宫门，恭请皇上复登大宝。

英宗以功晋封孙继宗为会昌侯，孙继宗的几个弟弟担任都指挥佥事的，改到锦衣卫供职。

罗通参与谋划

右都御史罗通嫉妒于谦的成就和荣誉,屡屡跟他作对,气得于谦屡屡请辞。

复辟6天后,罗通因为没有得到皇帝召问,恐怕被石亨等人的功劳所掩盖,于是也去邀功请赏,自陈参与策划复辟。

罗通因为有吹牛、说大话的毛病,是否深度参与了夺门之变,还很难说。但是,皇上还是授予他的两个儿子为所镇抚,他本人并没捞到多少好处。罗通所说,景帝一方要在十七日早上抓捕石亨和罗通等人,还没有其他证据支撑,不排除他胡诌的可能性。

左副总兵孙镗

孙镗也是参与夺门之变的重要人物,是个猛张飞一样的名将,粗猛善战,但也数次犯法。

孙镗受到于谦重用,但是于谦不结党营私,两人只是工作关系。

孙镗勇猛如虎,然而锐意功名,不管是明规则、潜规则,都斗胆尝试。孙镗落难时,石亨等人出手相救,两人关系越走越近。

景泰初期,景帝最宠信太监金英和兴安。因为金英召集廷臣商议应对也先入侵的对策时,对徐珵建议迁都南京不以为然,对其严厉斥责,支持于谦坚决抗敌、保卫京师的主张,所以金英更得到孙太后和景帝的宠信。

景帝召回了孙镗,越级提拔他为都督佥事(正二品),取代军纪不严的赵荣,主管北京的三千营。

人的欲望若没有得到满足就会痛苦焦虑,满足了又会陷入无聊,从而产生新的欲望。

孙镗对正二品的官还不知足,想升官的欲望很强,就攀上了太监金英这根高枝。而金英是个爱财的人,孙镗通过贿赂他,升为右都督(正一品),充任总兵官。

在北京保卫战中,孙镗负责守卫西直门,与也先军队激战,斩敌甚多。

贿赂金英之事败露后，孙镗被抓，按法律当斩首。景帝对行贿之事都是轻轻放过，赦免了他。

景泰元年（1450），孙镗因为上书推荐都指挥李奇为三千营把总，遭到死对头杨洪弹劾徇私，因此又被抓进都察院监狱。

孙镗和杨洪是一对老冤家。根据兵部尚书于谦的建议，在京官军立营训练时，昌平侯杨洪为一营都督，孙镗作为副手，统领官军4万人进行练兵，防备也先。但是两人因为权力之争或者是私人恩怨，总是不和。

景泰元年（1450）闰正月，兵科给事中覃浩就弹劾昌平侯杨洪、都督孙镗因为私人恩怨互相仇恨。景帝特意下诏调解他们的矛盾，说你们今后再不和好，重罪不宥。

这时，杨洪抓住机会报复孙镗，让他进了监狱。

站出来救他的人是石亨和江渊。

石亨请求赦免孙镗，因为他将率军巡边，以京师急于用人为由，请求姑且释放孙镗。

刑部右侍郎江渊与孙镗关系较好。江渊说，孙镗刚直骁勇，也先入寇时，奋力与战者唯有孙镗一人，宜赦免其小过，激其忠义之心。

景帝心软，将孙镗释放。

景泰二年（1451）夏四月，于谦进行团营操练时，武清侯石亨充总兵官，都督孙镗充左副总兵，范广任右副总兵，率领精兵6万人进行团营操练，以俟出战。

景泰三年（1452）冬天，右都督孙镗外放大同守卫边关，任副总兵，都督佥事石彪为右参将，协助定襄伯、总兵官郭登镇守大同，都听郭登调遣，以防备也先南侵。

但是孙镗性格使然，做不好二把手的角色，又和上司郭登闹矛盾。

孙镗也是做过总兵官的人，受到郭登的严厉管制，施展不了才能，心里很不爽，于是想要分军单干。景泰四年（1453）春正月，同事左副都御史年富将他俩不和之事上奏景帝，景帝下敕批评孙镗说，近来见郭登修整器械，振肃军旅，诚非其他大将可比，但是你孙镗不得自肆，欲分军另管，又欲变更约束，导致郭登称病不起。你孙镗要立即痛改前过，不可闲争私气。郭登扶病视事，不可推托。

孙镗看景帝向着郭登，心里十分不满。

孙镗又上奏，与郭登所行不合，恐怕日后被郭登陷害，乞求罢他兵柄，或调往他处，或容他回北京，以图补报。景帝还是不允许他挪窝换地方，令兵部下文件要孙镗务必协心视事，做好郭登的帮手。

孙镗还是不听，竟然以下犯上，让儿子、百户孙宏侮辱郭登。郭登十分生气，当甩手掌柜，称病不上朝，并向景帝告状。

景泰四年（1453）夏四月，景帝给郭登写信关注此事，再次调和两人的矛盾。

除了写信之外，为了安抚郭登，景帝下令逮捕了孙宏。到了六月，巡按直隶监察御史璩安查办百户孙宏欺侮定襄伯郭登一事，事情属实，应当处以赎杖的惩罚。璩安还弹劾郭登以大臣的身份守卫极边，而争辩小忿，互相揭发告御状；孙镗放纵其儿子干不法之事，也应一起查办治罪。

景帝下诏，郭登、孙镗等人就算了，置之不问，只是将孙宏带到北京关押，不久就宽宥了他。

景帝看孙镗在地方也处理不好关系，就召他回北京，主管三千营。

多次被捕的孙镗就很恨景帝处理矛盾的方式，在感情上偏向石亨，参与了夺门政变。

锦衣卫高官门达

门达，是锦衣卫的重要人物，性格机警沉鸷，是个狠人。

门达世袭父亲的职位，一脚踏进锦衣卫的大门，成为一名百户。英宗时负责管理镇抚司，后来被免职。

景帝将他复官，还是让他负责管理镇抚司，参与锦衣卫管理。

景泰五年（1454）冬十月，锦衣卫镇抚门达在路上遇到从处州（今浙江丽水）逃到北京的农民起义军，手下校卒认得这个人，告诉了门达。门达将这个人逮捕，因此升为正千户，仍管理镇抚司的刑狱。

门达乞恩求升职，景帝很不高兴地说，门达没有廉耻，自求官职，要调动他的工作。兵科左给事中王铉等人反对说，门达熟悉刑名，仍命他理刑为好。景帝说，门达不知进退，岂能分理词讼？于是强行把他调到锦衣卫别的部门。

直到景泰七年（1456）十二月，景帝命锦衣卫带俸指挥佥事门达参与管理卫事并负责镇抚司的问刑事务。

门达在升职和调动工作上对景帝不满。

门达及锦衣卫指挥同知刘敬以及他们的心腹逯杲，全部参与了夺门之变。

景泰八年（1457）正月，英宗升锦衣卫指挥同知刘敬为指挥使，仍管理锦衣卫。指挥佥事门达升为指挥同知，仍参与管理锦衣卫兼镇抚司问刑。此外，参与政变的锦衣卫王喜、杜清、穆甯贵等都升官了。

英宗将锦衣卫官校作为自己的耳目。逯杲后来居上，门达反而成了他的下属。

讽刺的是，埋葬夺门之变这些人物的，恰恰是逯杲。

靖远伯王骥

靖远伯王骥参与了夺门之变，尽管在人群中被人挤倒了，但毕竟也参与了。

王骥为名将，进士出身，宣宗时为兵部尚书，资格比于谦老。

英宗刚上台时，鞑靼人阿台、朵儿只伯多次侵犯甘州和凉州，边将屡次失利，于是换上了王骥。

王骥一到，先杀人立威。陕西行都司都指挥使安敬第一个倒了霉。都督蒋贵、佥都御史曹翼统兵剿杀胡寇，驻军鱼海子，安敬说，前途无水草，不可再前进，于是撤军。都御史等官弹劾蒋贵等怀奸失机，宜治以军法。

英宗命尚书王骥责备蒋贵等人死罪罪状，下令将安敬绑到辕门外斩首，杀鸡儆猴。

诸将害怕得发抖。王骥分兵划定守区，让他们各自防御，于是诸将拼死杀敌，边境安宁。不久，阿台再次入侵。

王骥以蒋贵为前锋，而他自己与平羌将军、总兵官任礼率大军随后前进，在石城击败胡庑朵儿只伯，剩下的敌人没有粮食吃，逃窜到兀鲁乃，依附阿台汗。蒋贵率领轻骑2500人昼夜兼程，追了3个昼夜，追上了敌人，指挥毛哈剌奋勇杀入敌阵，诸将率麾下勇敢作战，擒获敌军左丞脱欢及部属100人，斩首300余人，追杀80余里。阿台汗与朵儿只伯以数骑逃走，再也不敢进犯甘州和凉州。

王骥与任礼到达梧桐林，擒获敌军枢密、知院等官员15人，次日至亦集乃，又抓获2人，朵儿只伯再次逃走。任礼率领2000名骑兵，追袭500余里，至黑泉而还。平章阿的干率余党来投降。右副总兵、都督赵安等出昌宁，至刁力沟，擒获右丞都达鲁花赤等30人。他们兵出沙漠1000多里，东西夹击，虏众几尽，边境遂安。论功，王骥兼任大理寺卿。

王骥3次奉王振之命征讨云南麓川，皆获得胜利，因功劳很大，被封为靖远伯。后来被弹劾劳师费财，得到王振的庇护而免罪。

王骥平定湖广、贵州诸苗后，转而任南京总督，去训练南京慵懒的军队。

于谦自有团操之法，不看重王骥的练军之法，而朝廷却以王骥是旧臣而给予礼遇。于谦对王振一党的清洗，也让王骥十分不爽。

朱祁镇被软禁南宫后，当年冬十月，王骥正是守备南宫的负责人，一直到景泰三年（1452）四月才退休。

尽管已经年过古稀，他仍然身体健壮，宝刀不老，沉浸在声色犬马之中，因此对过早退休心里有意见。

王骥自己上奏，正统十三年（1448）奉命领兵征讨孟养贼子思机发，他的儿子王祥屡有奇功，但是被"奸臣"于谦嫉恨，止升流官指挥佥事、锦衣卫带俸。因为于谦没有给他儿子特殊优待，王骥也对于谦有意见，称于谦是"奸臣"。

王骥此后参与了石亨、徐有贞等人的复辟计划。

他自述，天顺元年（1457）正月十七日，他们父子俩随总兵官石亨夺南门，当时人太多了，将父子俩挤倒在地，差点被踩死，幸亏为都督刘昱救起。复辟论功没有他儿子，王骥怀疑有人故意屏蔽他的功劳。他亲自上疏英宗，希望朱祁镇怜臣孤忠，让王祥世袭。

英宗提拔他儿子当指挥佥事，仍"返聘"退休老人王骥当兵部尚书，管理兵部。

可以说，夺门之变发生前，景帝、于谦、范广一方势单力薄，形式松散，而且毫无防范，对对方的阴谋一无所知。而夺门一方，孙太后兄妹、朱祁镇，武将集团石亨、张軏兄弟、孙镗兄弟、王骥、罗通、兵部郎中陈汝言，文官集团徐有贞、杨善，太监曹吉祥、锦衣卫刘敬、门达、逯杲等，兵强马壮，紧密抱团，积极活动。

景帝孤家寡人，文官集团见风使舵，焉能不败？

复辟后的活动

英宗复位后，改元天顺，派遣宁阳侯陈懋告于太庙，派遣驸马都尉薛桓告于长陵、献陵、景陵的祖宗，在祖宗面前还是说谎，绝口不提政变的事情。

英宗又派遣驸马都尉焦敬，昭告地下的朱元璋夫妻俩，因为弟弟有病，不能上朝，群臣同心迎复，所以自己即皇帝位。

然后再诏告天下，对景帝进行指责。

诏书里对景帝不归还皇位、软禁他、易储，表达了强烈不满。

三、景帝去世之谜

皇帝复辟了，原来的一切都反着来。

政变第二天，朱祁钰的大病有所好转，吃了一点粥，看起来似乎安然无恙。今天似乎很难判断朱祁钰是什么病，是癌症，是治不好的病，还是当时能治好的病，都不得而知。

原来的宫殿是不能住了，景帝要给英宗腾出地方。

第四章 夺门之变

太监们将他转移到西内永安宫，加派人手看管起来。朱祁钰知道自己成了被软禁的囚徒。

接下来，孙太后废朱祁钰为郕王，已废掉的皇后汪氏又成了郕王妃。昨天的皇帝成了今天的阶下囚；昨天的阶下囚，成了今天的皇帝，完全掉了个儿了。

朱祁镇复位两三天后，夺门之变中得到首功的文臣，都列侍文华殿。已经掌握政治主动权、大权在握的朱祁镇喜上眉梢，对群臣说道，弟好矣，吃粥矣。事情本来跟弟弟无关，是小人使坏。

朱祁钰能吃粥了？又听到朱祁镇说小人使坏的字眼，具体不知道指谁，可能指于谦等人吧。诸臣战战兢兢的，不敢说话，只好沉默地站着。如果朱祁钰的病能治好，先前大臣们要求立太子、发动夺门之变，那简直就是胡闹。如果朱祁钰病好了，身体可以履职，推翻他就属于谋逆大罪。

但是二月癸丑，宫里又传来诡异的消息，朱祁钰在西宫去世，享年30岁。

景帝是怎么死的，很少有人知道真相。

对朱祁钰之死，明代人一般都讳莫如深，没人敢说实情。

一种是客观描述，说朱祁钰死了，不说什么原因。

《明史》记载：（二月）癸丑，王薨于西宫，年三十。谥曰戾。

《明英宗实录》也只说朱祁钰"薨"。

当朝的李贤写的《天顺日录》，也只说代宗"薨"。

一种说法是景帝遇害说。

如果景帝已经痊愈，按照朱祁镇的狠劲，他也很难活下来。

有的说，是太监蒋安秉承英宗的旨意，用布帛勒死了已经痊愈的景帝。清代查继佐《罪惟录》称，是月十有九日，郕王病已痊愈。太监蒋安希旨，以帛扼杀王，报告郕王薨。

太监蒋安如果是刽子手，统治者就会很忌讳，避免留下蛛丝马迹，因此我们对他知道的不多。《明史纪事本末》《明英宗实录》《明史》里没有记载蒋安杀景帝的说法。

乾隆认为朱祁钰是被害身亡。

乾隆认为朱祁钰重用于谦，打赢了北京保卫战，但是禁锢英宗，又废掉皇后，立自己的儿子为皇太子，实在是太贪心，被杀属于自取灭亡。

一种是景帝病死说。

这种也属于官方说法。《明英宗实录》记载景帝因为身体有病，不能参加祭祀、庆典、宴会活动，请人代为行礼。

景帝究竟是怎么死的，还没有定论。

对景帝的污名化

不同于众说纷纭的景帝死因，英宗非常痛恨这个同父异母的弟弟，是确凿无疑的。

首先是景帝死后，对他进行污名化。

朱祁钰去世以后，不是按皇帝规格，而是按亲王的规格下葬，英宗给他的谥号用了一个侮辱性的字——戾。只有不悔前过、不思顺受、知过不改的人，才能叫这个恶谥。

其实，朱祁钰杀的人很少，办的荒唐事也很少，仅领导北京保卫战这一条，成就就比朱祁镇大。

孙太后给朱祁钰扣上各种罪名，在废朱祁钰的诏书中污蔑景帝——

（朱祁钰）败坏纲常，变乱旧制。放纵地淫乱、酗酒，信任奸人。毁坏奉先殿（皇家家庙）的偏殿，建宫殿让妖妓居住。将缉熙殿作为受戒的场所来礼敬喇嘛。滥加赏赐、胡乱花费无度，横征暴敛无休止。国库空虚，海内困穷。不孝、不悌、不仁、不义，臭名昭著，神人共愤，上天震怒，屡次降下预兆，朱祁钰不知反省，拒绝进谏、文过饰非，造孽越来越厉害。

国库空虚，海内困穷，是平定国内叛乱、进行北京保卫战的必要花费，这个账不能算在景帝头上。指责景帝不孝、不悌、不仁、不义，指的是软禁英宗、易储等事情，但是景帝毕竟没有杀掉英宗及其子女，反而是英宗一上台，景帝就归天了，不能排除英宗的手段比弟弟更为狠毒。

大臣李贤也攻击昔日的主子淫荡、不孝——

第四章 夺门之变

景泰淫荡载度，臣民失望，一闻上皇（英宗）复位，无不欢忭鼓舞；景泰时不孝于亲，不敬其兄，不睦其室，导致朝廷之上充满怨恨忧郁之气，六七年间水旱灾伤遍及天下。

李贤是辅佐英宗的重要大臣，而越级提拔李贤的恩人正是景帝。李贤任吏部文选郎中时，上正本十策，受景帝赏识，超擢兵部右侍郎。此时著书称景帝荒淫，实属违心之论、应景之词。

除了英宗外，其他都是应景的诬蔑之词。

英宗拆毁朱祁钰生前在昌平营造的寿陵（今朱常洛庆陵），不让他安葬在此处，以亲王礼节将其葬于西郊金山（玉泉山北）的景泰陵，规格大为下降，与早夭的诸公主坟相邻。拨武成中卫军200户守护景泰陵。

朱祁钰和建文帝朱允炆都是中途帝位不保，成为明代两个没有葬入皇陵的皇帝。钦天监上奏，请示革除景泰年号，按照朱祁镇的指示，可仍旧书写"景泰"年号。

景帝和于谦在对待英宗和嗣君的问题上显然失误过多，没有防范政变，导致了自身的覆灭。

清代人在《明史》中对景帝作出了公正的评价。

说景帝在国家困苦窘迫之时，奉太后之命而摄政，不久当皇帝以稳定人心，得到事权的途径具有正当性。他笃任贤能，励精政治，在强大的瓦剌深入内地之时而国家安定太平，再造之绩实属厥功至伟。至于汲汲更换太子，将英宗深深禁锢于南宫，不许官员朝谒，则是他恩谊冷淡。抱病登车去往斋宫，小人乘机偷偷发动政变，事发仓猝，使他不能够以美名而终，太可惜了！

英宗和景帝的恩怨，我用以下文字作结——

我们是亲亲兄弟，
两瓜连着一个蒂，
家园无恙你远去，
哪堪骨肉相分离？

> 亲亲兄弟对不起，
> 一个瓜儿釜中泣，
> 兄弟相煎何太急，
> 一身黄袍不由己。
> 再道一声好兄弟，
> 来世可否别哭泣，
> 你做哥哥我做弟，
> 天寿种菊修东篱。

对景帝家眷的迫害

朱祁镇兄弟为了皇位互相迫害，但是哥哥的手段比弟弟更狠一些，弟弟软禁他、迫害他，可毕竟没有伤及朱祁镇及其亲人的性命，也拒绝了徐正等人要将他们迁出北京的建议。

弟弟当然给哥哥造成了极大的痛苦，朱祁镇复辟后，总算出了一口恶气，对朱祁钰的亲人要么废除封号、荣誉，要么充军，要么杀害，手段变本加厉，出现了不少死伤，一为政治清洗，二为政治报复。

朱祁钰的母亲吴太后被降为"宣庙贤妃"，4年后去世，享年65岁。

杭皇后已死。朱祁镇削夺其皇后封号，毁坏了她的陵墓，杭氏的棺材和尸骨不知去向。官方不承认杭氏为皇后，只承认汪氏为皇后。杭皇后的父兄已死，其弟弟金吾左卫试百户杭敏免职回老家。

朱祁钰的儿子朱见济已经夭折，不能称"怀献太子"，只能叫"怀献世子"。

朱祁钰一支的外戚或降职，或是免职回老家。安平伯吴安降为府军前卫指挥佥事。中军左都督汪泉仍为金吾左卫指挥使，汪瑛仍为中兵马指挥、锦衣卫指挥使，杭昱为副千户。南京前军左都督吴敬、南京锦衣卫指挥佥事吴智、府军前卫指挥同知吴喜山、指挥佥事吴广林、锦衣卫正千户吴诚，锦衣卫指挥佥事汪玺，锦衣卫正千户汪瑄、汪智，金吾左卫试百户汪玉、孙震等免职，回原籍闲住。

英宗令廷臣讨论朱祁钰的各个妃子殉葬的事宜，实际上就是杀害女同胞。

朱祁钰的唐贵妃，为都督唐兴的女儿，景泰七年（1456）进宫，宠幸冠于后宫，仅仅一年后就成为皇贵妃，父亲获得赏赐无数。

唐贵妃曾经乘马随景帝游幸西苑，不料马儿受惊，使唐贵妃坠于马下。景帝甚为心疼，命宦官刘茂挑选御马中最好的马，日日驯马，以待爱妃下次再来乘坐。

丈夫一死，没人疼爱唐贵妃了，天顺元年（1457）二月，她被革除皇贵妃的封号。群臣在商议哪些人殉葬时，没有人站出来为她说话。唐贵妃默默无言，和杨玉环的命运一样，于是挂几束红帛，上吊自尽，死后葬于金山。

其父亲唐兴为都督，下锦衣卫狱，发河南充军，一个兴盛的大家族由此败落。

朱祁钰的其他妃子也一起殉葬。汪妃成为唯一活下来的嫔妃，复为郕王妃。

殉葬是朱元璋开的一个很坏的头，其目的是防止外戚势力干政。朱棣、朱高炽、朱瞻基都跟着学，用女人殉葬。

殉葬何其残忍和愚昧。而反观英宗，在38岁时去世，却下遗诏，停罢宫妃殉葬，表明他废除殉葬制度的意识是有的，而令景帝的嫔妃们殉葬，显然是出于杀人报复的目的。

四、"意有之"

小说《于少保萃忠全传》描述于谦、王文、范广在监狱中遭到了严刑拷打，于谦写下了所谓的"供词"：

供状人于谦，年六十一岁，系浙江钱塘县民籍。于永乐十八年中乡科，十九年登进士。二十一年奉命差往广东（应为湖广）平祭瑶僮，犒劳官军，清查功绩。一军称廉明，瑶民怀德绥服。回京遂陈瑶疏，蒙恩复差巡按江西。有枉民滞狱，一鞫而知，全省皆称明察。因见宁府强横，劾其不法者二人。又见长芦一带马夫，快船夹带私盐万万，某亦不避权贵，各置之于法。至今河道肃清，民无阻扰。还京复命。宣德元年，扈驾往征汉王，收伏汉庶人。庶人当殿不服，反出不逊之语。某历数其罪，词严义正，汉庶人无敢再言。

二年，山西、河南灾荒，蒙圣恩亲擢巡抚侍郎，敕往二省。某遍历诸处，问民疾苦，出示劝谕。良民尚义，捐贷资粟。仍捐己俸粜谷，以赈饥民，以备荒岁，全活亿万。每至汴城，见黄河水势汹涌，民遭漂溺。趁民间农暇之时，令其预为椿柳，以被卷扫之害。又旷廓乏人家之处，捐俸令人种树、浚井、建亭，使行者无枯渴之苦，往来有少憩之处。久虑别省流民，居住无栖，乃编成伍甲，给与空闲田地，造房屋耕住，俱为良民。出役数十年间，昼夜区画，兴利除害。二省人民，建某生祠于白茅桥畔。正统十一年还朝，因触怒权臣，降某二级，仍差巡抚二省。

十四年，今皇上亲率六军，蒙尘北地。初十日，京师大震。某望北号哭，急启太皇太后，乞命郕王监国。是日，群臣见马顺呵散仪仗，因忠愤激发，共击死马顺，廷中大乱，无复朝纲。郕王见骇，欲回宫者数次。某忙奔前披，留王住定，一一处分，慰肃百僚，奏灭奸羽，群臣帖然就列。一日之间，区画百端，飞符整饬，袍袖尽裂，几舄尽穿。翌日，蒙太皇太后进爵尚书，某固辞不受。其时民心慌扰，讹言万端，奸盗四出，百姓逃移，京都空虚。某乃个人巡视，多方晓谕，军民稍安。某集众启请太皇太后，社稷为重，乞立太子，以临臣民；乞命郕王，以辅邦家。

二十一日，太皇太后命郕王为帝。保宗社如泰山之安，使国家成中兴之业。整顿未完，敌兵突至，某亲督将士，誓以忠义，遂挫敌于德胜门，遁回。某虑敌必掠通州，以资人马。某急往通州散粮各足，继焚其余，使彼进无所掠，退无所资，知吾有备，不敢侵据。

至十月初三日，敌因喜宁唆拨，复大举入寇，九边震动，万姓惶惶，有倡南迁之议者。某恸哭谏阻，力陈京师根本之地，今不守此则大事去矣。景帝顿悟，宗社奠安，军民无迁徙之苦。即日命将出师，整兵拒敌。饬郭登谨守大同；激杨洪父子尽力报效；励石亨叔侄奋勇破贼；令孙镗、万广守卫京畿；督张（軏）、卫颖鼎峙互援。诸将奏功。复保孙安、朱谦修饬独石诸城堡。仍用计使杨俊、高斌密擒喜宁，豫埋铳炮击敌。

敌惧请和，景泰皇帝犹豫未定。某忙上前陈奏，备述兄弟至亲，君臣大义，礼宜答使迎复。景帝顿悟，遣使臣迎今皇上归国。兄弟行揖逊之礼，君臣贺再会之仪。置立十二团营，掌督精兵一百八十余万。授计于董兴、马轼等，剿除广寇黄萧养；指画于陈瑄等，收伏闽寇邓茂七；蔫陶得成诛，降浙寇叶宗留。又安插永乐年间降人于东南，潜消彼敌觊觎之心。复保陈豫、王通筑城于天寿山，使军兵无迁徙之患，商贾得安集之防。七年之内，日则不暇饮食，夜则独宿朝房。蒙问所供是实。

众人看了于谦所写的供状，件件都是大功，事事都是伟绩，无不叹息，于是停止了拷打。于谦写完供词，高声诵读了一遍，低下头，不再说话。

只有王文心中愤愤不平，在狱中大喊大叫，竭力喊冤。

于谦在监狱中遭到严刑拷打，政治气氛非常紧张，夺门的人气焰可畏。《明宪宗实录》记载："天顺初，于谦被诬遭极刑（指死刑），是时，群凶气焰可畏。"

大臣自救

其他大臣进行了自救，但是无效。

六部尚书王直、王翱、胡濙、俞士悦、江渊，尚书兼学士陈循、萧镃、高谷，侍郎邹干、俞纲，学士商辂，都御史萧维祯，罗通、杨善等一起上疏，请求辞职，获得批准。

商辂上疏，请求免罪。但是英宗不答应他的请求，将他免职。

项文曜也上疏请求免罪。英宗不答应他的请求，将他发铁岭卫充军。

兴安

六科十三道弹劾太监兴安窃弄威权，紊乱朝政，锁南内大门，易东宫之位，与王诚、舒良、王文、于谦等人结为朋党，明知逆谋不能谏阻，而伺衅乘机，心持两端，观成败以为向背，乞求枭其首，以诫权奸。

英宗说："安罪本当死，姑从宽贷，令勿视事。"饶了他一命，兴安彻底靠边站，失去工作了。

王文、于谦

六科给事中弹劾王文、于谦等人，谋立外藩。

这些弹劾都是政治污蔑，只是为了进行政治清洗，将于谦、王文等置于死地。

而商辂等人制止了金刀案的扩大化，也不能避免被清算。

朱祁镇肯定了他们的说法，并称："朕刚刚复位，首恶已就擒，其余的人姑且置之，以安定人心。"

廷臣会鞫于谦、王文等人，在朝廷上对质。诬蔑于谦与王文谋立外藩，唆使言官弹劾，朝廷会审，都是石亨的主意。

王文对被污蔑愤愤不平，怒火中烧，双目炯炯如炬，反复大声争辩。

只有于谦泰然自若，反而笑道："亨意如此，辩之何益？"

于谦猜得不错，极力想害他的人，正是石亨。

这些被弹劾的人，都不是石亨的人。石亨本人广树党羽，这些人就是阻挠他干大事的"绊脚石"。

按照朝廷制度，召藩王进入北京，须用金牌信符。

第四章 夺门之变

王文大声力辩根本没有迎外藩之事。实事求是，逻辑严密，理直气壮。众人理亏，平时就很怕他，不敢和他辩论。

英宗于是命令锦衣卫逮捕兵部车驾司署郎中事主事沈敬，进行调查。

经过调查，金牌符檄当时确实都在宫中，没有人动用过。因而王文、于谦迎外藩没有实际证据，罪名不能成立。

英宗对这一结果并不满意，命令锦衣卫会同三法司再审问沈敬。

法司判处沈敬知晓谋反、故意纵容，当斩首。英宗命免去沈敬死罪，发铁岭卫充军。

过了几天，六科又弹劾陈循等人，党比王文、于谦等人，罪大恶极，请正典刑。十三道同时弹劾陈循等人党附王文、于谦迎立外藩。

英宗命群臣在朝廷会审陈循等人。

群臣于是说，于谦等人犯了谋反罪，应当凌迟处死，而陈循等人知情故纵，当斩首。

王文、于谦之死，杨善出力很多。

尽管折腾来折腾去，污蔑王文、于谦迎立外藩，却毫无证据，在法律上无法定罪。

然而徐有贞却说："虽无显迹，意有之。"

意思是，虽然没有确凿的证据，但是于谦等人脑子里有这个想法。都御史萧维祯等人阿附石亨，以"意欲"迎立外藩二字定罪，判处于谦、王文死罪，他们的儿子都发配边境充军。

徐有贞的"意有之"、萧维祯的"意欲"和秦桧的"莫须有"一样，都是诬陷，都造成了臭名昭著的大冤案。

一纸荒唐的奏章递到了英宗手上。英宗左看右看，很犹豫。杀害于谦这样的功臣，肯定会背上历史的骂名。英宗不忍杀害于谦，说："于谦实有功。"

然而徐有贞报仇心切，进了非常关键的一句谗言："不杀于谦，此举（复辟）为无名。"

就是说，若不杀死于谦，发动夺门之变的举动便是"无名"，在政治上站不住脚，说出去很不光彩。

徐有贞就是这样一个人，有仇一定要报。他处心积虑潜伏将近10年，闻到一点血腥味，立即就像豺狗一样狠狠地扑上去，咬住对方的喉咙，不给对方一点反击的机会。

此时的英宗，将巩固复辟的成果作为头等大事，于是下定决心杀掉于谦。乾隆皇帝认为，于谦主张"社稷为重，君为轻"，是薄君亲，是他遇害的原因之一。

奏章递给英宗两天后，朱祁镇的命令就下来了：斩于谦、王文、王诚、舒良、张永、王勤于市，籍其家。谪陈循、江渊、俞士悦、项文曜，发配铁岭卫充军。罢免萧镃、商辂、王伟、古镛、丁澄职务，成为平民。

英宗作出这个决定，距离于谦、王文被捕，仅仅过了5天。

在最艰难困苦的时候，于谦始终没有屈服，但是没有等到春天的阳光。以往万民上书为他喊冤的情形不见了，因为统治者为他扣上了谋逆的罪名，无人敢插手。

万恶的刽子手砍下了他的头颅。于谦死之日，天气阴霾四合，家乡西湖的寒冰为之冻裂，天下人为他称冤叫屈。

北京百姓见之、闻之，男女老幼无不垂泪。

于谦没想到，当年的一句"言南迁者，可斩也"，让自己送了命。

呼啸的北风，摇撼着于谦庭院前面的柏树枝。但是柏树坚定矗立，不怕北风肆虐，仿佛在吟唱他写的诗歌——

> 北风吹，吹我庭前柏树枝。
> 树坚不怕风吹动，节操棱棱还自持。
> 冰霜历尽心不移，况复阳和景渐宜。
> 闲花野草尚葳蕤，风吹柏树将何为！
> 北风吹，能几时？

（于谦《北风吹》）

果然，随着春天的来临，北风吹不了多久了，迫害他的曹石集团也开始盛极而衰，走向没落。

抄家的人出现在于谦的家里，没找到什么值钱的物品，满室萧索，家无余资。失望之际，他们发现只有正室，一把大锁将门锁得很牢。他们一阵狂喜，费力砸开一看，只有皇帝历次赏赐的蟒衣、剑器。

所有人都惊呆了。

没有人相信，这样一个从30多岁就担任高官、历事三朝的兵部尚书竟然如此清贫。

英迈过人的于谦，对三代皇帝知无不言，竭尽才智，尽心辅佐。巡抚河南、山西18年，政通人和，为百姓真情拥戴。土木堡之变后，于谦对大明有再造之功，毅然以天下事为己任，成功领导了北京保卫战，击退也先，巩固边防，使国家和朝廷转危为安，成就"救时宰相"的美名。

"富贵不能淫，贫贱不能移，威武不能屈，此之谓大丈夫。"于谦的一生，是对这句名言的最佳诠释。他不到50岁痛失贤妻，不再娶、不纳妾，无绯闻。

他为官清廉，两袖清风，不党不群，不容官员私谒。他的精神境界很高，物欲极低，不要皇帝赐予的宅邸，故乡杭州也仅有一处茅草盖的老宅，不置住宅，不买田地。被抄家后，除了皇帝赏赐的物品外，家无余资。（《明实录》记载，于谦只有皇帝赐的金帛，就是黄金和丝绸。）

于谦慷慨任事，性格刚直，不计私利，不计生死，甚至不计后果，为仇人、奸贼所害，"粉身碎骨浑不怕"，将一身清白留在了人间，为后世所怀念。明代画家董其昌评价于谦："赖社稷之灵，国已有君，自分一腔抛热血；竭股肱之力，继之以死，独留清白在人间。"

《明史》赞扬于谦忠心义烈，与日月争光：

"于谦为巡抚时，声绩表著，卓然负经世之才。及时遭艰虞，缮兵固圉。景帝既推心置腹，谦亦忧国忘家，身系安危，志存宗社，厥功伟矣。变起夺门，祸机猝发，徐、石之徒出力而挤之死，当时莫不称冤。然有贞与亨、吉祥相继得祸，皆不旋踵。而谦忠心义烈，与日月争光，卒得复官赐恤。公论久而后定，信夫。"

将王文抄家时，保定府知府傅霖还想保护王文。去抄家的人想将傅霖绑起来，但是力气不够。英宗命令锦衣卫出动，逮捕傅霖，在北京关押。后来英宗还是释放了傅霖，让他官复原职，傅霖因为治理有方、治行卓异，还得到了表彰。

太后澄清

当时能救于谦的只有一人，那就是孙太后。

然而，孙太后最初不知道于谦被捕、被杀，听到这个噩耗后，连续几天哀伤不已。她向英宗澄清：于谦等迎立外藩是诬蔑之词。

朱祁镇对于谦所谓的罪行表示怀疑，每次质问石亨、张𫐐、曹吉祥等人，他们心里发虚，都只能说不知道，是徐有贞向他们这么说的。他们把整死于谦的责任全部往徐有贞的身上推，朱祁镇由此深深地厌恶这些人。

后世对徐有贞污蔑于谦的行为也极为不齿，明代刑部尚书刘广衡说："有贞险邪曲士，陋鄙庸夫，叨蒙圣恩，忠不报德，诈为制文，窃弄国柄。"

明朝文学家陈继儒认为夺门之变是一场非法的阴谋，不具有正义性，他说："徐有贞、石亨夺门之举，乃变局，非正局；乃劫局，非迟局；乃纵横家局，非社稷大局也。"

范广

与于谦一起遇害的名将、都督范广，勇敢而知义，最为于谦所信任、爱重。

范广精于骑射，每次上阵，总是身先士卒冲入敌阵，无往不胜。

于谦提拔范广为都督佥事、左副总兵，作为石亨的副将。范广因为才能突出，为同辈所嫉妒。尤其是石亨，觉得范广优秀，总想着搞掉他。

英宗遇险之时，石亨在大同被打得落荒而逃，范广毅然提兵前去救驾。

也先进犯京城德胜门时，范广第一个跃马上前，冲锋陷阵，十分英勇，大败也先。又率兵御虏于紫荆关，也先败去，范广升为都督同知，镇守怀

第四章 夺门之变

来，防范也先反扑。

当也先进犯宣府时，大臣们一致推举范广御敌，巡逻边境，遂使边境安宁。

范广品行正直，在京城协助总兵石亨提督团营兵马时，见石亨所为大多不法，治军不严，部属大多贪财骄纵。范广多次以此劝说石亨，石亨不以为然，心绪难平，反而忌恨范广，对其进行打压，让他只负责一个毅勇营。

范广又与都督张辄不和。

张辄眼里只有自己，无论是于谦，还是范广、杨俊，才能超过他的，张辄都要与其死磕到底。

石亨兴起大狱，诬陷范广是于谦同党，参与谋立外藩，将范广下狱，处以极刑。

范广赴刑场之日，挺身直至西市，口中大叫，当初陷驾者是谁（指石亨坐视不救英宗）？吾提兵救驾者，今反杀之，天理何在！

当刽子手的大刀抡起时，范广仰天慨言："于少保功在社稷，清名一世，尚且引颈受戮。范广不过一介武夫，纵使冤枉，死亦何憾！"

范广死后，被抄家，儿子范升充军广西，妻子、女儿、府宅赐给投降来的瓦剌人皮儿马黑麻。

范广尤为于谦所重视，如今死于非命，人人都感到深深的惋惜。

百姓不敢明着骂，但是可以编些歌谣讽刺新权贵，怀念于谦和范广："京城老米贵，那里得饭广（谐音范广）？鹭鸶（指百官，在明清的官服纹样中，七品文官服饰上有白鹭）冰上走，何处寻鱼嗛（谐音于谦）？"

范广被杀，那张辄竟然变得神经错乱、神思恍惚。

第二年春，张辄早朝之后回家，在途中向人拱手作揖。左右问他为什么向空气作揖，他回答说："范广刚才经过这里。"可是，范广不是被你们害死了吗？

65岁的张辄回到家里就生病了，上疏请求退休。

英宗说他是勋戚旧臣，还要他来保卫国家，不批。

张轸晚上睡不着，喘着粗气，很痛苦，于是又上奏，臣荷皇上厚恩，未能图报，今不幸得病，不能起来，伏乞皇上重念宗社生民，选贤任能，以隆至治。

英宗说了几句关心的话，让使者去传达，使者见到张轸时，他已经死了。此时距离他向"范广"作揖，才过去一个多月。

对于谦的污名化

于谦被处死后，不少人忠奸不分，纷纷指责他是"奸臣"，往他身上泼脏水。一时向英宗邀功取宠的人，大多以于谦为口实，肆意对其进行污蔑。

对政治斗争一无所知的老百姓只得到有限的信息，不明真相，道听途说，人云亦云，居然以为于谦是坏人。

广东遂溪县远在几千里以外，该县儒学教谕吴豫竟然也来瞎掺和，向皇帝建言两件事，说于谦等人当族诛，并应将于谦等人荐举的众多文武大臣一起杀掉。

刑部、都察院不愿意报复扩大化，拒绝了他的建议。吴豫建议清洗扩大化的措施，才没实行。无知者更无畏，更愚昧。

金吾右卫带俸正千户白琦也是局外人，不明真相，也来落井下石：请尽诛王诚、于谦等党及郕王府的旧僚，并且将王诚、于谦等人所谓的罪行榜示天下。

于是，朝廷张榜公布所谓的于谦党人名单，一批无辜的官员受到牵连而枉死。

比如，巡抚贵州的左副都御史蒋琳，被视为于谦同党而遇害。

蒋琳下狱之后，积极自辩，上诉称金事李叔义诬蔑自己，云南、贵州发生叛乱之后，边事窘迫，夷情凶狠，惩奸不得不用严厉的手段，所以怨谤自己的人很多。又称给事中张浩、御史杨贵等人因为自己就逮，不秉公执法。自己远在万里之外，岂知于谦等人图谋不轨之事？朱祁镇不听，命廷臣集体审问，给他扣上谋杀人的罪名，斩决不待时，将其立即枭首。

英宗令兵部拟定惩治的名单，兵部罗列了1775人的名字上报，请予裁处。

英宗将在景泰年间升职的军官，革除其升职，仍担任原职，等于这些人七八年白干了，并且调往山东都司的沿海卫所任职；校尉改为充军；旗军俱调往北京卫所任职。

五、政治清洗

首先是服务景帝的宦官遭到清洗。

司礼监太监金英因为多支官盐、收受贿赂、家奴行贿、不支持易储等问题，先前已被景帝逮捕。

因为已经失势，朱祁镇没再找金英的麻烦，打发他到南京养老。

司礼监太监兴安退出政局，免死。

司礼监太监王诚、舒良、张永、王勤等人，被处死抄家。他们的家属充军。

六科十三道弹劾司礼监太监陈鼎、阮简，称他俩内与王诚、舒良为腹心，外以王文、于谦为羽翼，拥立郕王，废易太子，倡议不必北迎英宗回京，献计幽闭英宗于南宫；禁绝英宗母子互相往来，隔绝亲亲之情；不要百官在节日、生日朝贺朱祁镇，废了君臣之义；崇尚异端，让僧人清昊为蛊毒魇魅之术，数次让僧官道坚进入宫中，都应当将他们杀了。

英宗说，此辈负国背君，罪在不赦，但是首恶已经诛杀，余党宜从轻发落。

陈鼎到南京司礼监养老，阮简去守长陵，永不任用。

御马监太监郝义被杀。

御马监是军事实权部门。郝义与王诚等人谋划，准备派男士擒杀曹吉祥、石亨等人，事情失败被杀。

司礼监太监廖官保被杀。

廖官保管理御药房。英宗被软禁期间曾经向他索要中药治病，廖官保不够仁义，不给，英宗出于报复，杀了他。

司礼监少监许源被杀。

许源曾在南宫为朱祁镇服务，因为说他的坏话（讪上）被杀。

宦官覃吉被逮捕。他在景泰年间掌管内库的金帛、奇货，登记郕王朱祁钰所赐诸妃的物品，共有白银3万余两、宝石1万余颗。他没有主动汇报此事，被送往锦衣卫监狱关押。

对其他人的清洗

英宗又逮捕了一些仇人。只要当初对英宗不利的人都予以严厉惩处，想到一个抓一个。

河北永清左卫指挥同知黄瀚下锦衣卫狱。正是他父亲黄竑为了保命，建言废了朱见深的太子之位。此时老子死了抓儿子，卫卒们用绳子把黄瀚绑了，送到北京，经过审理，发万全右卫充军。

金刀案差点殃及英宗。英宗命锦衣卫派人，分别去抓捕镇守宁夏的太监高平、公干，云南的内官阎礼，广西柳州卫千户卢忠，并将他们抄家。

高平和卢忠被磔杀于市，行刑过程进行了3天。

徐正当初献上迁走朱祁镇父子的毒计，没被景帝采用。

英宗的左右有人重提旧事，英宗立即就想起来了，命锦衣卫千户李溶把徐正从辽东押送到北京。经过审问，徐正从实招认，被处以谋反罪，以最严厉的凌迟之刑，将他千刀万剐，籍没其家。

徐正的同谋汪祥，被抓捕杀害。

周围为景帝悉心服务的人，被杀。

千户刘勤最初为大兴左卫军的小军官，因为为景帝梳头梳得好，得到校尉的官职，调到朝廷工作。

逯杲与他有矛盾。英宗复位时，逯杲在朝班中擒拿他，上奏其有毁谤、讽刺英宗的话语。刘勤下狱，被杀。

锦衣卫百户艾崇高被杀。艾崇高最初是太医院的医生，为郕王朱祁钰治好了脓疮，还进献了男人用的春药，由此获得提拔。治病救人本为医者天职，遇到大清洗，正常的逻辑都顾不上了。

第四章 夺门之变

一些人因为连坐被惩处。

府军前卫指挥使顾英称都督佥事张义是于谦同党，仍然担任宿卫，恐怕有异谋，应该剪除。英宗立即下令将张义抓进锦衣卫狱。都督佥事、都指挥同知王英，被杖一百，发云南腾冲卫充军。

卫卒绑缚了刑部福建司署员外郎事司务李荣，称他是王诚党，朱祁镇命锦衣卫拷打。

武成后卫指挥佥事时信被定为宦官张永党，发广东海上充军。

锦衣卫校尉逯杲抓捕了锦衣卫百户杨瑛，称他与张永、舒良是好友，命锦衣卫进行拷讯。

连做善事的和尚也受到牵连。太监王勤曾经为德观和尚请求拨款白银1000余两，用以修造广德寺。王勤遇害后，德观和尚也被逮捕。英宗说此辈妄费内帑，将德观和尚杖一百，发边境充军。政治迫害已经蔓延到宗教界了。

张辅的儿子英国公张懋，上奏称文安县信安草场被太监张永侵占，现在予以没收，还给了张懋。

英宗还为王振一党复仇。英宗被俘、被囚，大多拜王振所赐，然而英宗对坏事做尽的王振感念不已，多方纪念。

忠国公石亨、太平侯张𫐄等人举报"九头鸟"王竑，率大臣在朝廷上直接捶死锦衣卫指挥马顺及请示杀掉2名宦官。英宗将已经是浙江参政的王竑免职，子孙永不叙用。

马顺的儿子马升也抖起来了。上奏说，臣的父亲被给事中王竑捶死了，降为百户，乞求皇帝怜悯臣父死于无辜，让臣世袭父亲的原职。他想直接当锦衣卫指挥。英宗说，马顺的起点原是卫镇抚，令马升世袭，担任小小的副千户。

李实本为朱祁镇的恩人，冒着被扣留的风险，首批出使漠北与也先接触。他回到北京后，写了一本书《出使录》，因为涉及朱祁镇这段狼狈、屈辱的历史，惹下大祸。

石亨、张𫐄等人举报《出使录》内容有问题，书中多妄谬夸大之言。

李实还和户科都给事中成章、刑科都给事中王镇、浙江参政曹凯、四川按察使黄溥、广西副使甘泽、山西副使刘琚、山东佥事赵缙、湖广佥事璩安、山西佥事王豪等9人，曾经揭发石亨、张轨的过错、酷暴行为，因此遭到打击报复。

英宗将已是右都御史的李实革职，子孙永不叙用。成章等9人降职为卫经历。

杨俊被杀

英宗复辟后，出于复仇心理，杀掉了左都督杨俊。

杨俊，勇将杨洪之子，为人悍勇，桀骜不驯。

他并非杨洪的正室所生。

杨洪娶了3个老婆，正室魏氏生了杨杰，在景帝时世袭，封为第二代昌平侯。有一个妾葛氏，在杨洪死后上吊殉夫，被追赠为淑人。淑人为三品官员的妻的封号。女人殉夫，以失去生命作为代价，来实现所谓的崇高道德，这种封建道德极其残忍而虚伪。

杨洪镇守宣府时，杨俊总督独石、永宁诸处的边务，但是在土木之战中表现不佳，在阿剌知院的攻击下弃城南逃，马营、龙门等皆不守，赤城（今赤城县）、雕鹗（今赤城南雕鹗村）、龙门卫（今赤城西南龙关）、龙门所（今赤城东龙门所）、怀来（今京包铁路官厅水库桥底）、永宁（今延庆永宁镇）纷纷失守，导致居庸关外丧失了坚强的防御。

后来，杨俊被任命为宣府参将，率领士兵巡哨怀来等处，不经请示，擅自调动守备永宁的官军到达怀来，并将永宁城的西门砌砖封死。于谦弹劾他"方命专权，擅作威福"。

景帝在用人之际，宽宥不问。

杨俊仰仗父亲是高官，自身又极具好胜心，不惜冒功升职，升职后又骄傲自大，目中无人，横恣暴虐，以致杀伤人命。这些都为他被斩首的命运埋下伏笔。

景帝即位后，给事中金达弹劾杨俊贪污奢侈，被皇帝轻轻放过。

第四章 夺门之变

宣府参将杨俊守卫永宁、怀来，听闻也先想将英宗送还，秘密告诫军士不要轻易接纳朱祁镇。

等到英宗回到北京，杨俊又预言"将为祸本"。听者有心，这些话为日后的清算留下了把柄。

抓捕喜宁，是多人策划、共同实施的，然而杨俊将抓捕喜宁的功劳归为己有，对江福等人的功劳刻意隐瞒。他自己上报，英宗让喜宁和总旗高斌传命入京、到达宣府时，是参将杨俊出城和喜宁在城下饮酒，高斌突然抱住喜宁大喊大叫，杨俊纵兵抓住了喜宁。真实情节，前边已有讲述。

大臣请求景帝兑现当初的承诺。景帝找了个借口说，杨俊作为边将，抓捕喜宁是他的职责所在，不用重赏，但升他为右都督，赐予金币作为回报。

擒获喜宁的冒功之事败露后，景帝将杨俊降职，令其剿贼自效，任游击将军，同时奖励了江福。

杨俊的劣行，虽然很"坑爹"，但还是得到了父亲的袒护。杨俊和都指挥陶忠有过节，出于私人恩怨，将陶忠杖死。杀伤人命，在当时是死刑，甚至会连累家族。当时在北京操练兵马的杨洪听到儿子打死了人，心生恐惧，上奏景帝说，杨俊轻狂急躁，恐怕会耽误边境大事，乞求令他来到北京，随臣一起操练。

他以退为进，将杨俊弄到身边，加以保护。

景帝批准杨俊来到北京后，言官们仍不放过他，交相弹劾，要将他下狱论斩，景帝还是放他一马，令他随父亲戴罪立功。

景泰三年（1452），杨俊献上灭也先之策，说，也先既弑其主，吞并其众，包藏祸心，窥伺边境，只需等待时机动手。听闻其妻孥辎重，距离宣府才数百里。我边境军队不下数十万人，宜分为奇、正以待，诱使敌人来进攻。正兵列营于大同、宣府，坚壁清野，静观其变，而出奇兵设伏（选择独石、偏头），倍道捣其巢穴。他必回来自救，我军夹攻，可以得志。

大家廷议，于谦觉得这不是万全之策，不建议景帝施行。

景帝认同了于谦的意见，这个计划没有施行。

景泰四年（1453），杨俊送瓦剌使者回去的时候，走到永宁又犯了浑，喝得酩酊大醉，杖打都指挥姚贵80杖，还要斩杀他。因为诸将极力阻止，姚贵才从这个醉汉的淫威下捡得性命。

姚贵向上控告杨俊的罪行。宣府参政叶盛也上疏论其在土木之战中于独石、马营、龙门等处望风而逃的罪行，斥责杨俊为败军之将。言官们纷纷弹劾他飞扬跋扈。

杨俊上疏为自己辩护，封还所赐的敕书。家人也告发杨俊偷盗军储。

景帝将其下狱论斩，赦宥死刑，予以降职，削去爵位。

因贪侈、冒功、横恣、杖死都指挥陶忠、杖打都指挥姚贵、偷盗军储等罪，杨俊的职位升升降降，但都轻松过关，在家闲居。

然而到了狠人英宗掌权时，杨俊的生命走到了尽头。前军都督府右都督张軏与骄傲自大的杨俊有矛盾，两个"官二代"一直以来关系很差，互掐不止。

景泰八年（1457）正月，张軏将杨俊在英宗被俘之时的言论——将士不要轻易接纳英宗、回来是祸本，一一告发，多次进行挑拨。朱祁镇气量可没景帝大，听后大恨，铁了心要弄死杨俊，将其抓入诏狱。

英宗说，杨俊按照法律应当凌迟处死，姑且斩首。其儿子杨珍革去爵位，发往广西边卫充军。

杨俊被杀后，家庭陷入贫困。杨俊先前从官府预先领取了240石禄米，因为势力倒了，也没人交地租了，亲属们只能卖房子，换成银两还给官府。杨洪的妾李氏上奏，长子杨俊犯法，已正典刑，孙子杨珍已经充军，遗下一些家产，伏望恩准允许妾变卖。

英宗发了一回善心，批准了李氏的请求。

六、于谦：明代的岳飞

于谦就是明代的岳飞，因为两人有着许多共同点。

于谦的儿子于冕把父亲的冤死比作秦桧污蔑岳飞——

第四章 夺门之变

贼桧当年污武穆，古今一辙事堪悲。
生前大节遭奸妒，死后无辜赖主知。
愤激人心都不辨，疏干天听敢容私？
《吁天录》苦遗千载，没齿吾当感孝思。

明代杨鹤把于谦比作岳飞——

千古痛钱塘，并楚国孤臣，白马江边，怒卷千堆雪浪；
两朝冤少保，同岳家父子，夕阳亭里，伤心两地风波。

（于忠肃公祠柱联）

意思是，千百年来令人心痛的是钱塘于谦以及楚国孤臣伍子胥冤死，在白马江边，只见千堆雪浪怒卷。这钱塘江里，曾经有伍子胥的尸体，化身潮神，乘坐素车白马，出没江中。

宋明两朝，岳飞与于谦两个少保，蒙受冤狱，跟东汉太尉杨震遭到诬陷在洛阳的夕阳亭饮鸩自杀一样，洛阳、杭州两地风波令人伤心。

王阳明还为于谦祠题对联："赤手挽银河，公自大名垂宇宙；青山埋白骨，我来何处吊英贤？"

明代李梦阳也把于谦比作岳飞——

朱仙遗庙已沾衣，少保新宫泪复挥。
金匮山河丹券在，玉门天地翠华归。
平城岂合留高祖，秦相何缘怨岳飞。
最怪白头梁父老，哭栽松柏渐成围。

（李梦阳《于少保庙》）

清代康有为也认为于谦的惨狱与岳飞（字鹏举）相同，指出了他太真的性格：

"惨狱同鹏举，公才过太真。"（康有为《谒于忠肃公祠》）

为什么大家都把于谦比作岳飞呢？

（一）岳飞与于谦都在国家有难之时，临危受命，肩负抗敌重任。他俩才华出众，但是性格刚直，意所欲言，不避祸福，得罪了不少权臣。

朱熹说："岳飞恃才不自晦。郭子仪晚节保身甚阘冗，然当紧要处，又不然，单骑见虏云云。飞作副枢，便直是要去做。张、韩知其谋，便只依违。然便不做亦不免，其用心如此，直是忠勇也！"

岳飞得罪了秦桧、万俟卨、罗汝楫、枢密使张俊。

于谦则得罪了徐有贞、石亨、石彪、曹吉祥、张轨等众多权臣。

（二）岳飞与于谦都清白无罪，然而受到奸臣陷害，被扣上"莫须有"的罪名，实际上是死于君主专制条件下的人治。

南宋赵构在宋金议和之际，把所有将领召集到首都临安，提拔韩世忠为枢密使（国防部长），岳飞当枢密副使（国防部副部长），一律解除他们实际的兵权。

杀害岳飞的主谋是赵构，秦桧是执行人。

朝廷下令岳飞班师，岳飞悲愤地说："臣十年之力，废于一旦！非臣不称职，权臣秦桧实误陛下也。"

金人将杀害岳飞作为和谈的前提条件，秦桧于是将杀害岳飞作为和谈的筹码。

主审官何铸察得岳飞冤枉，不想加害，向秦桧汇报。而秦桧不悦地说："此上意也。"可见，加害岳飞，皇帝是真正的刽子手。秦桧改命万俟卨炮制冤案。

韩世忠质问秦桧，岳飞是不是真的谋反，秦桧回答说："飞子云与张宪书（指书信往来，作为勾结证据）虽不明，其事体莫须有。"韩世忠怒道："'莫须有'三字，何以服天下？"

第四章 夺门之变

赵构于南宋绍兴十一年（1141）将岳飞秘密处死，宋降为金国的藩属国，换来了随后20年的和平。

岳飞，这么能干的将领，越能干，死得越快，因为他挡住了投降派的路。下面要收复河山，上边却只想苟且偷生。所以，他只有死路一条。

英宗时期，这种情形又上演了。英宗成功复辟的当天，在徐有贞、石亨和曹吉祥的极力劝说下，英宗以谋逆罪逮捕了北京保卫战的功臣于谦、大学士王文，5天后予以杀害。

新兵部尚书徐有贞给于谦扣的罪名是谋迎外藩"虽无显迹，意有之"，以头脑中的想法定罪。英宗、孙太皇太后并不想杀于谦，是徐有贞等人屡进谗言，说服了英宗杀害忠臣。

可笑的是，杀害于谦的徐有贞却是个对岳飞评价很高的人。他评价岳飞说，忠义勇智，皆得之天性，非矫伪而为者，故能始终以恢复河山为己任。才与志副，名与实称，南渡以来，仅此一人而已。

徐有贞这种言行不一、知行不合一的两面人比比皆是，说起来头头是道，做起事来却是自私自利，心里的仇恨扭曲了他的"三观"。

明神宗朱翊钧认为，于谦所遭遇的冤屈可以与岳飞相比。

（三）岳飞与于谦都有卓越的军事才能和战功。

文天祥评价岳飞说，惟中兴之初，先武穆王手扶天戈，忠义与日月争光。名在旗常（借指王侯），功在社稷。天报勋劳，克昌厥后，虽百世可知也。又说，岳先生是宋代之吕尚。建功树绩，载在史册，千百世后，如见其生。

清高宗评价岳飞，用兵驭将，勇敢无敌，若韩信、彭越辈类皆能之。乃加以文武兼备，仁智并施，精忠无二，则虽古名将亦有所未逮焉。

明代文学家屠隆认为，于谦的功劳高于守卫首都开封的李纲，所做的事情比岳飞更难，以自己的死亡换取君王的安定，以自己的死亡结束了统治阶级的内部矛盾，是与日月争光的当世至人。

（四）岳飞与于谦都属于政治斗争的牺牲品，兔死狗烹，自毁长城。赵构杀岳飞是为了和谈成功，不让原皇帝回来。朱祁镇杀于谦，同样是为了

明朝的变局：夺门之变

巩固皇位，对景帝势力进行清洗。

岳飞是宋金和议的牺牲品。主审官何铸不想加害岳飞，反驳秦桧说："铸岂区区为一岳飞者？强敌未灭，无故戮一大将，失士卒心，非社稷之长计。"何铸指出，杀岳飞将导致失去军心，不利于国家。秦桧于是让万俟卨炮制冤案。

明代王世贞指出，杀害有能力收复中原的岳飞，引起志士仁人痛恨高宗。他说："夫武穆可以复中原，而不使之复，又使之必不复，是故志士仁人所以深痛恨于高宗也。"

清代内阁学士兼礼部、兵部和吏部侍郎杜堮指出，杀害岳飞是南宋灭亡的根本原因。

对杀害于谦的评价同样如此。明末清初，钱继振认为于谦遇害"堪悲处，是弓藏兔死，坏汝长城。"

明代藏书家项笃寿说，杀害善于谋国的于谦是走狗先烹，自毁长城。

他说，也先入侵，中外震骇，永嘉、靖康之祸呼吸之间即将发生。于公以书生砥柱狂澜，屹然不动，使社稷危而复安。观其分守九门，移营城外，坚壁清野，以挫其锋，而"丧君有君"（指原皇帝出了事，新的皇帝继位）。庙算（指朝廷谋划战事）无失，专意战守，罢绌和议，计擒喜宁，芟除祸本。反皇舆于汉漠，正帝座乎黄屋。谋国之善，古未闻也。而卒取奇祸，何哉？假令当景皇帝不豫之日，首帅百官，迎复英庙，或请宪庙嗣，何至纷纷夺门哉？当时大臣，计不出此，更谁咎耶？夫以肃愍大功，犹将十世宥之。而走狗先烹，长城自坏，石亨等诸人谗贼何惨也。读倪太宰、李献吉着碑铭，令人哽咽久之。杭三少保、两少保，死亦相类，于呼痛哉。

同样，于谦死后，无人能抵御北方进犯，每有边境发来警报，英宗忧愁满面。

军队无能人，边防也不修了，团营也废除不练了，大家都松懈了。苟且偷安得更厉害，腐败更加严重。在军队中要当大官，就靠行贿，上去了就大肆贪污捞回来。瓦剌军队来了，没法抵御，就给对方行贿，求他到别的地方去祸害，别攻打自己就行。这种局面直接导致发生了庚戌之变。

第四章 夺门之变

由于进攻北京失败，瓦剌内部矛盾激化，发生了内讧。也先杀掉脱脱不花自立，不久他本人又被阿剌知院所杀，瓦剌势力衰落。东蒙古的鞑靼部兴起，又干掉阿剌知院，立脱脱不花的儿子为汗，也就是小王子。

小王子等人后来进入河套，即今天的鄂尔多斯，演变为"套寇"。成化年间，小王子又被杀掉。弘治初年，鞑靼部出现了一个强大的汗王，叫达延汗（大元可汗巴图蒙克），削平了瓦剌的叛乱，征服了兀良哈，以武力统一了蒙古各部。

嘉靖初年，达延汗死了，长孙俺答汗继位。蒙古封建王国的权力掌握在占据河套的衮必里克与俺答汗兄弟的手中，拥有10余万弓箭手，喜欢动武。嘉靖二十一年（1542），势力独盛的俺答汗进攻明朝边境，蹂躏地方10卫38州，杀掠人口20余万，掠去牛马牲畜200余万头、金银财宝不计其数，焚毁民居8万户，致使数十万顷田地荒芜。

陕西总督曾铣建议加强国防，提出边务18事，主张收复被侵占的河套地区，建议修筑边墙、训练军队、增加火器。内阁首辅夏言支持收复河套地区，向朝廷举荐曾铣。嘉靖决心夺回河套，并褒扬曾铣。

这些正确主张遭到奸臣、大学士严嵩的反对。严嵩买通皇帝近侍，称其"轻启边衅"，伪造仇鸾的奏疏，诬称曾铣掩败不报、克扣军饷、贿赂首辅夏言，更在嘉靖面前胡说两人夺回河套别有用意。

大奸似忠的严嵩通过嘉靖帝之手，以"曾铣开边启衅，误国大计所致"，污蔑曾铣以好大喜功之心，而为穷兵黩武之举，按交结近侍律进行治罪，把曾铣杀掉。严嵩又诬告夏言接受曾铣的贿赂，两人相互勾结。他故意利用传言，造成夏言毁谤自己的假象，从而激怒皇帝，导致夏言遇害。

从此，无人敢巩固边防，3年以后发生庚戌之变，俺答汗骑兵进入北京。

俺答汗为了得到中原的铣、布匹等物资，要求明廷允许每年进贡，在长城关口恢复互市贸易。但是嘉靖帝朱厚熜一口拒绝，并杀了蒙古的使节石天爵。

嘉靖二十九年（1550），俺答汗进犯大同。靠贿赂严嵩的儿子严世蕃而得到宣大总兵职位的仇鸾，惶惧无策，再次用重贿手段，要求俺答汗到其他地方进犯，只要不打大同就行。俺答汗得到了钱，送上箭囊作为信物，率兵向北京进发。

俺答汗从古北口进入，京营兵一触即溃，逃窜到山林中躲藏起来。俺答汗进入通州，纵兵四掠。北京的明军才四五万人，都是老弱残兵，武器不全，战斗力很差，没办法打仗。

嘉靖帝急忙抽调七阵兵拱卫京师，然而从大同、宣府、辽阳、保定、河间、延绥赶过来的仅5万余人，后勤无法供应，士兵们饿着肚子，怯懦不敢战斗。嘉靖帝任命仇鸾为平虏大将军，总领诸军，其部下只会四处抢劫，弄得民不聊生。

这样的将领、这样的军队，整个儿腐烂掉了。

俺答汗兵临北京城下，杀害、抢掠村落居民，焚烧房子的大火日夜不息。而此时，严嵩对百姓死活不管不顾，还在废寝忘食地大写特写一文不值的青词，呈送给皇帝欣赏。当仇鸾来问计的时候，严嵩说，败于边境可以隐瞒，败于京郊不可隐瞒。严嵩的做法就是不应战，不打仗，让对方尽情杀烧抢劫，像蚊子吸饱人血之后自行离去。其做法就是不管百姓性命，只要自己的官位，皇帝如果追究责任，就找个替罪羊杀了。

俺答汗率700余名骑兵来到北京安定门，守将不敢迎战。兵部尚书丁汝夔按照严嵩坚壁为上、让俺答汗饱掠自去的主张，令诸将闭营不战，任其掳掠。

俺答汗给朝廷送上书信，称要以3000人入贡，答应给钱、通贡就缓兵、解围，不答应就增兵攻破北京。

嘉靖帝问大臣怎么办。

严嵩依然用"锯箭法"，不关他的事情，说，这是礼部的事。

礼部尚书徐阶说，事虽在臣，唯上主之。

嘉靖帝说，正宜商议。

严嵩说，所此抢食贼耳，不足为患。

这奸贼还是避战的策略，不管百姓死活。

礼部尚书徐阶斥责道，今虏在城下杀人放火，岂可言是抢食？正须议所以御敌之策！又道，寇驻兵近郊，而我战守之策一无所有，宜权许以款，第恐将来要求无厌。

嘉靖帝说，苟利社稷，皮币珠玉，皆非所爱。他想拿皮币珠玉这些东西来摆平敌人。

徐阶说，止于皮币珠玉则可，万一有不能从，将奈何？

嘉靖帝辣然道，卿可谓远虑。

徐阶认为无条件应允通贡太失面子，没有临城威胁上贡之礼，只有劝俺答汗先行撤退，再由大同守臣就通贡问题与之周旋，"往返间，四方援兵计皆可至，我之战守有备矣"。

嘉靖帝采纳了徐阶的主张，允诺通贡后，俺答汗便撤兵了。

整个庚戌之变，诸州县报上来的被杀伤、被抢掠走的人口、牲畜达200万。兵部尚书丁汝夔作为严嵩、仇鸾一党的替罪羊被杀。庚戌之变，是明代"政以贿成，官以赂授"的腐朽统治招致的严重恶果，放眼百年历史，则是枉杀于谦、重用奸臣、不巩固边防所招致的后果。

直到后来出现了名将戚继光，朝廷才算有了一点颜面。

（五）百姓心中有杆秤，岳飞与于谦死后都得到平反，被统治者作为忠君护国的典型，受到当世和后世百姓的推崇。

无论政治如何黑暗，老百姓却分得清好和坏、忠和奸。指挥朵儿，本是曹吉祥的部下，在于谦就刑之地以酒祭奠，恸哭不已。曹吉祥大怒，用鞭子或竹板抽打他，但第二天他照样以酒祭奠不误。

李时勉的学生、都督同知陈逯感念于谦的忠义，收殓其遗骸。

陈逯倒是个有血性的人。他是应天府六合县人，正统初年，五品堂上官推举将才之时，受大学士李时勉推荐起用，莅军行事多有可取之处，督捕盗贼很有成绩，用刑虽然过于惨刻，但是强横之人很害怕他，敛迹不敢犯罪，后来的继任者大多不如他。他最为人称道的是于谦被杀害后，在群凶气焰可畏、无人敢出头的情况下，他不顾被迫害的风险，毅然独自一人收殓于谦的遗骸，君子大多称赞他讲义气。

陈逯收敛于谦的遗骸，没有受到迫害，后来在成化年间去世。

于谦去世的次年，女婿、千户朱骥把于谦归葬于家乡杭州，随后本人被发戍远卫充军。

于谦的养子于康被石亨等人放过，扶于谦的灵柩回到杭州，将养父葬于西湖三台山于氏祖茔，成为今天的于谦祠。

朱见深即位后，平反于谦冤狱，恢复于谦之子于冕的官职，又不顾景帝曾废掉自己的太子之位，为景帝平反。

于冕后来官至应天府尹。后辈也出了英雄，于岳在抗倭中阵亡。

在西湖，于谦祠和岳庙相对，历代前来瞻仰的人络绎不绝，人们常常把两人相提并论，形成了"西湖三杰"（另外一人是张煌言）之说。

清代文学家袁枚拜谒于谦墓后，赞曰："赖有岳于双少保，人间始觉重西湖。"认为杭州有了于谦与岳飞，西湖的人文历史才会这么沉甸甸的。

西湖青山埋忠骨，这不是偶然的现象。从钱俶兴旺东南、纳土归宋而后被毒死，到岳飞收复河山而后冤死，再到于谦打败也先而后被枉杀，他们舍生取义不在同一个地点，但最后都归葬于杭州的一方山水。杭州为中华民族小心翼翼地守护着英雄的精魂。

岳庙里有秦桧等人的跪像，被人们吐得满身唾沫，但于谦祠里就没有徐有贞、石亨、曹吉祥等刽子手的跪像，实为一大憾事。

于谦尽管死了，但他始终坚信，欺天负国的人是不可能长久的——

  一点丹心素不移，故人何事昧相知。
  欺天负国谁能久，啮雪吞毡未是痴。
  虏塞雁书传好信，汉家麟阁纪信仪。
  阿陵自把中心愧，莫怪临歧掩面悲。

（于谦《题苏武忠节图》其五）

果然，这些发动政变的人，捞得盆满钵满，但是夺门之变的轻易成功，也刺激了他们的野心。他们想再次复制夺门之变，可惜他们遇到了一个文弱书生——李贤。

第四章 夺门之变

这些发动政变的人,坐收政变红利,掌握了军政大权,又把英宗玩弄于股掌之间。英宗以前是王振的傀儡,现在则成了曹、石之流的傀儡。

清代汪仲洋作诗讥笑英宗不用伟男子而用无须眉的太监辅佐,复辟之后依然没有摆脱傀儡君的身份——

一片笳声起黑云,悍归天意更何云?
当阳不用须眉佐,复辟仍为傀儡君。
扣马约忘于少保,夺门功念石将军。
低徊恨满边城路,瓦砾荒凉接夕曛。

(清代汪仲洋《土木》)

英宗将曹吉祥晋升为司设监太监,总督三大营。其侄子曹钦封昭武伯,曹铎、曹铉等人皆升都督。宦官子弟成为伯爵,以前还从来没有过,让人们大开了眼界。

石亨晋封忠国公,其党徒冒功升赏多达4000余人。

石彪镇守大同,做都督同知,充游击将军。其家人石宁等数十人皆授指挥、千户、百户。

石亨、张𫓶请示英宗,尽罢各边省的巡抚及提督军务等官,由此掌握了边境地方的军政大权,为自己的谋反铺路,而糊涂的英宗竟然都答应了。

第五章

福祸相依

明朝的变局：夺门之变

一、武功伯与曹操

徐有贞权倾朝野，与石亨、曹吉祥又闹了矛盾，成为两人的眼中钉，多次遭到陷害，第一个倒台。

共抗于谦之时，他们蛇鼠一窝，抱团害人，达到目的后，则争权夺利，互相狗咬狗了。英宗每次拿迎立外藩这莫须有的事情，质问石亨、张轨、曹吉祥等人，这些人就一副事不关己、高高挂起的模样，将所有责任推到徐有贞的身上，说："臣亦不知，是徐有贞向臣说的。"

徐有贞又成了秦桧一样的笑柄。

英宗复辟后，徐有贞捞到不少好处，实现了他最初的小目标——做内阁首辅。

他先兼任翰林学士，进内阁参与机枢政务，又当兵部尚书。后来又封为奉天翊卫推诚宣力守正文臣、武功伯，兼任华盖殿大学士，掌文渊阁事务，成为内阁首辅。

可是人的性格是一辈子改不了的，有多大格局就做多大的事情。徐有贞就是人品不好，小肚鸡肠，恩将仇报，有仇必报。

内阁诸大臣被全部赶走，留下他一个人当头。

原来的内阁首辅陈循向来有恩于徐有贞，徐有贞当初落难时靠陈循帮助，改名字的主意也是他出的。徐有贞以前多次求陈循推荐自己爬上去，可是总是办不成，徐有贞就翻脸不认人，要找个机会直接搞死陈循。

景帝重病时，陈循与高谷、肖镃、商辂商量请恢复朱见深东宫之位，代视朝参。陈循让赞成的大臣都在奏稿上签名，很多人都签了名。第二天，奏章送上，景帝批答："不允。"第三天，陈循等人再次率领文武百官送上奏章，因为陆续签名的人太多，等大家都签完名字，已经过了下午3点，来不及上奏。

可是，拥戴朱祁镇的人想快点"政治变现"，急不可耐，于是发动政变。第四天一大早，英宗就复辟登基，一帮小人得志了。

夺门之变第二天，对陈循拥戴朱见深有意见的徐有贞就诽谤陈循，指使六科弹劾他，但英宗不理他。政变后第三天，他们发起六科十三道弹劾，诬蔑王文、于谦有迎立外藩之想法，陈循、商辂、肖镃知情不报。

这些纯属莫须有。70多岁的陈循，被杖一百，充军铁岭卫。商辂与肖镃被捕入狱。内阁事权尽归徐有贞，他自己颇为志得意满，朝廷内外为之侧目。

徐有贞可以随时觐见英宗，便开始搞石亨、曹吉祥。

搞内阁老官员可以解释，但他为什么搞自己的昔日同盟？有点难以解释。《明史》的解释是"有贞既得志，则思自异于曹、石"。可能徐有贞只是想当内阁首辅，并无曹、石之流的篡权野心。

徐有贞数次在英宗面前"不经意地"吐槽石亨、曹吉祥的贪横行为，想让他们走上正道，故意激起英宗对他们的厌恶。

又逢御史杨瑄上疏弹劾石亨、曹吉祥，说他们侵占了百姓的田地。

英宗问徐有贞与阁臣李贤，他俩皆称杨瑄所奏属实。英宗就下诏表扬杨瑄。这样，石亨、曹吉祥就跟徐有贞闹掰了，也开始仇恨李贤。

大太监毕竟是大太监。曹吉祥搞点小动作，那是小菜一碟、熟能生巧，徐有贞根本玩不过他。曹吉祥就使了一个小伎俩。

英宗常常跟徐有贞私聊，以为任何人都不知道。

曹吉祥就安排小太监窃听，然后他再故意把听到的内容讲给英宗听。

英宗就很慌：我跟徐有贞的私聊，属于绝密，怎么传到了你那里？

曹吉祥就说道，我是从徐有贞那里听说的。你俩哪天说什么事，外面没有不知道的。

这还了得！徐有贞的嘴，简直是藏不住话的大喇叭，英宗自此就疏远了徐有贞，很少召见他。徐有贞就这样被坑了。

入狱

要削弱权臣的势力，御史就是一张很好的牌。

御史是国家的言官，提出建议、批评错误，起着啄木鸟的作用。合格的御史又往往是不怕死的，常常揭发石亨、曹吉祥的罪行。

敢摸老虎胡须的两个御史，就是杨瑄、张鹏。

天顺元年（1457），杨瑄弹劾曹吉祥、石亨侵夺百姓田地违法，声称他们怙宠擅权。英宗接到弹劾书，对徐有贞、李贤说，御史如此敢言，是国家的福气。

曹吉祥站在一旁，既惭愧又恐惧，进而恼羞成怒，要整杨瑄，被英宗阻止。

英宗听从徐有贞等人的建议，命调查杨瑄所奏是否属实，核实曹吉祥、石亨侵占民田的情况。

石亨出兵归来，听说御史杨瑄弹劾他俩，同样大怒，上诉称御史所言不实，并激怒曹吉祥，认为背后必定是李贤、徐有贞指使。石亨说道，当今在内惟尔，在外惟我，李贤等人欲排陷我俩，其用意可知。

他俩掌握了内外大权，本来以前互相拆台，曹吉祥见石亨冒滥恩赏，心里不平，没少在英宗面前说他坏话。现在两人放下成见，联手对付李贤、徐有贞。

六月，天上出现彗星和孛星。本来为正常的自然现象，御史们却认为彗孛出现是灾祸或战争的预兆。

十三道监察御史张鹏、周斌等人借此集体弹劾石亨诸多违法犯罪的事情。奏疏还未呈上，就走漏了消息。兵科都给事中王铉向石亨告密。

石亨、曹吉祥坐立不安，立即先发制人，飞速跑到皇帝跟前，恶人先告状，跪着哭诉道，御史的弹劾是内阁指使。张鹏是已戮奸臣、宦官张永的侄子，今勾结众多御史，诬陷自己，要为张永报仇。

太监张永是景帝身边的人，复辟后被扣上谋划迎立襄王的儿子为皇帝的罪名，已经死在刀下了。为张鹏贴上张永一派的标签，石亨等人借此开脱。

第五章 福祸相依

英宗十分愤怒，命逮捕御史张鹏、杨瑄，到文华殿亲自审理，召集各个御史来当面对质。

周斌手执弹章，一边读一边对质。众多御史弹劾石亨的事情，件件都有确凿的证据，不是污蔑。

要麻醉一头大象，使它倒下，必须有足够的药剂。同样，扳倒石亨与曹吉祥这样的巨头，只有拿出充足的证据，才不至于被翻案，否则就是打草惊蛇、引火烧身。既然证据如此板上钉钉，该查办案件了，但英宗的脑回路又转了一个大弯，竟然嫌周斌等人说晚了，怒道，石亨诸罪如果属实，汝等当时为什么不立即弹劾他，而是到了今天才说呢？

英宗命锦衣卫将御史们下狱，追究背后是谁主使。

被曹、石操控的锦衣卫就上奏，诸御史弹劾石亨，皆是右都御史耿九畴、右副都御史罗绮出的主意，于是将耿九畴、罗绮下锦衣卫狱。将御史张鹏、周斌下锦衣狱审讯，用木杖打得半死。

石亨很狡猾，再次上演辞职之计。他上奏称，自古人臣受恩委掌兵权，未有长久而不取祸的人，所以宋太祖怜悯石守信等人，解除他们的兵权。臣是一介武夫，才识疏浅，所行公事虽竭尽驽钝之力，未能尽善，所以引起别人猜忌，伏蒙圣明洞见事情本末，不加臣罪，然而臣受恩深重，权位太隆，合当退位，况且现在天时亢旱，百姓不安，胡虏猖獗，边鄙不宁，臣难逃其责。伏望皇上怜悯臣的微小功劳，将臣的兵权、职掌都予以解除，让臣随朝听调，庶得保全自身，倘遇警急事情，即往杀贼，以图补报。如果或不忍去臣，优待如故，恐怕谗谤既久，疑似日生，臣即使万口难辩，也会死无葬身之地。

英宗不听，不让石亨辞职。

即使证据充足，然而石亨、曹吉祥依然没有倒台，因为夺门的红利依然在发挥作用，英宗依然陷在这个魔咒里，一时半会儿醒悟不过来，因此对他们的罪行半信半疑。

许多皇帝的一个特性就是，他对自己的判断非常自信，对即使有罪的宠臣依然会重用和信任，对于一些小罪大过轻轻放过。然而一旦发现他们谋反的证据，这种宠信就会立即消失，转后翻脸无情。权臣的倒台，似乎有点公式化，关键点在于皇帝是否信任他。

缓过劲来的石亨、曹吉祥，就怀疑内阁首辅徐有贞、吏部尚书李贤是御史们的"黑后台"，想借此搞掉他们。

趁他们落难，石亨、曹吉祥就指使给事中王铉、锦衣卫指挥门达落井下石，乘机"扩大战果"，上疏称，耿九畴攀附徐有贞、李贤，唆使御史排陷石亨。

石亨、曹吉祥一伙不断编织"诬陷"的链条，形成"罪证"的闭环。

曹吉祥又匍匐在地，借迎复英宗上位之功，顿首向英宗表演道，臣等万死一生，迎复皇上，内阁必欲杀臣。伏地之时，痛哭不起。

英宗想起被俘虏、被软禁、被冷落时的苦楚，又觉得他们说得有道理。政治的天平再次倒向石亨、曹吉祥一边。

于是，英宗命逮捕徐有贞、李贤，下锦衣卫狱，命六科十三道弹劾他俩想独自专权、"图擅威权，排斥勋旧"的罪名。

人治就是这样，连坐同样如此，是否犯法，一律先逮捕，谁是谁的后台，谁是谁的同党，先关押起来审理一下再说。

徐有贞、李贤的政治命运似乎走到了尽头，然而一场气象灾害，救了监狱中这伙人的命。恶劣天气救人的情况，经常在古代发生。

这次，大风加冰雹，袭击了京城。那大风出奇的猛烈、出奇的寒冷，阴风如怪兽一般怒号，将巨大的树木掀倒在地上，吹倒房屋，使正阳门下的马牌直接腾空而起，从宫里一直飞到了北京的郊外。

再看曹、石两家，曹吉祥家门外的老树被吹折了树枝，石亨的家里"水漫金山"，污浊的水深达数尺，损失不小。

英宗心想：是自己做了不仁之事，犯了什么错误，让他天上的"爸爸"紫微大帝发怒了。求天上"爸爸"谅解的方法便是慎刑。

于是，对狱中人从轻发落：贬徐有贞、李贤为参政，贬耿九畴为右布政使，张鹏、杨瑄等人发边卫充军。

徐有贞要去的目的地是广东。

石亨铁了心要杀他,就派人投递匿名书,对英宗进行严厉抨击,然后说是徐有贞心里怨望,指使门客马士权干的。这完全是无中生有的罗织手段。

英宗命将已经走到山东德州的徐有贞抓回来,和马士权关在一起,进行拷问。但是没这事儿,徐有贞没死成。

承天门失火,英宗大赦天下,一些有罪的人得到赦免,看来徐有贞要出狱了。

石亨、曹吉祥一看又着急了,在政治上、法律上搞不死他,只好借助最后一招——文字狱,牵强附会、东拉西扯、无限联想,给他罗织罪名,只要跟谋反搭上边,徐有贞必死无疑。

他们一伙挖空心思,搜索枯肠,还真搞出了"名堂"。

因为徐有贞受封武功伯,世称徐武功,他俩就对英宗说,徐有贞自撰武功伯诰券,里面有"缵禹成功"之语,他又自择封邑于武功县。禹字,联想到大禹受禅为帝;武功伯联想到武功县,武功县是曹操的始封地。那么,如此推导下去,徐有贞就有图谋帝位或者挟天子以令诸侯的非分之望。

他俩脑洞大开,别出心裁地将徐有贞和大禹、曹操联系起来,准备给他扣上死罪。

刑部侍郎刘广衡等人据此上奏,徐有贞当弃市。

英宗脑子一下又迷糊了,也相信徐有贞有谋反意图,就将他贬为老百姓,流徙金齿(在今云南省)。金齿的人真的是"金齿",有的人喜欢嚼槟榔,时间久了,牙齿就变色了。

徐有贞搞类似"意有之"的冤案,现在轮到他自己了。本来是一个御史弹劾曹、石侵占土地的案子,竟然不断罗织,把他们都绕进去了。

徐有贞能免于一死,还在于当初"皇恩浩荡",给了他"免死金牌"——

夺门之变后,英宗命武功伯徐有贞兼华盖殿大学士,仍供职于文渊阁,又赐勋号散官为奉天翊卫推诚宣力守正文臣,特进光禄大夫、柱国,给予诰券,本身可以免死两次,儿子免死一次,追封三代及妻子。

直到石亨落败后，徐有贞的案子才真相大白，他几经颠沛流离，回到了江苏老家。

徐有贞贼心不死，还想被起用，又开始搞天文迷信活动。

徐有贞每天夜观天象，一天，终于看到一颗将星遥遥地挂在天上，方位在吴地，以为这颗将星就是他自己，因此常常耍铁鞭起舞以自励。后来，苏州府长洲县人韩雍征伐两广有功，徐有贞听罢简直要哭了："应天象的原来是那个臭小子啊！"

从此，徐有贞像一只泄了气的皮球，扔下铁鞭不耍了，再也没有得到任用。

一个害死于谦的人，天下人痛恨他还来不及，谁还会举荐他出来害人呢？

二、杨善纳贿

这些人掌权后，朝廷上上下下又重新回到了王振贿赂公行的时代，"官"不聊生。

善于投机的杨善，参与复辟有功，获封奉天翊卫推诚宣力武臣、特进光禄大夫、柱国、兴济伯，岁禄一千二百石，赐世券，掌管左军都督府。

政坛"不倒翁"、礼部尚书胡濙又赞扬杨善迎复有功，一再请求给他加官。

天顺元年（1457）正月，胡濙就拍这些人的马屁，说，皇上封石亨、张轨、张𫐄、杨善为公侯伯臣等，拥立圣躬（指夺门之变）之功已经奖励，而迎还銮舆（指迎复英宗）的事迹没有褒奖。而陛下北狩之日，虏氛甚恶，群情震恐，杨善挺然自往，奋不顾身，用尽家资置办行李，父子5人冒着霜露，勇闯沙漠，深入不测之险，口才足以折服狂虏之口，大义足以感动巨酋之心，即使比作唐代郭子仪之于回鹘、宋代富弼之于契丹亦不为过，于是奉乘舆安然来归。杨善忠诚勇敢，保护万全，其功劳岂小哉？真可谓有社稷之功勋，希望皇上特赐进封之典。

胡尚书的此番言论也确实在理，如果不是杨善一番忽悠，也先也不会轻易放了英宗。

英宗没有当场答应，但是后来命兴济伯杨善兼掌鸿胪寺，后又命杨善兼任礼部尚书。

杨善的4个儿子都被封官，还可以免死几次，理由是同到南宫迎驾有功。杨善又为从子、养子捞到不少好处，十几人得到官职。孙子杨伟增还娶到了公主，比也先的儿子强多了。

杨善的二儿子杨容其实不是个东西，还爱搞坑蒙诈骗。英宗刚即位时，杨容模仿宦官陈鼎的手书，向工部尚书吴中借钱。吴中识破后，拘留了杨容。法司判决杨容赎杖，英宗对于如此欺诈的行为很是愤怒，发配他到威远卫充军。杨善竟然没有因此受到牵连。这次，杨善出面为儿子要官，英宗批准，将已经是千户的杨容升职一级。

杨善一时间气势烜赫，动辄恃功凌人。他本来就是一个投机分子，爬上去之后，就开始招权纳贿。

收了钱，一大批官员都因为杨善的举荐而升职。例如都察院左佥都御史林聪升为本院右副都御史。礼部署郎中事员外郎孙茂因为索要外国人朝贡的木炭，应当削职为民，因为杨善的庇护而恢复官职。

杨善到了74岁的高龄，气力衰微，朝参、出入已经走不动路了。他便为儿子指挥佥事杨容、卫镇抚杨瑄讨来了出入宫廷的牙牌，扶他出入朝禁。

石亨辈就很嫉妒，故意离间他与英宗的关系。

杨善受到皇帝冷落，悒悒不乐，一病不起，临死前出现幻觉，若有所见，还以为是王文与于谦从地下来迎接他了。

果然，杨善很快就死了，时间是天顺二年（1458）五月。

三、送不出去的银子

兵部尚书陈汝言，贪污受贿就更厉害了，几乎天天接受天下武将的贿赂，白花花的银子如同流水，流淌进了他的资金池里。

其中一个行贿人，就是名将郭登。

所谓"生活"，就是生下来、活下去。连名将都要拿钱保命，这就是一个时代的悲哀。

郭登守卫大同时，以"奉命守城，不知其他"的理由拒不开门，为英宗记恨。

后来，郭登和范广一样，受到景帝、于谦重用，展现了自己的军事才华。

黄道周这样概括郭登的前半生："郭登变后，死守大同。上皇拥至，借道入攻。守城为重，安敢妄通。敌笑而去，无以表忠。昼夜激励，必刃敌胸。忽报敌过，紧蹑其踪。彼众我寡，或请避锋。登曰若避，城远谁容。敌骑后蹙，死不英雄。何不血战，以成大功。因而奋勇，直撞横冲。斩获无算，敌寨一空。奏捷天子，褒美定封。"

然而，夺门之变后，政治气候陡变，情况大不相同了，"上皇复位，谪去匆匆。为人臣子，难保始终。"

范广被杀了，于谦枉死了，只有定襄伯郭登还安然无恙。因为被于谦重用，还和参与夺门之变的孙镗关系十分不好，郭登感受到了极大的危机。

要想保命，光靠自己的军事才华还是不够的，而且军事才华越高，遇到不对路的上峰，反而死得越快。蒙恬、韩信、岳飞就是这么死的。因此，在那段肮脏的政治里，需要冒着风险，用一颗肮脏的心、两只肮脏的手去周旋，为自己争取生存空间。

郭登想了一招，以和英宗和解，和参与夺门之变的这些人站在同一条战壕里。上奏是最合适的捷径。

郭登立即上奏八事，急着拍皇帝以及这些上位者的马屁以自保：

一是请改元、立东宫，其余皇子当封王。这是拍英宗的马屁，基本是废话，但是说了有用。

二是崇德报功。左都御史杨善奉迎车驾，不避艰危，有回天转日之功，请将杨善升为公侯。这是拍杨善的马屁，杨善是新的统治集团的核心人物之一。

三是靖远伯王骥年寿虽高，精神犹健，乞求兼领兵部。王骥是名将，在宣宗时就是兵部尚书，三次征讨麓川，镇压湖广等地的苗人叛乱，都获得胜利，又参与夺门之变。现在，他已经80岁了，属于人畜无害型，果然又做了兵部尚书。

四是安远侯柳溥、右都督张轨，都性资刚直，人皆敬服，乞求将柳溥调回北京、张轨升爵位。会昌伯孙继宗忠厚淳实，沉静有为，乞求提拔，与他俩同管军马。柳溥、张轨、孙继宗都是勋臣、官二代、军中一霸，不拍马屁都不行。

五是锦衣卫是爪牙之官，乞求将本卫百户袁彬升为指挥佥事。会昌伯弟弟、指挥使孙显宗是朝廷至亲，乞求暂令其与袁彬同管锦衣卫。袁彬陪同英宗共患难，孙显宗又是孙继宗的弟弟，只管提拔就是了。

六是自古直言之臣，求利于国，而不求利于身。给事中林聪、叶盛，大理寺少卿廖庄，御史倪敬、左鼎，礼部郎中章纶等人皆以直言触忤时讳，乞求将他们进行提拔。章纶建议立朱见深为太子而被关押，廖庄这些人都是好的官员。

七是乞求于诏书内，宽恤百姓。湖广等处的征苗官军，尽数取回。

八是各处提督、巡抚要劝农、清军、修理河道、运输粮储等项，增加的官员要调回，精选三司及守令官员亲理庶政，以仁爱宽和，清净简默，不要扰民。

这些建议都是摸准了英宗的意图，以迎合英宗。英宗倒也仔细地看了，答复郭登说，石亨、柳溥、张轨、杨善，朝廷自有处置。孙继宗、孙显宗是勋戚，不许干预军政。袁彬升为锦衣卫指挥佥事。各处巡抚等官不必动，其余的令该衙门商量。

郭登的一封奏疏，其实基本都是"正确的废话"，但是非常管用，化解了他与英宗以及这些夺门派的恩怨。英宗的好多做法和他不谋而合，其中的建议基本都采用了。

但郭登毕竟是景帝、于谦的旧部，英宗不是很放心，于是将他外放南京，替代广宁伯刘安，掌管南京中军都督府。

但是，郭登还是不理解英宗的意图，总想从南京调回北京。他要求助的人就是兵部尚书陈汝言，没想到拍马屁拍到了马蹄上。

四、连说三遍"于谦好"

陈汝言是靠夺门之变上位的。

总兵官石亨推荐陈汝言从户部郎中升为本部右侍郎。太监曹吉祥又出面推荐，将陈汝言调到兵部，任兵部右侍郎。他儿子陈洪范升为副千户。

他们这么做的目的，是确保军权能掌握在自己人手里。

兵部尚书王骥尽管也参与了政变，但是老了，干部要年轻化，陈汝言狗仗人势，就瞄准了王骥兵部尚书的位子。

陈汝言屡次在英宗面前说公卿们的坏话，排挤老去的高官。他屡次以言语冒犯王骥，指责兵部右侍郎龚永吉是王骥私人推荐提拔的。王骥心里很不安，请求将龚永吉调往南京任职。英宗于是将龚永吉任命为南京礼部右侍郎。陈汝言排挤走了兵部的竞争对手，又打击了王骥。

王骥很不开心，感觉干不过这个年轻人，知道自己该走了，以年老多疾的理由请求退休。英宗不再挽留，仍令他朔望之日来上朝，这样兵部右侍郎陈汝言就获得了管理兵部的权力，眼看就要一步登天。

忠国公石亨再次兴风作浪，推荐升陈汝言为兵部尚书，升吏部郎中郝璜为兵部右侍郎。兵部尚书既然空缺，英宗又全都依了他们，陈汝言成了兵部一把手。

石亨与陈汝言，这时处于"蜜月期"。阴险、贪鄙的陈汝言很会看人下菜碟，属于佞臣之流，看石亨得势，就拼命巴结，百般谄附。翰林学士的人数已经超编了，而有人又请托曹吉祥、石亨，想进去。英宗就很为难，问陈汝言翰林学士数量的变化情况："学士亡过多秋（总是年老死亡）？"陈汝言就回答，唐代有十八学士，现在怎么会多呢？

英宗于是又被这些人忽悠了，让这些请托曹、石的人当了翰林学士。

陈汝言对下则是另外一副嘴脸。

第五章 福祸相依

陈汝言当了兵部尚书后，志得意满，扬扬自得，说话、办事旁若无人，遇事慨然自任，大搞一言堂。他攘臂放言，肆无忌惮，要做什么事情，唯恐众人不听他的，动辄假称"这是英宗的旨意"。文武大臣惴惴不安地奉承他、服从他，敢怒不敢言，只能道路以目。

陈汝言在朝廷里大搞山头主义，党同伐异，按照个人好恶区别对待同事和下属。关系好的就给予回报，朝士中有与他同年登进士的人，他就大力推荐，这些人大多因此当上大官；关系差的就加倍打击，只要拂逆他的意思，他就必定千方百计予以排挤。

陈汝言喜欢作威作福，杖打兵部办事小吏崔整，并且将他送到法司审查，崔整因此病死于监狱中。

崔整的妻子郭氏悲愤难平，欲找陈汝言喊冤，在长安左门左等右等，却等来了吏部尚书王翱。

郭氏误认为他就是仇人陈汝言，就一把拉住王翱乘坐的轿子不让走。

王翱忙问何故，郭氏就把丈夫的冤情详细说了一遍。

王翱怕她身怀利刃行凶，上下搜查一番，见她没带刀，才将郭氏送到陈汝言那里。

陈汝言不敢面对郭氏，害怕得要死，跑到英宗那里求救，说，臣尽忠陛下，不恤利害，恐怕有人故意要来刺杀我，乞求将郭氏交付锦衣卫审问。

郭氏被锦衣卫严刑拷讯，只是喊冤，锦衣卫一无所得，并没审问出什么行凶的计划。

此事之后，英宗为了保护陈汝言的安全，命京营派遣一队士兵，专门护送他上下班。

陈汝言的毛病就是贪，越党同伐异，贪贿的金额越鲜艳夺目。武将中，向他行贿而升迁的人数量众多，无论是名将，还是小将校，必寻求他做靠山。

郭登就投其所好，巴结陈汝言。

郭登掌管南京中军都督府时，通过给陈汝言写书信、送东西，实现了回到北京任职的小目标，为表示感谢，欲以1000两白银酬谢陈汝言。只是陈汝言没拿到钱，就已经下狱了。

不久，郭登遭到六科十三道的弹劾，建议将他处斩。理由是定襄伯郭登昔日镇守大同时与副手孙镗关系不好，意在避难，诈称有病还朝，后来掌管南京中军都督府，写书信、送礼巴结尚书陈汝言，得以回到北京，欲以1000两白银酬谢。因为陈汝言下狱，1000两白银没送成，但是"宜正其非，以为趋附权奸之戒，三法司奉诏鞫罪，当斩"。

英宗又饶了郭登一命，说，郭登论法难恕，第念勋戚，姑且宽宥其死罪，追缴白银1000两，降为都督佥事，于甘肃总兵官处听调杀贼。如再犯及临阵畏缩，必杀不宥。

这样，郭登以都督佥事的身份来到甘肃立功赎罪，在北京、南京转了一圈又回到北方前线杀敌。

按照锦衣卫指挥佥事逯杲的奏请，郭登的弟弟不宜做带刀侍卫，被从皇帝身边调开，到锦衣卫镇抚司任职。

在整个英宗朝，郭登几乎也"躺平"了。明宪宗即位后，下诏恢复郭登的定襄伯爵位，命他充任甘肃总兵官，郭登重新受到重用。

陈汝言的倒台，是因为他的靠山不支持他了。

徐有贞倒台后，翰林院修撰岳正对英宗说，陈汝言不宜升尚书。陈汝言、石亨、曹吉祥等人就很不高兴，一起陷害岳正。岳正被调走，任广东钦州同知。

陈汝言势力壮大后，又开始和曹吉祥、石亨斗，但根本不是这些人的对手。

陈汝言考虑到能害自己的，除了曹吉祥与石亨外，其他人没有这么大的能量。于是又在英宗面前说这两人的坏话，极力报告他们的过恶，说不立即去除曹吉祥与石亨，祸且不测。当然，曹吉祥与石亨确实有谋反的意图，陈汝言此举既是护主，也是为了扳倒对手，以便自己大权独揽。

石亨等人闻之，知道陈汝言"背叛"了同盟，于是动用内内外外的力量，协力整倒陈汝言。

英宗也厌恶陈汝言的阴险和见风使舵，命言官揭发，给他算总账。

天顺二年（1458）春正月，六科十三道弹劾陈汝言，列出很多罪状。

六科十三道弹劾陈汝言僭居驸马住宅还不满足，居然私役军匠1000余人，为他建造豪宅，超过了法定的规格。原来，陈汝言早早买下了为国牺牲的驸马都尉井源的住宅，隐匿不报实情。事情藏不住了，他才向英宗说，臣的旧居甚是低矮狭隘，忠国公石亨、太平侯张𫐄到了臣的家里，每见厅室低小，动辄欲为臣请求改善住房条件，臣奋激阻拦他们不许请求，才每人各出银子200两，再加上臣有赏赐银150两，买下了此宅。臣今欲从井源的住宅搬走，不敢不报告。英宗当时是批准了，现在御史们出来揭发真相。

六科十三道弹劾陈汝言贪腐成性，紊乱朝政，收受贿赂，其弟弟陈琰理无功劳而冒升镇抚，与都指挥卢旺结为心腹，大通贿赂。

文武群臣查实陈汝言的罪行，议定陈汝言及卢旺当斩，陈琰理免去职务，杨能等人应当追究罪责。英宗命法司囚禁陈汝言及陈琰理，卢旺免死充军。杨能等行贿者坦白后，给予警告，没有追究罪行。

这样，陈汝言因为胃口太大，贪欲无度，做兵部尚书不到一年就倒了，与于谦的正直清廉形成了鲜明的对比。

查实给陈汝言送钱的人还真多，长长的名单昭示着陈汝言的罪行简直罄竹难书：

镇守古北口的都指挥佥事陈亮，贿赂陈汝言被查，当判处有期徒刑。都察院以行贿是在大赦前发生的为由，没有判处陈亮徒刑。

浙江都指挥使余春，降职为都指挥同知，都指挥同知金能降职为金吾卫带俸。他俩因为行贿陈汝言升职。巡按监察御史查实后，判处余春、金能赎徒，还是担任没升前的职务，将其打回了原形。

陕西守备孤山堡的都指挥同知杨政，行贿陈汝言，得以调回当都司理事。陈汝言倒台后，杨政调甘肃工作。

右都督杜忠镇守山西偏头关，屡次杀贼有功，但都指挥袁胜举报他贪污。英宗命给事中曹衡等人去查办。杜忠为自保，贿赂陈汝言不少于1000两黄金。他还盗卖官草数十万，接受杀降者的贿赂以求升职，诬陷良民李

明朝的变局：夺门之变

清喜谋反。

杜忠被逮进锦衣卫狱，举报者都指挥袁胜达到目的，取代了他的位子。

太监曹吉祥出面为杜忠祈恩说情。英宗特地宽宥，没对杜忠治罪。杜忠反而揭发袁胜从士兵那里聚敛钱财，袁胜被调往宁夏，不得理事。后来，杜忠在南京后军都督府右都督的职位上去世。

镇守宁夏的都督佥事马让已经退休，闲居于家。他的儿子马隆以白银2000两贿赂陈汝言，求他办事，给予优待。巡按御史查办此事，说马隆眼睛已经瞎了，没有追究，释放了他。

河南卫都指挥佥事陈昇用白银100两贿赂陈汝言，得以掌管都司事务，率兵操备大同。陈汝言下狱后，陈昇论罪当赎徒还职，英宗说，陈昇如此奸诈，不可以常律处罚他，将其调往威远卫工作。

白银100两、白银2000两、黄金1000两……陈汝言大小通吃，来者不拒，家中被查抄出数额极大的赃款，金帛、其他财产数百万，全部堆在屋檐下。

英宗召集百官来参观，并让大家用弓箭齐射这些财物，发泄心中的愤怒。

英宗用冒火的两眼死死地盯着石亨，心情沉痛地说，于谦在景泰朝蒙受恩遇，领导兵部数年，除了皇帝的赏赐外，别无长物，死无余资。你还说于谦贪污很多，真是可恨！

英宗气急败坏地拿起一把柱斧（用水晶制的小斧，朝官所用），狠狠地砸在地上，连说了三遍：

"于谦好！""于谦好！""于谦好！"

石亨汗流浃背，低着头，哑口无言。

边防传来警报，朝中无人领兵，英宗忧形于色。陪伴英宗的恭顺侯吴瑾说："假使于谦还在，当不令虏寇至此。"英宗才醒悟杀错了人，沉默以对。

石亨、曹吉祥倒台后，陈汝言还在蹲大牢，心里还希望英宗能赦免自己，毕竟自己就是被这两个人陷害的。但是英宗什么动作也没有，要让这个大贪官把牢底坐穿。

在绝望中,陈汝言于天顺五年(1461)十二月病死于狱中,天下莫不称快。

五、狼子野心

英宗复辟后,石亨获封为武清侯兼太子太师,总管京营。京师的京营又称三大营,包括五军营、三千营和神机营。就是说,石亨手里掌管着北京军队的军权。想到他的野心,真替英宗捏了一把汗。

石亨向皇帝跑官要官,其权力版图的布局有明确的指向性,而英宗一直一无所知。

石亨首先攫取朝廷的军权。

朝廷内外的将帅半数出自石家门下,石亨在军队中的势力逐渐树大根深。

通过夺门之变,石亨的侄子辈石涧、石溟、石潽、石仁等人任千户、镇抚。石亨的亲属冒功锦衣卫者超过50人,部下、朋友冒夺门之功,得到官职的多达4000余人。

石亨大权在握,虽然每日有事没事都去觐见皇帝,提提建议,干预政事,但是他提的建议夹带了不少私货,蓄意培植私人势力。皇帝不听他的,他立刻就摆一副臭脸。英宗也很讨厌他了。

石亨接受私人重贿,想上进的人竞走其门。他引用太仆丞孙弘,提拔郎中陈汝言、萧璁、张用瀚、郝璜、龙文、朱铨以及员外郎刘本道为侍郎。陈汝言又升兵部尚书,后来与他分道扬镳。当时的舆论称:"朱三千,龙八百。"意思是,如果皇帝的权势是二千的话,石亨就是八百。

这样,石亨及其侄子定远侯石彪两家蓄养材官、猛士达数万人之多。京城的人莫不侧目而视,惶恐不安。

其次,石亨还攫取地方上的军权。

石亨的侄子石彪获封定远侯,为都督佥事、大同左参将。

石亨厌恶文臣做地方巡抚，制衡武官，让他们不能在地方放肆而为，于是将地方的文职巡抚全部撤回，只留武将在地方上掌军。

石亨将北京、南京的大臣，斥逐殆尽，为自己人腾出职位。石亨把曾批评他的给事中成章、御史甘泽等9人贬黜官职，将周斌、盛颙等人贬官，还大兴冤狱，诬陷耿九畴、岳正，将杨瑄、张鹏充军。

他这么做的目的，就是招募数万猛士，朝陈桥兵变的方向运作，为再次发动政变积蓄武力。

一次去大同出差，经过紫荆关，石亨对左右说，如果占据此关守卫，再占据大同，京师的军队怎么到得了呢？

他似乎在仔细勘察地形，想以大同为基地，思虑怎么搞事，好钳制并拿下北京。

于是他向上级请示，让心腹卢旺守卫里河。野心真是太大了。

石亨有钱了，他的府第恢弘壮丽得如同王府，大小房间的数量达到386间。府第造价不菲，石亨却没出一两白银，原来这是英宗让内官监为他特意打造的豪宅，目的是笼络他、控制他。然而，这幢豪宅显然已经满足不了石亨的欲望了。

一日，英宗登上翔凤楼，远眺石亨的府第，故意问左右是谁所居。统领禁军的抚宁侯朱永说，不知道。恭顺侯吴瑾说，肯定是王府。英宗笑道，不是。吴瑾顿首说，不是王府，谁敢像这样僭越？英宗看了看太监裴当，说道，你们啊，都不敢说这豪宅是石亨的！

英宗此刻或许已经感受到石亨势焰熏天，恐怕对他的皇权构成了威胁。

第六章

最后的疯狂

一、逯杲崛起

皇帝位子坐得牢不牢，锦衣卫是一支非常重要的支撑力量。

朱棣任用锦衣卫指挥使纪纲，屡次兴起大狱，杀光了建文帝的忠臣，保全了自身，消除了建文帝的影响力。

而景帝任用的锦衣卫指挥使卢忠不够厉害，对石亨这些人从事的阴谋活动毫无察觉。导致英宗的势力还在，并且继续潜滋暗长。

到了英宗朝，因为逯杲参与夺门之变，又逮捕了锦衣卫百户杨瑛、千户刘勤，进行拷讯，英宗看出这是个狠人，很欣赏他的强势，委以重任。因为他需要这样凶猛的鹰犬来保住自己失而复得的权力。

锦衣卫权力大了，侦察网日益严密。修武伯沈煜、刑科给事中王俨等人奉命持节，去册封沈王，英宗命锦衣卫校尉在他们后边悄悄跟踪。他们接受了沈王赠送的财物，被锦衣卫看在眼里。六科十三道弹劾他们，沈煜、王俨被抓进锦衣卫狱。

但锦衣卫在侦办案件的过程中，出现了勒索被告的现象。天顺二年（1458）冬十月，锦衣卫官校有人出差，扰民、勒索钱财。阁臣李贤出面予以纠正。他对英宗说道，今天下百姓颇为安宁，唯有一害害民。

英宗问道，何害？

李贤答道，就是锦衣卫官校。李贤详细讲述了自己的理由，并且建议，今后被告，不是有谋逆的重大情况，不派锦衣卫官校查办，此项弊害或许可以减少。他想缩减锦衣卫的权力边界，仅限侦缉谋反罪。

朱祁镇怀疑李贤言过其实，秘密令锦衣卫指挥逯杲去查访，果然有一名锦衣卫出去办案，勒索了三四千两白银。

朱祁镇很生气，召来管理锦衣卫的指挥门达，警告他，今后派出去的官校，如果再有像这样的人，一同重罪处罚，绝不轻饶。

逯杲的侦缉工作还是十分有效的，他干得最漂亮的几件事，就是干倒了石彪、石亨、曹钦、曹吉祥。这是一群隐藏最深、野心最大的野心家。

二、贤可大用

滚滚浊流中却出现了一股不易为人察觉的清流，他就是李贤，最终扳倒了曹、石之徒。

户部尚书王鏊这样评价他的贡献——国朝自三杨后，相业无如李贤。其得君最久，亦能展布才猷。

李贤本是一名文弱书生，今河南邓州人，进士出身，授予吏部验封主事，历任考功、文选郎中。

土木堡之变时，李贤从战场上捡得一条命，逃回北京。景泰年间上正本十策，内容包括勤圣学、顾箴警、戒嗜欲、绝玩好、慎举措、崇节俭、畏天变、勉贵近、振士风、结民心等，受到景帝赏识，历任兵部右侍郎、户部侍郎、吏部右侍郎。

英宗复辟后，命吏部右侍郎李贤兼翰林院学士，于内阁参与机务。天顺元年（1457）三月，李贤升为吏部尚书仍兼翰林院学士，负责选拔官吏。

李贤供职文渊阁时，气度端正凝重，奏对切中机宜，因此朱祁镇非常信任他。而且他很有人格魅力，表面一团和气，待人接物无疾言遽色，见者如沐春风，浮躁者为之茫然无措，阴狡者为之神色颓废。

石亨、曹吉祥与徐有贞是一伙，他们自己内部为争权狗咬狗，但对外又团结起来，斗李贤这一派。

当时石亨、曹吉祥开权，李贤因为心里顾忌，不敢把话说尽，但他常常从容回答朱祁镇的提问，以这种方式引导皇帝削弱他们的势力。

斗争是需要技巧的，蛮干只会速死，哪还谈得上斗争？李贤不能明面上和他们直接对抗，但是可以在英宗面前委婉地提醒皇帝。

李贤与兵部尚书徐有贞是内阁同事，此时两人就开始斗起来了。山东闹饥荒，而国家赈灾的财物不够，因此灾民得不到足够的救济。徐有贞说，赈济的财物不够，是因为被官员贪污吃掉了，不应增加拨款。

李贤则说，由于官员中饱私囊而不救济百姓，坐视人民死亡，是因噎废食之举。朱祁镇令增拨银两救灾。

李贤的爱民立场，为他赢得一局。徐有贞输了，因此深恨李贤。

蒙古太师孛来靠近边塞打猎，石亨就想打他一下。这个孛来也不简单，杀掉了瓦剌领主阿剌知院，立脱脱不花幼子马可古儿吉思为可汗，自己躲在幕后做太师专权，是鞑靼部落中最牛的一个人。

除了升官争功之外，石亨请求出兵，还有另外一个企图——练兵。

孛来骚扰延绥时，石亨奉命击退敌人。算命瞎子童先就劝石亨借这个时机起兵，夺取皇位。

石亨觉得自己还没做好准备，反对说，起兵并不难，但天下都司还没有都换上自己人，等待全部换完，再起兵不晚。

童先又劝道，时机难得而易失。

石亨还是觉得时机不成熟，不听。

童先大失所望，私下对旁人说，石亨这家伙，岂是可以与之成大事者？

看到孛来靠近边塞打猎，石亨就想攻打孛来。他找理由对英宗说，元代时期的传国玉玺在孛来那里，我们可以动武抢夺回来。

朱祁镇听了心也痒痒，很想得到这个传国玉玺，证明自己是真命天子。

李贤从社稷的角度考虑，对英宗说，挑衅不可开启，国玺不足为宝贝。朱祁镇打消了抢夺传国玉玺的念头，这事就这么黄了。

玉玺这东西，你说它有用就有用，说它没有用就没有用，顶多是文物加玉石罢了。石亨的好事被李贤破坏，因此更加忌恨李贤。

石亨、曹吉祥为了谋反，拼命提拔自己人，往各个重要岗位上塞。地方和北京奏事的官员，一般先到这些人那里，商议好以后，才觐见皇上。这样，皇帝反而成了"二传手"，被石亨、曹吉祥侵夺了权力，英宗越发不能容忍这种事情。

朱祁镇厌恶石亨、曹吉祥骄横，就私下向李贤问计，这帮人干政，四方来奏事的人先到他们家门，为之奈何？

李贤回答说，陛下只有独断，趋炎附势的人才能消失。

朱祁镇说，朕先前不采纳这帮人的意见，他们竟然给朕脸色看。

臣子居然敢给主子脸色看，真是活腻了。

李贤出主意道，希望陛下逐渐控制他们。

是的，只有控制住这些恶狗，主人才是主人。

然后就发生了御史们弹劾曹吉祥、石亨的事件。然而神奇的是，曹、石毫发无损，李贤、徐有贞却因此入狱，被贬为参政。

陷害岳正

事也凑巧，天气不好，再加上承天门发生了火灾，英宗命阁臣起草罪己诏，安抚天上的紫微大帝和天下的黎民百姓。

起草罪己诏的人名叫岳正，正是李时勉的学生，任翰林院修撰。

岳正学养深厚，美髯飘飘，先前在内府教授小宦官们读书。受吏部尚书王翱推荐，岳正进入内阁做事。初次谋面，皇帝就要提拔他当吏部左侍郎。石亨、张轨就打压这个新人，说要看他表现如何再提拔，把这次提拔搅黄了。

岳正之所以没被提拔，还是因为性格豪放的问题。他有北方人的豪迈，但是思考欠缺周密，曾说"天下事无不可为"。他不畏权贵，敢于大胆直言，在皇帝面前每次都说得唾沫横飞，唾沫星子溅在皇帝的龙袍上也浑然不觉。

这种个性跟于谦类似，容易得罪人，看起来不够老成持重，再者，他的保密意识也不够强。

岳正和颇有宰相风度的李贤也合不来。吏部尚书李贤也是个很正能量的人，但是对他印象不好，虽然没有参与陷害，但也始终不重用岳正。

刚进内阁，岳正就和石亨、曹吉祥交上火了。秋七月，有人匿名指斥时政。在专制的社会，这种表达意见的方式是不被允许的。石亨、曹吉祥对此大为恼恨，请皇上张榜，悬重赏，尽快捉拿这个批评时政、"抹黑"政绩的人。这个奖赏十分诱人——直接给予揭发者三品职位，相当于六部侍郎（副部长）这么大的官职。

曹吉祥请示得很急切，皇帝于是令内阁撰写榜文，悬赏捉人。

岳正却迟迟不动手，表示反对。其理由是，为政自有规矩，捕捉盗贼的责任在兵部，审理奸宄的责任在法司，岂有天子自己出榜募购之理？

的确，抓坏人是职能部门的事情，皇帝作为最高统治者，悬赏捉拿批评时政者是心胸狭隘，有失身份，杀鸡用牛刀，实在有些滑稽。

英宗看有人反对，也觉得欠妥，缓缓开口道："岳正所言正确。"

此事黄了，内阁不用写榜文了，留下曹吉祥一脸沮丧地待在原地。

岳正入值文渊阁时，体察到英宗对石亨、曹吉祥大权在握感到厌恶，因此也不愿意秉承石亨、曹吉祥的意思办事。

岳正就宦官、武臣的权力过重，不利于控制，向皇帝献上离间之计。他对英宗说，石亨、曹吉祥等人，恃宠骄横，恐怕贻下后患，臣请离间他们二人，使他俩各怀鬼胎、猜忌离心，除去他们易如反掌。英宗答应了。

皇帝想解除他们的权力，这个想法目前只是存在于头脑之中，离付诸实施还有不少事情要做。然而，岳正是个急性子，欠缺筹划的功夫，自告奋勇当传声筒。

杜清是石亨手下的一员猛将，任锦衣卫都指挥同知，英宗复辟后，获得了一所"罪臣"的宅第。

岳正就跑去对曹吉祥说，石亨常令杜清来你这里，意欲何为？

曹吉祥说，是来表示诚意吧。

岳正说，不是，他是来观察你的，不要容他数次来你这里，并且劝曹吉祥辞去兵权。

岳正又冒冒失失地跑去劝石亨收敛一些，竟然还找机会直接告诉曹钦和石彪，劝他们解除兵权，回归宅第，回归平民身份。

好不容易到手的权力，要让他们吐出来，犹如虎口夺食，引起了他们刻骨的仇恨。岳正这些小把戏根本骗不了这些老狐狸，曹吉祥、石亨就商

第六章 最后的疯狂

量弄掉岳正。

曹钦、石彪向曹吉祥求助,询问如何反击岳正,保住自己的官位。

与其突然被解除权力,不如先发制人,或许还有一线生机。

老狐狸曹吉祥决定试探皇帝的底线和真实意图,便跑到皇帝面前跪下,脱下官帽放在地上,一把鼻涕一把泪地哭诉,请求免职请死。作为资深太监,他太熟悉、太擅长这种自苦自虐的表演了。

英宗见露了馅,知道岳正坏了事,于是嗫嚅道,没有这回事。

曹吉祥知道乌纱帽一时半会掉不了,爬起来心情愉悦地走了。

曹吉祥前脚刚出门,满脸不悦的皇帝立即召来岳正,责备他说漏了嘴,向他们泄露了底牌,打草惊蛇了。

岳正还继续嘴硬:"臣观他们两家,背叛必有灭顶之灾,即使今日无该诛杀的证据。臣欲保全君臣共患难之情,故请您早自为计。"他不能领会皇帝的意图,还以为自己干了一件好事。

岳正说得虽然没错,只不过时机把握得不好。英宗更加不悦。

同样,岳正借承天门发生火灾,力言石亨将为不轨。又说陈汝言不宜升尚书,宜用卢彬为侍郎,因为这两人都诡诈凶悍,一起共事必不相容,可以利用他们的矛盾,一起将他们弄掉。等到徐有贞蹲监狱,岳正又建言宜复用徐有贞,则可以消除天变。这些建议英宗都没采纳。

为了摆平承天门火灾的事情,皇帝让岳正替自己起草罪己诏。岳正写的内容缺乏分寸感,被敌对派抓到把柄。

自我批评该批到什么度,是个走钢丝的活儿。批轻了是下毛毛雨,不痛不痒;批重了过犹不及,又痛又痒,皇帝在心理上也接受不了。最好是和皇帝面对面聊一聊,用心领会皇帝的意图,自我批评什么内容由他自己来决定。而岳正就大笔一挥,逞其才华,起草的诏书用语激切,用力过猛。

这个罪己诏本来没有什么大错误,但是在奸臣手里,鸡蛋里同样可以挑出骨头来,抓住一点进行无限放大。只要激怒皇帝,英宗就会情绪失控,一定不会放过忠言正士。

曹吉祥、石亨读到岳正替皇帝起草的自我批评书,看到批评皇帝批得这么狠，就以此为把柄，跑到皇帝面前挑拨说，这是岳正"卖直谤讪"，就是借机故意卖弄正直、毁谤讥刺皇上，说皇上善恶不分、曲直不辨之类的。还说岳正为徐有贞说话，是党附徐有贞。

英宗本来就对岳正不满意，被两人洗脑之后，心里果然生起一股无名火，情绪失控之际，将岳正贬为广西钦州同知，没收全部家产。

替皇帝写一份罪己诏，贬了官还丢了家产，在那个时代找谁说理去？

曹吉祥、石亨定下罪恶的计划：只要岳正出京，就找机会搞死他。

岳正走到北京通县，这里正是他的老家。他想着远窜广西，不知道何时才能回来见到衰老的母亲，便停留下来，陪伴老母10天。

兵部尚书陈汝言，令校尉举报称，岳正贬谪途中擅自迁延不行，并称岳正曾经侵占公主的田地。于是，将岳正逮进诏狱。

英宗说，岳正职居翰林，违法如此，罪不可宥。岳正被杖一百，广西钦州同知的官儿也丢了，发配陕西肃州卫镇夷千户所充军。名下的田地也交给百姓耕种了。

这被奸贼陷害的囚徒，一路走到河北涿州，天色已晚，夜宿于一个小旅馆。

那押解的人得了上头指示，像陷害林冲一样，将岳正用手铐铐得很紧，连睡觉的时候都铐着。时间长了，岳正气血不通，心脏受不了，心跳加速，然后大口喘着粗气，快要死了。曹吉祥、石亨就想这么无声无息地搞死他。

当地人杨四见状，看这么折磨下去，岳正非在途中死掉不可，于是对押解的人用好酒好肉款待，待他们喝得大醉之时，赶快把岳正的手铐偷偷拿下来，把手铐弄得略松一些，然后再给岳正戴上。

押解的人酒醒后，看到岳正又活过来了，心虽不甘，但是收到杨四送上的大笔贿赂，心领神会，将岳正安全地送到了肃州。

在流放期间，英宗也常提起他，说，岳正倒好，只是大胆。

这话传到岳正的耳朵里，他心里又高兴起来，知道自己终究不会死，总有被赦免的一天。

此后，他安心练书法、刻篆刻、画葡萄，终于等到了起复的那一天。

第六章 最后的疯狂

王翱留人

英宗打发走岳正后,收到了吏部尚书王翱的奏疏。

上面写着四个字:"贤可大用。"

英宗已将李贤贬为福建参政,但他还没启程。这是王翱惜才爱才,要保住处于低谷期的李贤。正是仰赖王翱的保护,朝廷才没有失去这方柱石。

朱祁镇遂留下李贤为吏部左侍郎,对大臣们说,近日行事,唯徐有贞一人,李贤不可去。

见皇帝发话,曹、石想害他也无计可施。过了一个多月,李贤又恢复了吏部尚书职务,仍进内阁值班。

石亨看自己白忙活了,心里愤怒不已,但也找不到任何把柄,于是假装与李贤交好,伺机反扑。

李贤斗老狼的手段更加智慧,深深隐藏,引而不发,非宣召不觐见皇帝,而朱祁镇反而更加亲近李贤,每天召他进宫顾问国事。

石亨大权在握,虽然每日有事没事都去觐见皇帝,提提建议,干预政事,但其蓄意培植私人势力,引起了英宗的警觉。

一日,石亨不打招呼,率心腹千户卢旺、彦敬入侍文华殿。英宗不认识这两人,问他们是谁。石亨介绍道,此为臣的心腹,迎复皇上之功,此二人居多。他当即请求提拔这两人为掌管锦衣卫的一把手——指挥使,要将迎复之功的红利吃干榨尽。

锦衣卫是何等部门!侦缉天下,抓人逮人,干违法的事情却不会受到制裁,连高官们对这个部门的权势都害怕得瑟瑟发抖。石亨想彻底掌控锦衣卫了。

幸与英宗没答应。

石亨提拔下属,都有个人目的,那就是为自己的将来布局。一日,石亨退朝回到家中,告诉卢旺、彦敬,我现在的官儿,都是你们想得到的。这两人听完,一阵害怕,不知所措,回答道,我们因为有石公才有今天,哪敢图其他?

石亨说，陈桥之变，历史上不称其为篡位。你们能帮助我的话，我今天的官位，不就是你们将来的官位吗？

卢旺、彦敬听到石亨要效仿赵匡胤发动陈桥兵变，自己当皇上，然后让他俩顶替自己，吓得两腿直打颤，不敢再说话，因为这可是株连九族的大罪。

石亨为自己人要官，十分卖力。工部侍郎孙弘，是石亨的老家人，石亨第一次推荐他就得到了三品官。石亨还不满足，请求英宗封他为尚书。皇帝觉得这提拔一步登天，实在太快了，说，姑且当侍郎，再升职就是尚书了。石亨却说，第一次就提拔为尚书，有何不可？还需要再提拔吗？

石亨这么骄恣，提拔官员还要他说了算，时间久了，朱祁镇觉得无法忍受，想限制他却又没有什么好办法，便问李贤怎么办。

李贤断然说，权力不可下移，唯陛下独断即可。

英宗点头。

一天，朱祁镇又问李贤，阁臣有事，朕必须召见，而他石亨为武将，何故频频入见？

李贤再次支招，要英宗宣召武将，武将才能进宫，不能像进"菜园子"，想来就来。皇帝会意，立即敕告左顺门，非皇帝宣召，不得放进总兵官。

石亨不敢不听，此后进宫的次数明显减少了，干政的频率也降低了。

英宗对石亨的飞扬跋扈心知肚明，只是还不到清算的时候。

石亨生了儿子，孩子满月，英宗召见石亨，摸摸小孩的后脖子，对石亨说道，是个虎儿。你好好抚养，长大了，朕将与卿结为姻亲。

英宗亲手取下金锁，挂在小孩的脖子上，名曰"锁定侯"，实际上是委婉地劝石亨要锁好自己，注意收敛言行。

石亨不断扩大自己的权力范围，但也不是所有的部门都买账，有一次他就碰了硬钉子。

天顺二年（1458）春正月，三大营将领石亨、曹钦上奏，建议改组太仆寺使其隶属于兵部，其理由是遇到紧急情况，调拨地方诸卫的军马很不方便。其实际用意是要插手太仆寺，将当时的战略资源——马匹，紧紧地抓在自己手里。

但是太仆寺卿程信，以马的数量是军事机密为由予以拒绝，上奏说，太仆寺只负责马政。高皇帝（指朱元璋）有旨，马的数量不令人知晓。今如果让太仆寺隶属于兵部，太仆寺卿就不知道马数量的增减。如果变生肘腋，而无法供给数量相当的马匹，谁敢担当这个责任？

兵部不敢变乱祖宗成法，英宗就下诏马政仍归太仆寺管理。兵部不管军马，也无法直接指挥军队发动叛乱。

石亨先前请英宗撤去了各镇的巡抚职务，让武将掌握了地方上的权力。武将没有了制约和监督，边境骚然，军队无纪律，武将的权力有失控的危险。地方上已经不存在权力互相制衡的机制了。

英宗对李贤分析说，朕初复位时，奉迎之人皆以巡抚为不便，现在才知道撤去巡抚的谬误。

夏四月，恢复设立督镇巡抚，仍由文官提督军务，等于给石亨的武官集团戴上了紧箍咒。

见皇上冷落和限制自己，牛气的石亨心里更加不满。

石亨已经布下了一盘大棋，眼看即将收网，皇帝复设巡抚限制武将权力，他焉能不气恼？

三、祸起石彪

雪崩时，没有一片雪花是无辜的。石亨的倒台，起于其侄儿石彪的覆灭。

石彪武功高强，骁勇善战，能拉开强弓，善于使用铁斧，瓦剌士兵都知道他的威名，称他为"石王"，把秃王和鬼力赤先后被他斩杀。他从舍人起步，靠着军功和石亨的大力提拔，累积边功，被封为定远侯。

石彪心术狡诈，骄傲自大，倚仗功高，做了很多犯法的事情。

扳倒巡抚

石彪被于谦派到大同任职，心里很是恼怒，后来思想却又发生变化，他和石亨商量，可以以大同为基地，干谋反的事情。而地方上的巡抚，就成了碍手碍脚的绊脚石。

于是，石彪就干了一件大事——扳倒大同巡抚年富。

年富可不是一般人，也不是一般人能把他扳倒的。因为他曾是于谦的得力爱将。

年富"刚正朴忠，固超出乎士类；气节才识，尤绝远于名流"。他此前历侍明成祖、仁宗、宣宗、英宗、代宗，比石彪资格老太多了。

年富任陕西左参政时，负责管理粮食储备，遇事果敢有为，声震关中，有权势者也不能阻挠他行事。

年富主张为军队"消肿"，减少军饷支出。他做粮食年度预算，用来筹集军饷，经过仔细核算，发现入不敷出，存在粮食赤字。年富算了一笔账，说，臣所管辖的地区，每年收2次税，共收189万石粮食，囤积粮食70多万石。其间，发生水灾、旱灾、人口流动，免除拖欠、亏欠的赋税，大概要减去三分之一。可是，每年花去的费用高达180余万石，收入少、支出多。镇守地方的臣子，不考虑国家负担，争着请求增加士兵的数量，可是军饷从哪里来呢？所以，我请求裁减闲散多余的士卒，淘汰劣马，杜绝侵耗资源的弊端。

英宗同意他的建议，他就实行了"精兵简政"。

明朝在陕西三边（定边、安边、靖边）驻有大量兵马，供给浩繁，军民因长途运输大量钱粮而疲惫不堪，而一些豪猾之徒从中牟利。针对这种情况，年富计算路程远近，核定征收赋税的数目，严格考核各类收支，经过整顿，纠正了过去的弊端，压缩了商人的获利空间，减轻了百姓的负担。

年富做事果断，不畏权贵，又因为执法过严，得罪了不少人，遭到不少人举报、诬陷。但是陕西的文武将吏怕年富被调走，都上表章称赞年富的功劳挽留他，年富得以停俸留任，干满九年，升任河南右布政使。

第六章 最后的疯狂

此时有人举报年富为官苛刻暴虐，英宗命人找举报人核实，将要治罪的时候，得知举荐年富的人正是少师杨溥。杨溥举荐的人不会有错的，年富于是又过了这一关。

年富到河南任职，碰到了好上司河南巡抚于谦。河南发生大饥荒，20多万百姓流离失所，于谦委任年富负责安抚。经过努力，流民问题得到解决。

正统十四年（1449）秋，土木堡之变后，边境道路被也先阻断，朝廷令年富向边境运送粮饷。年富克服困难，运粮成绩优秀，从没有发生过一次迟误，因功升为河南左布政使。

于谦调到北京后，年富更受重用。景泰二年（1451）春，年富以右副都御史身份出任大同巡抚，管理军政事务，成为九边要员之一。经过土木堡之变的重创，此时的大同法律废弛，各项事业存在严重的弊端。年富上奏请求免除秋季的赋税，撤除了几个州县的税务局，让太原的民众停止向大同转运粮饷，调动起了百姓的生产积极性。

此时，石彪来到大同。年富才第一次遇到了真正的对手，因为石彪背后站着的正是权力熏天的石亨。

边境是苦寒之地，却也是一块肥肉，因为什么都缺，里面有大量商机。武清侯石亨、武安侯郑宏、武进伯朱瑛，指使家人领取官库的银帛，再买进大米，将大米拿到边境去倒卖，借此侵吞公家的财物。年富请求将他们这些侯、伯治罪。

但是，让年富失望的是，景帝不想为一点经济犯罪就惩罚他们，下诏宽恕了石亨等人，只是治了他们家人的罪行。

石亨派遣的士兵越界到了大同，年富又弹劾石亨专擅之罪。

这样，年富就跟石亨、石彪等人结下了梁子。

英国公张懋及武安侯郑宏在边境上搞田庄，当种粮大户，每年让士兵们去给他们免费种地。年富上言弹劾他们侵占国家利益，士兵们得以返回了军营。

年富削减了襄垣王府的菜户，又杖打了管理厨房的后勤人员。

因此，很多当地的权贵对年富又怕又恨，原来的赚钱方式现在不灵了，是年富动了他们的奶酪，于是争相罗织罪名诬陷年富，想赶走他。

山西参政林厚想要扳倒年富，然而年巡抚名重天下，当朝主持朝政的又是他的老上级于谦。年富反过来弹劾林厚以及分守宦官韦力转等人。

年巡抚朝中有人，关键是景帝还很信任他，对于谦说，林厚怨恨、诬陷年富，而朕刚把边防事务交给年富负责，岂肯轻易听信他人的话而给他耻辱呢？

林厚这下倒了大霉，偷鸡不成蚀把米，丢了乌纱帽。

参将石彪受到年富管制，不能为所欲为，经常埋怨年富管制他。年富反过来弹劾石彪，景帝没有追究石彪的罪行。

英宗复辟后，石亨受到重用，权势一手遮天，石彪得以回到北京。石亨、石彪终于报了大同之仇，年富被罢官，回安徽老家闲住。

石彪仍不解恨，继续"痛打落水狗"，要将年富往死里整，继续进行弹劾、诬陷，于是，年富被抓回北京，投进诏狱。

或许年富命不该绝，英宗直接插手了此案。

英宗问李贤，年富这人怎么样？

李贤说，年富能祛除弊政。

英宗还没昏庸到底，说道，这必定是石彪被年富抑制，不能逞其私欲。

李贤说，诚然如圣上所说，宜尽早洗刷年富的罪名。

英宗派锦衣卫指挥使门达去调查。经过调查，证明年富无罪，于是皇帝下令释放年富。但此时处在风口浪尖上，不能让他继续待在重要岗位上，仍让他退休，第二年等风头过了再复出。

色胆包天

石彪的一个特点就是色胆包天。他居然将英宗的女人据为己有。

当年，也先放了被俘的英宗，由杨善等人接回北京。也先便遣送自己的女儿（另一说是妹妹）来到大同，想献给英宗当妃子。

也先的女儿本来是要石彪转献给英宗的，但石彪见到这个女人后，见其姿色可人，他跟大将军蓝玉的做派一样，色心顿起，动起了坏心思。

石彪猜想，朱祁镇回到北京后，就一直被软禁在南宫之中，一步也迈不出宫墙，生活困苦，前途渺茫，对外几乎一无所知，怕是已经成废人了吧，对自己的威胁恐怕是微乎其微，可以忽略不计。因此，石彪心中充满了狂妄，暗中将也先的女儿霸占了。

后来，王斌等人上书，将此事告诉了英宗，英宗果然大怒。

石彪还奸污了一名玉林卫士兵的女儿，将她父亲投进监狱，致其惨死。

天顺三年（1459），两万名鞑靼骑兵劫掠安边营，作为大同游击将军的石彪和彰武伯杨信等带兵反击，连战皆捷，斩杀鬼力赤，追击鞑靼骑兵60余里，活捉40余人，斩首500余级，俘获2万多匹（头）马、驼、牛、羊，为西北战功第一。石彪因为此战表现卓越，由定远伯晋爵为定远侯。

当年八月，借助安边营胜利之余威，石彪想进一步图谋镇守大同，当大同总兵官。这样就没人管他了，他手握重兵，可以与石亨互相呼应，于是私下授意已经退休的千户杨斌等53人奏保。

石彪没想到，这次搬起石头砸了自己的双脚。

英宗起了疑心，这么多人奏保一个人，肯定是有人串通好的，其中必定有诈，于是将杨斌等人逮捕，严刑拷问背后是谁指使的。

审问得知，是石彪用不正当手段在背后指使他们奏保，为自己跑官要官。

英宗极为震怒，下诏将石彪关入诏狱。九月，锦衣卫指挥使门达和都察院经过审讯，从石彪家中，搜出绣蟒龙衣及违式寝床等皇家用品，其罪当死。搜到这种物品，一般必死无疑，不管是公爵侯爵，都不好使了。

英宗将其看作谋反的证据，而这是任何一个帝王都无法容忍的罪行，当即下令抄没石彪的家。

石亨倒台

石彪入狱，是第一张倒下的多米诺骨牌，石氏集团开始崩塌。

石亨断尾求生，只能丢车保帅，请求一起下狱。

石亨先发制人，上奏朱祁镇说，臣素知侄儿石彪不才，难居重任。天顺元年（1457），朝廷欲令他任大同总兵官，臣再三恳辞，这事才作罢。近日，石彪征西回到大同，臣恐怕他在那生事，又奏请将他取回。石彪现在竟然大胆妄为，冒干天宪，实在是臣平时不能教训他所致，请求将臣一起下狱。

英宗用好言好语安慰石亨说，石彪贪图权力，欺罔朝廷，朕遵守祖宗法度，特地将他法办，今石彪已经服罪，与卿无关，你不必介意。

过了几天，英宗又敕谕文武群臣，拿石彪说事，禁止文武官员无故互相往来，禁止私谒文武大臣之家，不得攀附权贵。

石亨就很害怕，又上奏将石氏集团的官员全部免职以自保，乞求皇上怜悯臣愚昧，将臣同臣弟、侄在官的人，全部放归田里，以终余年，虽死九泉之下也不胜感恩。

英宗又说石彪犯法，和他无关，不许他辞职。

等拿到石彪家里的谋反罪证，经过三法司、锦衣卫查办，英宗将石彪抄家。

此时，由于涉及谋反，触碰了英宗的底线，英宗决定清算石氏集团，命石亨闲住养病。

三法司、锦衣卫又弹劾石亨出自民间，袭荫军职，屡受国恩，爵至上公，竟敢招权纳贿，窃弄国法，阃门姻戚诈冒升官，滥举孙弘等骤升侍郎，私自与邹叔彝等讲论天文，妄谈休咎，至于侵占官田，役使官军，罪恶百端，难以枚举，并且放纵侄儿石彪肆为不法，宜治罪。

英宗说道，石亨招权纳贿，窃弄威福，纵容石彪奸贪坏法，欺罔朝廷，令其闲住，不许管事朝参。这样，石亨就彻底倒台了。

石彪的罪行陆续被揭发——

石彪在大同时，擅入博野王府，打着祝贺的旗号，又吃又喝，还收了香囊等伴手礼。石彪回北京时，隰川王让长子到石彪家，送上美酒、礼物饯行。英宗对这两个王提出了批评。

巡抚大同的右副都御史王宇还举报石彪曾经强奸下属的女儿，还闹出了人命。

大同玉林卫（今山西省天镇县）的一名士兵外出，在夜晚时分，石彪偷偷来到他家，强行奸污了他的女儿，第二天还将这名女孩掳走，强行占有了10天才放回来。

这士兵愤然而起，要举报他。石彪将他捉拿，关押在玉林卫监狱，这名士兵竟然病死于狱中。

英宗命佥都御史王俭、锦衣卫指挥佥事逯杲去查办。三法司、锦衣卫经过联合审理，判决石彪应处死。英宗命令先将其关押。

石彪此前凌侮亲王，也是死罪。凌侮亲王一事，是身为大同游击将军的石彪将当地代王增加食禄之事，自诩是出于石亨和自己的功劳，是两人数次在英宗面前为他说好话，为代王讨来了好处。代王信以为真，非常感谢他，前来跪谢。此后，代王多次款待石彪，在席间令妓女为他斟酒劝酒，表示敬意。然而，代王增加食禄的事情与他无关，代王跪谢他，便是侮辱亲王之罪。

三法司、锦衣卫由此查明石彪谲诈，凌侮亲王，也是死罪。

英宗对石彪的人进行政治清洗，对其党徒、提拔的官员予以罢免、降职或者调动岗位——

锦衣卫指挥佥事逯杲等人前往大同，逮捕了依附石彪的都指挥使朱谅等76人，押到北京审问。

逯杲又上奏，大同等卫都指挥同知杜文等33人无军功，依附石彪，冒升官职，将他们逮捕，押到北京审问。

逯杲又揭发石彪的弟弟石庆数次从居庸关抵大同，擅自乘坐官马，索要公家饮食，稍微不满意，就将参将张鹏等人骂得狗血淋头，如同对待奴求一样。锦衣卫到处抓不到石庆，英宗命向石亨要人。

石亨的罪行

石亨有功有过，的确有罪，他的落马并非冤案。英宗将他关进监狱，并没有杀他，对他的势力进行了清洗，但没有上纲上线大肆株连，还是体现了实事求是的精神。

石亨的罪行可以分为以下几个方面：

（一）谋反罪

石亨有一些出格的言论，并且大肆培植私人势力。家中的器服多使用龙凤图案，这是英宗不能容忍的。

逯杲查出石亨搞小动作。天顺三年（1459）九月，忠国公石亨私自派遣义勇后卫指挥同知裴瑄到居庸关外，购买木材。恰好兵部要找裴瑄，裴瑄却不来，于是兵部将此事报告英宗。英宗命都察院、锦衣卫逮捕裴瑄，但是不知道他在哪里，于是向石亨要人。

石亨看事情要暴露，故意撒谎，跟裴瑄撇清关系。锦衣卫指挥佥事逯杲加大了追捕力度，终于在大同找到了裴瑄，将他逮捕，押到北京下狱。三法司经过审理，请治石亨之罪，并且弹劾守居庸关的都指挥佥事仲福凭借石亨的私书，放裴瑄出关，应治其阿附之罪。英宗饶了石亨，不久命他养病，仲福降职为指挥使。

石亨于是称病辞职，英宗不许他辞职，让他病好了再来上班。

锦衣卫又查出义勇后卫指挥邹叔彝，曾经到石亨家里讲论遁甲兵法、太乙书数。邹叔彝接受司法审判，石亨又被英宗放了一马。

都察院弹劾石亨擅自派遣大同前卫带俸指挥同知卢昭，前往直隶武平卫追捕逃走的仆人。卢昭被审，石亨获得宽宥。这个仆人为什么逃走，原因不知道。石亨落马后，家人也主动举报石亨谋反。

（二）接受贿赂

英宗说石亨卖官鬻爵千百余人，招权纳贿，势倾中外。行贿者受到惩处。天顺三年（1459）十二月，吏部右侍郎张用瀚调任陕西右参政，刑部右侍郎黄仕俊降职为广西右参议，长芦都转运盐使司同知李真削职为民。他们靠行贿石亨升职，被锦衣卫校尉揭发。

调南京吏部右侍郎萧璁为湖广右参政，刑部右侍郎朱铨为贵州右参政，大理寺右少卿翟敬为广东惠州府知府，太常寺少卿王谦为四川夔州府知府。他们都曾贿赂石亨，得以升职。

蓟州等处总兵官、都指挥佥事胡镛，左参将、都指挥佥事王整曾经给石亨送礼，都察院请示逮治他们。英宗没有治罪，对他们进行了口头警告。

在河南弘农卫指挥使李斌案中，石亨也接受了李斌的贿赂，为他脱罪。

（三）经济问题

土地是当时人的命根子，石亨对土地也有特殊的爱好。户部弹劾石亨私役边军士兵，占有怀来等处的1700多顷田地。英宗命没收这些土地。

都督佥事姚贵巴结石亨，守备永宁、怀来之时，石亨占有官民的田地，是姚贵派士兵为他耕种。姚贵下刑部监狱，应当赎徒还职，英宗特命将其降职为都指挥佥事，调往贵州都司工作。

石亨是名副其实的"房叔"，但是还不知足，霸占公家房产。锦衣卫指挥佥事陈纲买下了石亨霸占的一处公家房产做住宅。陈纲下刑部监狱，被判决赎徒还职。

（四）冒功升赏，胡乱提拔

兵部对冒充有功而升职的人进行清查。凡杀贼升职的不动，冒充夺门之功升职的革职，有官的调往外卫工作，无官的发回原籍工作。兵部上奏，天顺元年（1457）正月十七日夺门迎驾官军，武清侯石亨部下1503人，都督张𬭚部下1289人、张𫐐部下936人，太监曹吉祥部下271人，俱升职。近来，石亨诈冒事露，有旨令自首免罪，石亨、张𬭚部下已有人陆续自首。而张𫐐、曹吉祥部下无人自首。但有冒升者，限3个月内自首，不自首的，由有关部门查实，不限职位大小，俱连坐家属，谪两广、贵州充军。英宗予以批准。

石亨冒升子弟50余人，被打回原形吏部左侍郎孙弘降职为云南大理府通判，通政司右通政刘文降职为云南临安府同知，翰林院学士黄谏降职为广东广州府通判，光禄寺寺丞金铭降职为广州右卫经历，兵部主事杨福、宋谅、潘荣降职为广西庆远等卫知事，太仆寺寺丞蒋道隆降职为湖广新化县主簿。他们依附石亨，冒夺门迎驾之功而升官。

兵部奉旨查办了从大同来到北京任职的官员，都指挥、指挥、千户、镇抚等官石宁等56人，都是石亨的亲属。

（五）纵容石彪

法司弹劾石亨不能训诫其侄儿石彪，并且接受了他所送的违禁寝床。英宗宽宥石亨，将寝床没收。

（六）怨恨皇帝

到了天顺三年（1459）冬十月，石彪落马，石亨就只得担任没有实权的闲职了，心里怨恨皇帝。

六科十三道弹劾石亨怙宠作奸，招权纳贿，罪大恶极，不可胜言，及至事情败露，谎称患病，不去朝参。法司累次弹劾其罪，朝廷每每赐予宽宥，而石亨不知感激，俱不谢恩，是怀有怨恨之心。

英宗说道，石亨违法事情累次彰著，朝廷已从宽处理，他竟然不知感激，心怀怨恨，论法难容。

天顺四年（1460）春正月，锦衣卫指挥同知逯杲又举报说，忠国公石亨对皇帝心怀怨恨，程度很深，和侄孙石后等人，天天制造妖言。光禄寺失火，石亨说，此是天意。石亨蓄养无赖之徒20多人，专门侦察朝廷动静，观察其心，实际上是心怀不轨。

英宗把逯杲的奏报给朝廷的文武大臣传阅，朝廷重臣都说，石亨罪大，不可轻宥。

英宗说道，石亨之罪于法难容，朕念其微劳，屡次曲法宽宥，特令他闲住以保全他。石亨现在竟然不知悔悟，竟敢背义孤恩，肆为怨谤，潜谋不轨。

锦衣卫把石亨抓来，百官当廷审问他。文武群臣说，石亨诽谤妖言，图为不轨，具有实迹，论谋叛罪，当斩首，其家当籍没。

根据英宗指示，石亨被投进诏狱，没收其家产，长期监禁。

英宗革去石彪、石亨"夺门"的功劳。

石亨的386间房子没收入官府。石亨的家属在陕西渭南县、山西蒲州和大同府的庄田被没收。

锦衣卫逮捕了山西都指挥使廖杰。他是石彪的亲戚，升职靠石彪保升，又帮助石亨隐匿家产，又因私仇监禁部下，纵容弟弟打死老百姓。都察院判决他赎徒还职，英宗将他降为指挥使，调到广西浔州卫工作。

英宗再从舆论上给石亨的案子定调，抹杀他的"夺门"之功。

英宗又给宗室诸王写信，指出了石亨的其他罪行，说石亨负于朝廷，非朝廷负于石亨。

天顺四年（1460）二月，石亨在刑部监狱中病死。法司请示斩首枭示，将他的罪状榜谕天下。英宗拒绝了，指示石亨既死，以完尸埋葬。

彭城卫指挥使蒋谦不和朝廷步调一致，为石亨、石彪"打抱不平"，称他们是被逯杲诬陷，还扬言孙太后做梦梦到石亨喊冤。

锦衣卫逮捕了蒋谦以及那些传言者，英宗指示，将这些妄言惑众的人发配铁岭卫充军。

石亨广树党羽，图谋不轨，机关算尽，反误了性命，真可谓自作孽不可活。

"夺门"说法不当

石亨落败后，天顺四年（1460）的一日，英宗和李贤谈起夺门之变的是非，评价他们的所谓功劳。

石亨、曹吉祥等人正是因此受到重用的，不破除这个魔咒，曹吉祥还会继续兴风作浪。

李贤咬文嚼字，首先向朱祁镇纠正"夺门"（就是毁坏南宫宫墙）这一提法的错误。

李贤说，"迎驾"的说法可以，"夺门"这种提法，怎么能说给后人听呢？天位乃陛下固有，说"夺"这个字，就是不顺，会坏了陛下的名声。

的确，哥哥被俘虏，然后回来夺了弟弟的皇位，实在不是什么光彩的事情。李贤的话当然也有忽悠的成分，人位并非固有，不夺门的话，朱祁镇说不定还会继续被软禁，直到景帝去世，才能恢复自由。

李贤接着分析当时发动政变时机不当，风险系数太高。他说道，当时景帝只是病重，并未死亡，那时幸亏获得成功，万一事机先泄露，石亨等人死不足惜，却不知道将置陛下于何地。

如果时光可以倒流,景帝和于谦能有所防范,这场政变是没有任何成功的希望的。可是,是景帝仁柔不决,于谦等人疏于防范,在有能力镇压的时候放任自流,导致复辟在一夜之间轻而易举获得成功。

朱祁镇醒悟了,点头说道,是啊。

李贤否定发动政变这种比较危险的形式,认为群臣上表的方式是最好的办法。

李贤说,如果郕王(朱祁钰)果然病重不起,群臣上表,请陛下(英宗)复位,哪里用得着这番纷扰?

如果景帝真的病死了,没有人当皇帝,群臣上表请英宗重新登基,太后也必定会批准,于谦等人也会拥护。

李贤的想法,正是于谦当时的想法,因此于谦没有选择镇压政变。李贤分析,给石亨、曹吉祥这些小人升官、奖赏,没有必要。老成耆旧的大臣依然在职,何至于有杀戮、降黜之事,以至于遭到天象示警?《易经》说:"开国承家,小人勿用。"指的正是这种事。

朱祁镇点头称是,下诏从今以后,奏章中不能用"夺门"的字眼,还将冒功的4000多人全部革除功劳和之前的升职。

这些被革职的人恨死了李贤,但是舆论普遍支持李贤。

李贤靠三寸不烂之舌说服了英宗。

英宗由此开始疏远曹吉祥,在思想上为扳倒这个大宦官创造了条件。

四、宦官子弟的天子梦

石彪被杀、石亨入狱之时,曹吉祥心里感到害怕,怕落得和石亨一样的下场。

曹吉祥是司设监太监,密谋组织军队,门下厮养冒官近千人。他的梦想,就是当上皇帝。你要说他没本事,那是假的,因为凡是他参与的军事行动,几乎全部赢了。

曹吉祥,滦州(今河北滦州)人,曾靠依附王振升官,成为司设监太监，专门负责管理卤簿、仪仗、雨具、大伞等，负责一点后勤工作，并无实权。

云南麓川之役，曹吉祥为监军。

监军代表皇帝监督军队，从政治上保证军队不叛变、不懈怠，也能直接指挥军队。军事主帅也不敢得罪他，因为监军可以密奏皇帝，钳制将军，甚至可以先斩后奏。边镇的总兵也很怕监军，为他所挟制。

正统三年（1438）十二月，云南思任发发动叛乱，自称滇王，屠杀腾冲等地军民。明朝对其第一次征讨是正统四年（1439）正月，英宗令镇守云南的黔国公沐晟、左都督方政、右都督沐昂率师征讨，太监吴诚、曹吉祥监军。

部队抵达金齿，思任发遣其部将缅简据江而守，假意投降。明军方政造船60艘，违反沐晟不准渡江的命令，渡江夜袭缅简，获胜。指挥唐清、高远共杀叛军3000余人。方政乘胜追击思任发至麓川军的重地——上江。沐晟拒绝支援，麓川军以象阵冲击方政，致方政寡不敌众，大败。

英宗遣使问责，沐晟心生恐惧，染重病去世。

同年五月再战，沐昂为左都督、征南将军，获得潞江之捷，七月再获孟罗捷报。思任发派人到北京进贡，第一次战役以明军的获胜结束。

第二次征讨是正统六年（1441）正月，英宗令定西伯蒋贵为征蛮将军、总兵，以太监曹吉祥监督军务，兵部尚书王骥提督军务（云南总督），调兵15万人，进攻麓川思任发。

十一月，蒋贵、王骥大破麓川军，思任发逃走。当时，思任发率领3万叛军，抵达大侯州，欲进攻景东、威远。王骥分三路进攻：参将冉保从缅甸抵达孟定，在木邦、车里会师；王骥、蒋贵率领中路军抵达腾冲；太监曹吉祥、副总兵刘聚等从下江、夹象石台坟，抵达上江。连续两日进攻上江，打不下来，恰逢刮起大风，王骥用火攻大破麓川军，占领上江寨，明军先后杀敌5万人。

在木笼山，王骥、蒋贵同奉御太监萧保从中路进攻，斩杀数百人，乘胜追至马鞍山，攻破思任发的象阵，杀敌10多万人。

同年十二月，王骥等直捣麓川，积薪焚其栅栏工事，思任发逃到缅甸，被烧死、淹死者达数万人，王骥胜利班师。

后来，思任发被俘虏、斩首。

兀良哈三卫虽然也来朝贡，但是经常到辽东边境打劫，英宗看他们反复无常，命成国公朱勇和太监刘永诚、曹吉祥、僧保征讨东北兀良哈部。太监刘永诚被称作"马儿"，因为他喜欢冒充武将，戴着一副假胡须冲锋陷阵。各路人马各率领1万骑兵，走不同的方向，分道出击，侦察到兀良哈踪迹，搜捕剿杀，把兀良哈打得落花流水。

正统十三年（1448），曹吉祥又与宁阳侯陈懋等，镇压了转战福建的邓茂七领导的农民起义军。此次出动京营和江浙兵4万人，配备神机铳、炮火器等火器，入闽征剿。而这些枪炮的指挥官正是太监曹吉祥、王瑾。

后来，邓茂七被射死，起义军失败。

曹吉祥不仅有本事，还是个"有心人"。从第一次出征的时刻起，他就在盘算下一盘大棋。

每次出征，他都选勇士隶属自己帐下，军队回来后，他们成为自己的家丁，在家里私藏大量的兵器、铠甲。

他勾结的这些人称为"达官"，就是在中国做官的鞑靼人（来自蒙古部落）。这些人体格较好，骁勇善战。

曹吉祥尽管是个太监，也想有后代。在封建宗法家族制度下，男子无子，可以选定同宗辈分相当的男性为嗣子，以传宗接代、承继祖业，这就是立嗣或"过继"。承继人称为嗣子或"过继子"，立嗣人称为嗣父母或"过继父母"。

他的嗣子叫曹钦，是同一个家族的亲戚，过继给他当儿子。

曹钦比曹吉祥野心大，干事更积极。他想让曹爹成为"天子"。

曹钦不懂历史，在饭桌上问门客冯益，自古有宦官子弟为天子者乎？

冯益答道，君家魏武，其人也。

冯益所说的曹钦的本家魏武帝，就是曹操。曹操并没称帝，顶多叫魏王、魏公。称帝的是他儿子曹丕。曹操的爸爸（太尉曹嵩）的养父叫曹腾，就是东汉的一个宦官。曹腾在宫中服务30多年，先后服侍4位皇帝，无子，过继家族男丁曹嵩为嗣子。魏明帝曹叡即位后，追尊曹腾为皇帝。

曹钦一听大喜，叫妻子出来给冯先生斟酒。

曹钦做梦都想当一把皇帝，抓紧和曹吉祥谋划。

这冯益是浙江慈溪人，最初为教官，因为犯事戍边，以军功升为千户。攀上曹钦后，调往锦衣卫任职，作为曹钦谋反时的主要谋士。

景帝时，曹吉祥分掌京营，任监军。

景泰八年（1457）正月，司设监太监曹吉祥等人，得知景帝生重病爬不起来，于是发动政变，扶持英宗复位。

政变如此容易，走几步路就可以改天换地，进一步助长了曹吉祥的野心。

因为迎驾有功，英宗赐予曹吉祥敕书，大力褒奖，命曹吉祥以司设监太监的身份，总督三大营。

皇帝下令，忠国公石亨、会昌侯孙继宗总管五军营，太平侯张軏、怀宁伯孙镗总管三千营，安远侯柳溥、广宁侯刘安总管神机营，仍命太监曹吉祥、刘永诚、吴昱、王定，同理各营军务。

其嗣子曹钦升为都督同知，后封昭武伯；曹吉祥的侄子曹铉、曹𨱆等被任命为锦衣卫世袭指挥佥事，逐渐升迁为都督。

曹吉祥门下厮养的人冒功当官的，有成百上千人。曹吉祥将已故太监刘顺、王瑾等人的庄田据为己有。

朝士也争相依附曹吉祥，他的权势与石亨差不多，当时并称曹、石，是英宗时期最有权力的两个人。

曹吉祥的羽翼逐渐丰满。

如果继续发展下去，曹吉祥有可能达到自己的目的。

李贤的对手门达

李贤讲究斗争技巧，不去和曹吉祥等人当面硬碰硬，而是撬动英宗的力量，一点一点进睿智之言，让皇帝逐渐疏远这些贪猾毒辣之辈。因为硬

明朝的变局：夺门之变

碰硬的于谦、岳正都被害死了，李贤只有用自己的谋略，背地里用软刀子，就像后来徐阶对付严嵩所做的那样，在皇帝和这些凶猛的恶狼之间一点点插入楔子，慢慢予以离间。

我们从一首诗就可以知道李贤的心胸和策略——

> 荣辱与得丧，前运安可量。
> 进退一从容，吾爱张子房。
> 伤哉淮阴侯，俛首入未央。
> 非无报国心，如藿倾太阳。
> 安得秦时镜，为我照衷肠。

（李贤《和陶诗》）

然而，李贤除了要斗这些实权派，还有一个凶恶的死敌——锦衣卫。锦衣卫指挥使门达一直要置他于死地。如果不斗，李贤早就成阶下囚了。

门达是个狠人，得到英宗宠信，权倾朝野，遍布旗校于四方，告密者日盛。凡是得罪他的人，他便唆使侦探暗中搜集、罗织此人的罪行，逮捕后进行严刑拷打，有的直接打死，使人死无对证，不能翻供。因为侦察太严，京内京外的官吏、百姓内心极为恐惧，重足而立，不敢迈步。

面对这种不要命、乱杀人的狠角色，不怕死的言官们也胆战心惊，不敢说他半句，犹如哑巴一般。

裕州的一个百姓举报知州秦永昌，在阅兵的时候穿了一件黄色衣服。黄色在当时属于皇帝专用的颜色。英宗大怒，命门达派人去查。秦永昌还真是穿了一件黄色衣服。门达查实后，杀掉秦永昌，没收其资产，布告天下。

百姓怕门达，大臣们都怕门达，但复辟后的皇帝坐稳了位子，心里也踏实了。英宗以为这样的锦衣卫最敬业、最有才能。

然而真正不怕门达的只有两个人——一个是李贤，一个是袁彬。

门达领导的锦衣卫祸害天下，为官民畏惧，各处告密成风，只要事情稍微大一点，立即派遣锦衣卫官校去抄家。李贤多次请求英宗禁止锦衣卫害人。李贤说，这些事情大多冤枉。

朱祁镇召来门达，进行口头警告，还敕令法司将情重的案件上奏，其余的交给巡按御史以及有关部门审理，不许冤枉人，违者重罪不宥。

然而门达恃宠，不改害人本色，李贤再次向朱祁镇陈述门达的罪行，朱祁镇又召来门达，还是嘴上说说而已。一个要绝对权力，一个要约束滥权，因此门达与李贤之间的仇怨是浓得化不开了。

门达曾向朱祁镇进谗言，说李贤接受山东左布政使陆瑜的黄金，帮他升任刑部尚书。

朱祁镇让陆瑜坐冷板凳，坐了半年光景。

陆瑜升为刑部尚书后，参与审理李斌案。

先前千户陈安与同僚发生矛盾，动手打架，让河南弘农卫指挥使李斌调解，李斌置之不理，为陈安痛恨，欲上奏陷害李斌。

李斌出于自保，给陈安安了一个罪名，将其逮捕入狱，勒死了他。陈安家属诉冤，由巡按御史邢宥负责查办。

李斌十分恐惧，向石亨行贿寻求保护。刚好按察使王概来到北京，拜谒石亨，石亨就托王概，要宽宥李斌，不要治以重罪。于是法医（检尸者）都说，陈安确实是自缢的，帮助李斌逃脱一劫，判决他擅自逮捕军职人员、赎绞还职。

锦衣卫校尉又查到李斌收藏妖书，上面说他弟弟李健当有皇帝的大位，欲暗地勾结达贼，为石亨报仇。

逯杲向上举报，于是将李斌等人下锦衣卫监狱，抄家。门达声称李斌谋反，要置他于死地。

英宗命廷臣集体审理，廷议时，无人敢说话，只有陆瑜为李斌辩护，然而无用。李斌、李健兄弟以谋反罪被凌迟处死，26人因为连坐被斩首，2人处以绞刑，46人罚为奴婢。

当时舆论认为这是一桩处罚过重的冤案。李斌犯了杀人罪、行贿罪不假，因为收藏所谓的"妖书"而升级为谋反罪，则证据不足。如果这书是逯杲、门达等人炮制捏造的，或者是弘农卫的士兵诬告李斌图谋不轨，这些人就白死了。

门达见借陆瑜之事，无法扳倒李贤，于是继续寻找新的突破口。

门达这次抓住了他痛恨的袁彬的把柄，剑指李贤。

门达恨袁彬，仅仅是因为袁彬不服他。

袁彬在英宗被俘期间，护主有功。英宗北去走不动，靠袁彬背着走路；英宗冬天脚冷，把脚放在袁彬胸口捂热。依仗英宗旧恩，袁彬成为锦衣卫都指挥佥事、三品官，不想被特务头子、锦衣卫指挥使门达摆弄。

门达侦知袁彬小妾的父亲、千户王钦，骗人钱财，奏请将袁彬入狱。但受到牵连的袁彬，仅仅损失了一点财物，赎罪还职。

门达继续找袁彬的黑材料，终于有了新发现。

有一个锦衣卫的力士，叫赵安，曾经在袁彬手下打工，后来有罪，发配辽东铁岭卫充军，赦免回京后，又成为北京的府军前卫的一名带刀侍卫，保卫皇上。而赵安再次犯罪，进了诏狱。

诏狱恰恰是门达掌管的监狱。

门达审问得知，这么不靠谱的赵安赦免回京后，居然能成为皇帝身边的人，肯定是走后门进来的。查出正是袁彬从中请托，才让他混入皇宫。于是门达向英宗请示逮捕袁彬。

对自己身边的人政审如此马虎，英宗也不大高兴了。

"任你惩治，但是要带活的袁彬见我。"英宗回答道。

那一刻，英宗对袁彬恩断义绝，但也保留了最后的一点点温情。

从此，袁彬失去了护身符。

门达再次抓捕袁彬，进行严刑拷打，给他安上接受石亨、曹钦的金钱笼络，用公家木头营建私宅，索取宦官督工者的砖瓦，抢夺别人的女儿为小妾等一系列的罪名，要置他于死地。

世上总有好打抱不平的人。这次跳出来为袁彬喊冤的是军匠杨埙。他只是心里感到不平。

他跑到皇宫前，击打登闻鼓，为袁彬诉冤。

第六章 最后的疯狂

登闻鼓是悬在朝堂外的一面皮鼓,任何人有冤情或者急案,都可以击鼓申冤。只要击打登闻鼓,皇帝就会亲自过问案件。

设立登闻鼓,明太祖朱元璋不是第一个,却是执行起来特别认真的一个。这种直达天听的信访制度,由专人管理,如果有百姓击鼓,皇帝就出来亲自受理,官员如果从中阻拦,一律处以重罪。因为他知道百姓有冤无处申诉的苦楚。

但是如果乱敲鼓,处罚也很重。朱元璋曾亲自审问贪官靳谦。靳谦来到南京敲响登闻鼓,绝口不提自己毁坏财务资料的事情,更诬告断事官诽谤朝廷。朱元璋查明靳谦贪污,还销毁罪证、诬陷审计官,将靳谦凌迟处死。

杨埙敲登闻鼓的举动惊动了英宗。然而英宗的审理等于走过场,草草问了一下,听到杨埙的陈述涉及门达,就下诏交给门达审问。

举报人进了被举报人的监牢,英宗竟然将绵羊送进了虎口。

门达见到杨埙,不禁大喜,当他眼睛里看到这个披着枷锁的军匠时,脑子里想的却是另外一个人——李贤。

门达早已经把李贤视为眼中钉、肉中刺,就只差一个恰当的理由。而杨埙是送上门来的活材料,就看门达怎么把两人"巧妙"地联系在一起。

门达和李贤,两个英宗的宠儿干上了,就看鹿死谁手。

离开门达,朱祁镇的手中就少了一把利剑。他靠复辟上位,为堵住悠悠之口,需要这把利剑发挥作用。

门达便严刑拷问杨埙,诱导杨埙指认为袁彬申冤、敲登闻鼓等,是李贤背后指使。罗织罪名,说是谁背后指使,从而把对方搞倒,几乎成了一种整人的公式。本来毫无事实依据的事情,靠"背后指使"说辞的神奇联结,居然最后会呈现出假戏真唱、真假难分的效果。

杨埙心里明白:不按门达的意思办,就出不了锦衣卫监狱的大门,甚至活不过明天。生命的长短已经无足轻重,死前能保护一个正直的大臣,这一生就算没白活。

杨埙于是答应,这是李学士(指李贤)诱导我的。

门达大喜，当即上奏英宗，请求三法司在午门外会审杨埙，让李贤的"罪行"大白于天下。

朱祁镇派宦官裴当，前往监视这场大会审。

门达想逮捕李贤，和杨埙一并审理。裴当予以阻止道，大臣不可辱。

凭锦衣卫，就敢逮捕内阁大臣，可见它当年就是这么嚣张的一个机构。

到了会审那天，在三法司、宦官等众大臣的瞩目下，杨埙却当场翻供说，我是小人物，怎么能见到李学士？这些诬陷李贤的话，都是门锦衣教我的。他当场历数门达纳贿的罪状。

门锦衣一时毫无准备，这杨埙竟然是耍我的！他神情沮丧，有口不能言。

三法司等大臣，畏惧门达的手段，既不敢上报皇帝，也不敢伸张正义，于是，判决杨埙斩罪，判决袁彬绞刑，但后者可以花钱抵罪。又是一桩冤案。

英宗看了判决书，命袁彬赎罪执行完毕后，调往南京锦衣卫，带俸闲住，就是不做事情白拿工资。为袁彬申冤的杨埙不予处死，改为监禁。

在一个屠狗辈的保护下，李贤再次安然无恙。

宪宗即位后，门达落败下狱，判处斩罪，大量资产被没收，后发配广西南丹卫充军。

袁彬在郊外设宴，为门达送行，好不讽刺。

后来，袁彬升为锦衣卫都指挥同知、都指挥使。这正是门达的职位。

然而，门达的党羽仍然匿名举报李贤，有人制造谣言陷害李贤。朱见深命卫士入住李贤家中，保护他的人身安全。

五、叛乱

天顺二年（1458）秋七月，复位第二年，朱祁镇对曹吉祥拉帮结派、夹带私货、搞山头主义有所警觉，对他的贪得无厌感到反感，下决心要抑制他的野心使他不能逞其私意。

第六章 最后的疯狂

朱祁镇召阁臣李贤来到文华殿，表示自己要疏远太监曹吉祥。

听说皇上要疏远曹吉祥，李贤赶忙顿首说道，愿陛下逐渐去抑制他的权力，实为国家幸甚。

石亨落败后，曹吉祥知道自己也快完蛋了，与其等死，不如拼死一搏，或许还能像曹操的祖宗一样，过一把皇帝的瘾。

曹吉祥每日犒劳鞑靼人，金钱、谷物、布帛，随他们拿走。鞑靼人害怕曹吉祥落败而自己倒霉，皆愿尽力效死、一起进退。一切大阵仗都是从鸡毛蒜皮的小事开始的。

天顺五年（1461）七月，曹钦私自拷打家人、锦衣卫百户曹福来，被言官弹劾。

曹福来，曾在曹钦家里干事，跑到市场上赚钱。曹钦怀疑他嘴巴不严，泄露自己的阴谋，就指使曹福来的老婆，宣扬曹福来生病，成了疯子，离家出走了。

锦衣卫指挥逯杲鼻子的确灵敏，从中嗅到了不好的信息，上奏逮捕曹福来。英宗下令逯杲查办。

曹钦看锦衣卫出面了，怕出事，又派遣家丁曹亮追获曹福来，抓回来打了个半死。

言官弹劾曹钦后，朱祁镇把弹劾的奏疏交给曹钦过目，警告说，你速速改过，否则罪无可赦！

并降下敕书，让各个大臣知晓，使廷臣更加守法，不敢专纵。

曹钦回来后，心神不定，方寸大乱，去见曹吉祥。他说，前一次降敕，逮捕了石亨将军，现在故技重施，我们肯定危险了。本来上面只是追责他骄横打人，他自己疑心皇帝盯上了他们的谋反阴谋。

曹钦又对都督也先帖木儿等数十人说，言官追查我很急，再不发动，石彪就是我的下场。

而逯杲出手查办曹钦，只要死咬不放，这事就纸包不住火，瞒不住了。

曹氏集团决定出其不意，先发制人。

曹吉祥与曹钦、都督也先帖木儿商定，于天顺五年（1461）七月庚子日黎明时分起事。这时朝门将打开，由曹钦率领 500 名敢死队员冲入皇宫，杀掉孙镗、马昂，而曹吉祥在宫内率领禁军做接应，一举废了英宗。

那时的人很迷信，搞大事都要看日子、测算时辰，而选择七月庚子日黎明时分动手，正是曹吉祥的死党、钦天监太常寺少卿汤序测算出来的。

然而日子算得再好也没有用。

因为皇宫附近驻扎着一支大军，领头的人正是怀宁侯孙镗，由兵部尚书马昂监军。这支部队已经组建好，准备出发西征，打击孛来太师在甘肃甘州、凉州的挑衅。汤序万万没想到，征西军出发的日期也正是庚子日黎明时分，两个时辰无巧不成书，撞上了。

政变计划做好了，曹钦召集所有达官、投降过来的士兵吃晚饭、喝酒，分发厚礼，准备开干。弄不好估计就是最后一顿晚餐了，大家心情复杂地吃着饭，喝酒一直喝到二鼓时分。

当夜，孙镗及恭顺侯吴瑾，都睡在皇宫的朝房里值班。这个朝房是官员们上朝前休息的房子。

都指挥蒙古族人马亮当晚也参与政变，越喝酒越心慌，恐怕这事会失败，就偷偷摸摸逃出来了。不管是以解手为借口，还是说身体有病，总之，他溜出了曹府，于深夜时分，赶到恭顺侯吴瑾的家里举报。

然而吴瑾不在家，他又心急火燎地赶到朝房。两人终于见了面，马亮将曹氏要谋反的事情一一告知吴瑾。

吴瑾赶快通知了手上有兵的孙镗做好准备，并催促他，赶快通知皇帝。

孙镗心急火燎地赶去皇宫，一刻都不敢耽搁，可是大门都已经关闭，叫不开门。他由长安右门的门缝里，把手写的上疏投进去，叫门卫赶快转给英宗。

英宗在睡梦中被叫醒，看了上疏，睡意全无。

他命人立即抓捕曹吉祥。

抓捕曹吉祥就在宫里进行，过程很顺利。曹吉祥被五花大绑，又加了铁索，关在皇宫里。英宗令皇城及京城九门全部关闭，没有他的命令，任何人不得开启。同时下令怀宁伯孙镗、兵部尚书马昂等率官军镇压政变。

第六章 最后的疯狂

曹钦一方，叛军已经开始行动，对宫里发生的事情一无所知。

曹钦与弟弟曹铉、曹镐、曹铎以及也先帖木儿来到东长安门，看到大门紧闭，没有如期开启，心知不妙。

曹钦询问部下，得知马亮已经从酒桌上逃走，知道事情已经泄露，估计曹公公也完了。此时已经是午夜，曹钦率领敢死队，驰往锦衣卫指挥同知逯杲家。因为曹吉祥、曹钦最恨的就是逯杲。如果不是逯杲逮捕曹福来，曹钦就不会这么轻举妄动。

逯杲刚走出大门，叛军就一刀斩杀了逯杲，砍下其人头，剁碎其尸体，提头便走。

是曹吉祥提拔了逯杲，对他不错，本以为他可以作为自己的心腹，但是逯杲作为尽忠的锦衣卫，向皇帝告发了曹吉祥及曹钦的罪行，引起他们大恨。

不久后，曹钦领兵到了东朝房。

待在东朝房的李贤显然没有得到朝廷的通报，听到外面人声汹汹，大惊失色，出来查看。

李贤只见面前刀光一闪，然后感到肩部一阵剧痛，耳朵流出了殷红的鲜血。李贤感到一阵钻心的痛楚。

几名敢死队员用刀柄，粗暴地拍打李贤的后背。

曹钦提着逯杲的人头进来了，呵斥他们立即住手，举起人头给李贤看。曹钦拉着惊魂未定的李贤的手，说道，今日为此激变，是出于万不得已，是逯杲激我这么做的。你可为我草疏，进献皇上。

他威逼李贤起草申辩书，为自己开脱罪名。

先保命要紧！李贤来不及擦血，就跑到王翱那里，拿来纸张，起草上疏。

尚书王翱也很快落入了叛军之手。

李贤慢腾腾地写好了为曹钦起草的申辩书，同王翱一起，将上疏投入长安左门的门缝里。

然而长安左门依然紧闭，曹钦用火攻，焚烧大门。门里的守卫军拆掉御河岸边的砖石，将大门堵起来。两边挥汗如雨地展开竞赛。

曹钦往来呼啸，没有起到什么作用，天已经大亮，叛军还是没有攻进长安左门。

逯杲的人头在混乱中不知所终。

根据传说，平定叛乱后，英宗为了褒奖逯杲，给他打造了一个黄金头颅安上，尸体从北京启程，送往逯杲的老家河北安平安葬。但是走出北京后，黄金头却被层层调包，刚开始成了白银头，一路走来，白银头被地方官员调包成了黄铜头。最终到了墓地，逯杲以一颗木制头安葬了。

曹钦放了李贤一条生路。

曹钦、曹铎又闯到西朝房，杀了都御史寇深，将他砍成两半。寇深原来也是曹钦的好友，后来与言官一起揭发他的罪行，因此两人反目成仇。

长安街上叛军呼啸飞驰，入朝的大臣还以为是征西军启程了。看到他们搞事，才知道是叛军造反，吓得四散而逃。

叛军再攻东、西长安门，不能进入，于是纵火焚烧。

守卫者仍拆掉河边的砖石，堵塞各个大门。叛军往来大喊大叫于门外，只有干着急而已。

孙镗派遣两个儿子，紧急通知征西军前来平叛。孙镗对其子孙辅、孙轨说，你们在大道上高声大叫，说有狱贼谋反，抓获者可以得到厚赏，征西军可以立即聚集过来。

孙辅、孙轨站在大道上一喊，2000名穿戴铠甲、手拿武器的征西军马上就赶到了。

孙镗下令，你们不见长安门发生大火吗？曹钦谋反了！他兵少，谁能击杀他，重赏黄金。

士兵们说了一声"诺"，就不要命地冲上去了。

工部尚书赵荣披甲跃马，在城中大呼："能杀贼者，跟我走！"数百人跟着赵荣也冲上去了。

在东长安门，孙镗与曹钦发生激战。曹钦不敌，退至东华门。

曹铎再对战孙镗，激战至中午，叛军败退，曹铎被孙镗杀死。

第六章 最后的疯狂

曹钦被一枚流矢射伤，几乎失去了战斗力。曹钦走攻东安门，在道路上碰到匆忙赶来的恭顺侯吴瑾。

吴瑾只带了五六名骑兵，猝然相遇，力战而死。

曹钦跑到东大市街，相拒至下午5时。

叛军曹铉还很凶猛，率领百余骑兵往来冲杀，驰突三次之后，官军呈现溃败之势。

孙镗抓住征西军溃败者，予以斩杀，这才稳住阵脚。

孙镗亲自拉开神臂弓，用箭射中曹铉，曹铉落马。官军追上前去，一刀斩杀了曹铉。

叛军大肆纵火，烧毁了东安门。门内的守卫者看情况紧急，也在里面堆积上柴火烧起来，火势很大，叛军无法进入。

孙镗的儿子孙轵也表现英勇，再次砍伤曹钦的胳膊后，被叛军砍成重伤而死。

曹钦拖着受伤的胳膊，依旧顽抗，率领骑兵攻打朝阳门，不克，转攻安定、东直、齐化诸门，各个大门悉数关闭。曹钦无计可施。

天上，大雨如注，叛军每个人都淋得落汤鸡一般，情绪越发沮丧。夜幕降临，曹钦见政变无望，再打已无希望，加上负伤疼痛，逃回自己家里，闭门拒战。

孙镗、马昂与叛军激战之时，会昌侯孙继宗也率兵赶到。诸军进攻曹钦府第的大门，大呼而入。

曹钦疲惫不堪，走投无路，匆忙寻着了一口井，绝望地投井而死。孙镗部下从井里打捞出他的尸体，将尸首拉走了。

政府军随后杀了曹铎，在曹家展开大屠杀，将里里外外杀了个干干净净、鸡犬不留。

当晚，英宗来到午门，接受平叛捷报。在朝廷上，令人把绑缚的曹吉祥带过来，命群臣当廷审问其发动叛乱的罪行。曹吉祥心如死灰，一一供认不讳，下都察院狱，判处死刑。

英宗下诏，将曹吉祥磔杀于市。

仅过三日后，曹吉祥便结束了他一生躁动的旅程。

另外，还磔杀曹钦、曹铎、曹镥等人示众。他们的尸体被撕得七零八落。

曹钦的家人还有活着的，不分老幼，尽数被屠杀。曹钦的妻子贺氏按照法律应给付功臣家为奴隶，法司以其支持丈夫谋反，情犯严重，请示将其斩首示众。英宗命磔杀贺氏于市。

曹党之汤序、也先帖木儿等皆被杀，部分人流放广东岭南。

汤序是太常寺少卿，掌管钦天监事务。汤序出身天文学生，学习用天文现象为君权做伪科学的解释技巧。他经常出入曹吉祥、曹钦家，冒充迎驾有功，一路升至礼部侍郎。

但是，因为天文学没有学透，预测天文现象失实，他被降职为太常寺少卿，因此对英宗心怀怨恨，参与谋反。达官陈守忠、丁顺、白忠等人也靠依附曹吉祥，冒充迎驾之功，升为都督同知等官。

汤序为曹钦选定了举兵的日子，然而天时根本不起作用。陈守忠、丁顺、白忠等人跟着曹钦打打杀杀，一败涂地，都被俘虏，磔杀于市，籍没财产。

达官也先帖木儿做都督同知，兵败后，逃至通州，实在是饥饿难耐，偷吃百姓田中的瓜，被老百姓当作贼抓起来了。

老百姓抡起拳头就要揍他，也先帖木儿被逼无奈，吐露实情。老百姓见逮到了这么一条大鱼，喜不自胜，将他扭送至镇守官处，再送到北京关押起来。法司判决应当凌迟处死，英宗命锦衣卫关押也先帖木儿，此时才予以处死。

蔚州卫带俸都指挥赵旺、锦衣卫带俸都指挥侯通、致仕千户冯益，被杀。他们都是曹吉祥、曹钦的心腹，参与谋反。冯益的两个儿子被诛杀、抄家。

这种斩草除根式的屠杀，浇灭了皇帝对反叛者的愤怒之火。

但是这种大屠杀还保留了最后的一点理智，有些无辜者还是保存了性命。比如，永顺伯薛辅因娶了曹钦的女儿为妻，被官军抓住，送到都察院审问。都察院查明薛辅没有参与谋反,将其释放。

又比如,羽林前卫带俸指挥姚智等20人依附曹吉祥而冒升都指挥等官,被抓进监狱,但是并没有其他明显的罪行。都察院以他们和曹吉祥交结情密,私恩尚在,经过英宗同意,将其全部革除冒升的官职,调往两广边卫操练。

英宗以荡平反贼曹吉祥、曹钦,大赦天下,放出了一批轻罪的囚犯。

大赦诏书说,我中间历尽艰险,赖天眷人归,复正大位,当时内官曹吉祥、武臣石亨偕众人迎复,都声称自己有功,朕深信不疑,厚以爵赏,其子弟封官各数十人,而彼肆无忌惮,贪得无厌,贪求财货,内外勾结,窃弄威权,稍微疏远抑制他们,动辄心怀异志。然而石亨事败,已正典刑,而我优宠曹吉祥无异于平日,没想到曹吉祥里恶蓄奸,日甚一日,与侄男曹钦阴养死士,谋为不轨,乃于今年七月初二日早晨,遽行反逆,戕害朝臣,焚毁禁门,罪恶滔天,人神共愤。朕即时命将发兵,诛之元恶,同恶被杀,悉除十日之间,都城清肃,此实上天垂佑之灵,宗社无疆之福。武以戡乱,惭愧未发于先机,仁以惠民,期益臻于至治,所有宽恤事宜条列于后。

诏书还广开言路,让人们提出建议,说得不当也言者无罪。

英宗下发了诛杀曹吉祥、曹钦的文件,遍告亲王、宗室,营造平叛获得全面胜利的舆论氛围。

表彰功臣

八月,英宗表彰平叛功臣。

怀宁伯孙镗平定曹钦叛乱有功,升为怀宁侯,岁禄1300石。孙镗的儿子孙轭受重伤牺牲,赠义勇卫百户,子孙世袭。

孙镗上奏谦让一番,请求退休。他说,顷赖天威,将反贼曹吉祥等剿灭,皇上不以臣为无功,晋爵为侯,又升臣的儿子孙轭为百户、孙弘为千户,臣年逾七十,精神昏昧,不堪任用,乞求辞去侯爵,免掌府事,许臣闲住,以终余年,并革去孙轭、孙弘职务,免得劳费廪禄。

朱祁镇自然竭力挽留，说朝廷任用老成，卿宜勉效忠勤，不许他们辞职。

孙镗与兵部尚书马昂先前受命西征，现在终止任务，维护首都稳定。

马昂、王翱、李贤加太子少保。工部尚书赵荣兼任大理寺卿。

吏部尚书兼翰林院学士李贤得了太子少保，也上疏谦让自己没啥本事，干不了这么重要的工作。

朱祁镇说，官以酬劳，朝廷自有功论，卿宜承命，所辞不允。

曹吉祥的部下马亮，因为揭发叛乱有功，不予追究，授予都督。

锦衣卫指挥使袁彬为都指挥佥事，仍掌管本卫。

锦衣等卫官校因为擒戮曹钦贼徒、守护紫禁城有功，也得到了银子作为奖赏。

守卫皇城四门、守卫直宿的官军5610人都得到了赏金。另外，奋勇当先生擒贼徒的官军230人，职务俱升一级。擒斩反贼曹钦有功的官军3164人得到了若干银子。

广义伯吴琮举报逆贼曹钦谋反，又效力杀贼，岁禄增加200石。

锦衣卫指挥同知逯杲在摧毁曹氏集团的过程中功劳甚大，被杀后，其妻子上奏，乞求儿子世袭他的职务。兵部认为逯杲得到官职非有汗马功劳，其子按例不承袭。朱祁镇怜悯逯杲被杀，给他儿子指挥佥事的俸禄。

平定叛乱后，襄王朱瞻墡还派施兴来问安，祝贺平叛大捷。朱祁镇给叔父回复书信表示感谢，其中说道，曹吉祥此贼，朕初以其是旧人而待之优厚，不知其包藏祸心如此，今虽歼灭，而我还以不能早早分辨为恨事。

回顾曹、石之乱，在李贤的启发和帮助下，沉睡的英宗逐渐醒悟，摆脱傀儡的身份，挫败石亨势力，镇压了曹吉祥集团的叛乱，国家开始安定。诸恶既除，他也终于找回了真正的自己。

为了纠正施政过程中的弊病，李贤奏请英宗广开言路，并切实减轻人民负担："曹贼就擒，此非小变。宜诏天下，一切不急之务，悉予停罢。"

这是一个普通的冬日，阳光很暖，照着西苑。

这里正在比试射箭。参加比赛者是五军、三千、神机三营自总兵以下的坐营、把总、管操官等人，御马监的勇士、头目都参与了这次比赛。

朱祁镇在这里举行阅兵。内阁学士李贤、彭时、吕原，尚书王翱、马昂等人在身边陪同。

大家驰马试箭，看成绩优劣而定品第。

阅兵完毕，朱祁镇对李贤等人说道，为国莫重于武备，练武莫先于骑射，为将领者必皆骑射精熟，而后可以训练士卒，否则众人无所取法。

今所阅精熟者多，而不及者少。若众将再试不进，则加以黜罚。

李贤等跪下顿首说道，陛下留意及此，国家幸甚。

直到这一刻，朱祁镇才终于成为真正的君主。臣子贤能则君主贤明，臣子使坏则君主昏庸。回顾曹、石之变，石亨、石彪骁勇善战，有陇西李氏之风。曹吉祥也非等闲之辈，但都在最后一刻输得精光。曹、石之流因为贪欲过大，觊觎神器，"功以幸成，福以满败"，最后黄粱一梦，被彻底清洗。

在扳倒、镇压他们的过程中，李贤功不可没。

清代统治者很推崇于谦和李贤，将他们视为名臣。康熙六十一年（1722），李贤、于谦与历代功臣40人从祀历代帝王庙。明代大臣入祀的，除了他俩之外，还有常遇春、李文忠、杨士奇、杨荣、刘大夏等人。

谷应泰回顾了整个事件，作出评价：

土木堡之变——

英宗北狩，战士兵甲死亡略尽，边关守隘望风奔溃，摇足之间，黄河以北非国家有矣。幸而迁都议格，钟簴不惊。然而君父叩关，臣子拒敌，彼出有名，我负不义。狐疑既生，上下瓦解，讲使亟行，责问无已。长安必不可守，英宗必不能归，徒使有贞之辈操星象而笑其后也。嗟乎！南迁不行，然后国存；和议不行，然后君存。两议俱息，君国皆存，而少保之祸不得旋踵矣。

北京保卫战——

当夫北兵四合，守御单寒，虎穴故君，已置度外，围城新主，亦危孤注，身先矢石，义激三军，家置环寺之薪，人守州兵之哭。傲如石亨，怯如孙镗，懦如王通，无不斩将搴旗，缘城血战，追奔逐北，所向披靡。此一役也，军声复振，君臣固守，陵阙盘石矣。

迎回英宗——

然而遣使入朝，动请迎驾，悬师剽掠，辄托回銮。彼直我曲，彼壮我老。额森（指也先）者，方且挟此奇货，羁制中原。以战不败，以和可成，输币不还，进而割地，割地不归，诱之称臣，中原生灵，自此无安枕矣。而乃兄终弟及，父子之情既割；社稷为重，君臣之义亦轻。至则龙衣糗食，敬输橐馈之忱；归亦别院闲宫，不过汉家之老。然则挟天子者，挟一匹夫耳！邀利之心懈，而好义之心萌，郭登之言决，而杨善之说行，英皇自此生入玉门矣。

昔太公置鼎，汉祖分羹；徽、钦被执，宋高哀请。一则新丰鸡犬，还老阙庭；一则泪洒冰天，终于舆榇。盖相如碎璧而璧存，贾胡藏珠而珠去，拥空名者视同虚器，居必争者势难瓦全也。夫昭王沈汉，穆满难归；楚怀入秦，顷襄不反。彼此得失，危不间发。故汉高分羹之语，乃孝子之变声；郭登有君之谢，实忠臣之苦节。

夺门之变——

英宗不感生还，反疑予敌。谦死东曹，登贬南都，忠臣义士所以仰天椎心而泣血也。景帝外倚少保，内信兴安，狡寇危城，不动声色。当时朝右，岂乏汪、黄；建炎践祚，亦有宗、李。相提而论，景诚英主。而乃恋恋神器，则又未闻乎大道者也。

其实，朱祁镇两兄弟的恩怨，是封建君主专制制度的痼疾，只不过是历史周期率在发生作用，一家一姓的统治注定险象环生，难以长久。

一个王朝，总是在经过若干年治乱兴衰后——最长的400年左右，毁于一旦，只剩下一些古迹任人凭吊。

六、平反

小人已经落败，英宗已经坐稳了龙位，然而英宗从年幼时期"三杨辅政"到王振专权、土木堡之变,从漠北作囚、南宫作囚,再到夺门之变,从枉杀于谦,再到被曹、石之流哄得团团转,始终处于昏庸无能、为人操纵、黑白不分的状态,所谓英宗的称谓也是浪得虚名,难说英明。

英宗对错杀于谦、王文、范广等人一事,死要面子,知错不改,直到去世都没有给他们平反。

由于冤案没有平反,流放的人继续在流放,当奴隶的继续在当奴隶,被冤枉者的家属还活在被歧视、被打压的境况之中。这些人的苦痛丝毫没有唤起朱祁镇良知的觉醒,成为他的污点之一。

于谦等人平反

"北风吹,能几时?"于谦自信必将平反,北风散去后,东风必然来临,有如芳草重生,还他一身清白——

> 夕阳欲落还未落,垂杨拂地东风恶。
> 东风虽恶还有情,岁岁能令芳草生。
>
> (节选自于谦《春风吟》)

这东风,随着朱见深的继位,为人间带来了新的气象,为冤案的平反带来了转机。

第一个要求为于谦平反的,是个江苏人,名叫赵敔。

赵敔,常州府武进人,景泰五年(1454)中进士,担任监察御史。

当然,要求为于谦平反是有风险的,等于是纠正英宗的重大错误,在一定程度上反映了他的昏庸。监察御史就是冒死进谏的劳臣、苦官。中国知识分子人多还是具有士人大精神的,以"为天地立心,为生民立命,为往圣继绝学,为万世开太平"为目标,有的宁愿丢官,也要为百姓做事,维护社会的公平和正义,为蒙冤者讨回公道,对历史和后世负责。谏官就是这样的人。

一批活着的蒙冤者相继恢复名誉、官职,引起了赵敔的关注。成化元年（1465）二月，赵敬上奏称，张鹏、杨瑄等在天顺元年（1457）为石亨构陷的人，俱蒙恩例，得以恢复官职，而郎中吴节等因为受到他人拖累，非其本人有罪，御史叶淇等人因进本之失所犯亦轻，乞求通查、复职。

赵敬又言，往年，尚书于谦等人为石亨等人设诬陷害，榜示天下，冤抑无伸，其后，石亨等人不到一二年亦皆败露，实在是天道好还的明验，今陈循、俞士悦等人前后遇蒙恩宥，天理已明，无需臣多言。独有正统十四年（1449），虏进犯京城，依赖于谦一人领导保卫固守北京，其功劳不小，而人已经冤死了，余亦可悯，伏乞收回前榜，凡死者，赠予官职，遣人祭祀，还存在于世的人恢复官职，已经致仕的人，可以选择可用者，予以任用。

朱见深听了赵敬的建议，非常认同他为于谦等人平反的见解。

朱见深说道，御史所言极是。自昔奸凶之徒，不诬人以恶，则不能加深别人之罪行；不加深别人之罪行，则不能做大自己的功劳。朕在青宫，熟闻于谦冤枉，因为于谦实有安定社稷之功，而滥受无辜之惨，与同时骈首就戮的人相比，其冤枉程度尤其深重，所司其悉如御史所言，立即实行。

就这样，明朝皇帝亲自为于谦平反了。

于谦的儿子于冕收到消息后，立即于成化二年（1466）八月上奏，要求恢复自己的官职。

于冕多次上奏朱见深说，父亲于谦历事列圣，颇效勤劳。正统十四年（1449）多事之秋，于谦亲督大军，奋身出战，守护京师，敌退强虏，保安国家之功，天下共知，只是平素奉公不阿，为权奸怨恨，被石亨等人诬害而死。伏望圣恩悯念，量为祭祀，以谕先臣之冤枉，仍加以优恤，使臣得以苟延残喘。

看到于冕的上章后，朱见深深表赞同，说于谦有劳于国，与众不同，令翰林院撰文，派遣行人往祭其墓。

朱见深祭祀于谦的祭文大意是，于谦有功于国，而死于非命，人人久久为之冤愤，至是稍微得到安慰、释怀。

祭祀少保、兵部尚书于谦的活动就从当年开始了，于冕府军前卫副千

第六章 最后的疯狂

户的职位也得以恢复。

成化四年（1468）二月，担任武职的于冕，自己要求改任文职，朱见深任命他为兵部员外郎。成化十五年（1479）三月，于冕升为南京太仆寺少卿。成化十九年（1483）冬十月，再升为应天府府尹。

于谦的平反，为其他人的平反扫清了障碍。

成化二年（1466）夏四月，范广的妻子宿氏上诉，为丈夫申冤。

范广被石亨等人诬害而死，被抄家，其儿子范昇此时正在广西边卫当兵，范广的居第、妻子、儿女被赐给了降虏皮儿马黑麻，朝野为之鸣不平。儿童此时还到处传唱着"京城米贵，安得饭（范的谐音）广"的民谣，十分流行。

朱见深说，范广骁勇为一时诸将之冠，朝廷内外共知，奸臣欲张大自己的功劳，于是以计杀之，可令其子嗣世袭范广的原职，以昭告其冤枉。于是，都督同知范广的儿子范昇世袭了父亲的原职——辽东宁远卫指挥佥事。而这个职位正是他们家族的"传家宝"，也是范广世袭先辈的职位。

当年十一月，司礼监太监王诚也得到平反。

锦衣卫被革职的百户王敏上诉称，其叔叔王诚是景泰时的司礼监太监，后被诬死，乞求按照对于谦的恩典，一体优恤。礼部汇报后，朱见深指示祭祀王诚，恢复了王敏的职务。

成化三年（1467）十一月，恢复了兵部郎中沈敬的官职。沈敬也是被石亨等人诬蔑，作为于谦等迎立外藩的同党，谪戍边境充军。

同年，为兵部右侍郎王伟平反。王伟被于谦大力提拔，尽管急于和于谦划清界限，但是仍为石亨所不容，遭到构陷，免职回乡，这一年恢复了兵部右侍郎的职位。当时，于谦一党的名录还在印刷发行，王伟上奏，请求销毁印刷的镂板。两年后，王伟因病回家休养，痊愈后再回北京上班。夏四月，王伟在回京的路上疾病再次发作，在山东济宁去世，年仅53岁。

成化五年（1469）夏四月，恢复了已故户部尚书兼翰林院学士萧镃的职务，予以赐祭。萧镃被石亨诬蔑，免职回到家乡，不久含冤去世，其孙子请求按照于谦事例予以优恤。当年五月，为太子太保、吏部尚书兼谨身殿大学士王文平反，派人祭祀。

王文的儿子户部主事王宗彝上奏，臣父与已故少保、兵部尚书于谦俱被石亨等人挟私诬陷而死。今于谦已蒙朝廷昭雪、赐祭，独有臣的父亲没有得到恤典。

经过礼部商议，王文与于谦事情相同，也应当祭祀。朱见深命赐祭王文。祭文肯定了王文廉洁、有才能，而且受到诬陷。祭文说，尔历长宪台，廉能素著，追迁馆阁，秩位益隆，顷罹诬构，事久乃明。

当年秋七月，浙江淳安县百姓项宜上奏，臣的父亲项文曜先前任吏部左侍郎，被石亨诬陷为于谦党，遭到连坐，今于谦等人已昭雪复职、赐祭，臣父遇到宽宥，发回原籍为民，如今已经病故，乞求加以恩典。朱见深也为项文曜平反。

当年八月，直隶苏州府长洲县人俞璋为父亲刑部尚书俞士悦申冤。他说，臣父俞士悦先前任刑部尚书，天顺元年（1457），奸臣石亨诬陷兵部尚书于谦谋逆，污蔑臣父亲知而不举，臣父被充军，后遇到宽宥，发回原籍为民，如今病故。朱见深也为俞士悦平反。

成化六年（1470）十二月，为已故的少保、户部尚书兼华盖殿大学士陈循平反，恢复他的职位，予以祭奠。他儿子陈珊上奏，陈循被石亨诬害充军，朱祁镇后来将他释放为民，在家去世，请求平反。朱见深予以批准。

只有被革职的大理寺左少卿古镛没有恢复职位。成化五年（1469）九月，他自己陈述，从进士升职到大理寺左少卿，与于谦等人俱为石亨诬陷，乞求复职、致仕，朱见深下诏不批准。

古镛，是山西祁县人，进士出身，历任山东按察司官员、大理寺少卿。石亨依据古镛是王文所举荐的人，奏请将他免官。古镛为人阴刻自用，喜欢趋附权势，在家乡放纵不检，乡里人对他评价不好，所以没有予以任用。

这样，夺门之变后受到迫害的大臣大多数得到平反，包括于谦、王文、范广、王诚、萧镃、俞士悦、陈循、商辂、王伟、项文曜、沈敬等。

为景帝平反

成化二年（1466），随着于谦案的平反，对景帝的平反也提上日程。但是，景帝平反案遇到了一些波折。毕竟，于谦有功而无过，平反相对容易，但是景帝却是囚禁朱祁镇、废立太子等的主要责任人，朱祁镇、朱见深父子则是主要的受害者，是否平反更主要的是取决于朱见深的态度。

尽管遇到波折，朱见深还是着眼于化解历史恩怨，不计较个人得失，毅然决然给景帝平反，正面评价他"戡难保邦，奠安宗社"的功绩，恢复了朱祁钰的皇帝身份。

成化三年（1467）五月，第一个提出为景帝平反的是一名来自教育系统的人士——湖广荆门州学训导高瑶。

高瑶上言，首先客观评价景帝于危难之际救国、击败也先、迎回英宗的功绩——

正统己巳之变（就是土木堡之变），先帝既已北狩（指朱祁镇被俘），皇上（指朱见深）正在东宫，房骑薄于都城，宗社危如一发，假使非郕王继统，国有长君，则祸乱何由而平？黠虏何由而服？銮舆（指朱祁镇）何由而还？六七年间，海宇宁谧，年谷屡丰，百姓乐业，其功劳不小。

高瑶陈述景帝遭到污蔑的事实，把景帝比作周公——

等到先帝复辟，其贪天之功以为自己之力者（指石亨等人），遂大肆加以诬蔑，使景帝不得正终，节惠陪祀，未称典礼，人心犹郁闷，天意可知。

昔日周公有身代武王之功劳，及反叛的"三叔"流言兴起，周公避位居东（指周公来到东部为东征做准备），致天动威，以彰周公之德，成王警觉醒悟，遂亲自到郊外迎接。

高瑶认为灾异经常出现，是上天发怒引起的，应该表彰郕王的功劳，追加景帝庙号，挽回天意——

今者灾异迭见，是上天动威，亦可以表彰郕王之功劳，伏望皇上特敕令礼官集议，追加景帝庙号，以尽亲亲之恩，则伦纪以厚，而天心可回。

高瑶的奏章由礼部商议，但是此事非常敏感，涉及朱祁镇及当今圣上，礼部不敢讨论，只好"踢皮球"，将它提交给朱见深裁决。

成化三年（1467）十二月，礼部等人商议高瑶所奏追加景泰庙号一事，都说，郕王继位六七年间，行事具写在实录里，其庙号非臣下所敢轻易商议，请皇上裁决。

有人更是在会议上阻挠为景帝平反。

左春坊左庶子黎淳站出来表示反对，他说——

正统十四年（1449）八月，册立陛下为皇太子，至九月，群臣又奉郕王即帝位，改元景泰。而陛下为皇太子在前，郕王即帝位在后，事理有碍。

至天顺元年（1457）正月，英宗复位，钦遵圣烈慈寿皇太后圣旨，仍恢复景泰为郕王，诏告天下，永为遵守。然后人伦正、天理得，名正言顺而事成。

高瑶建言欲加郕王庙号，臣惟朝廷既立皇太子（朱见深），则异时居天子之位乃皇太子，不到半月，群臣又立一亲王（指朱祁钰）为天子，则先前所立的皇太子将怎么办呢？此景泰三年（1452）皇太子之废有由。但是，在当时，虽说主少国疑，四方多事，然而周成王之时，姬旦实有功之叔父，何不遂取天位？虽说神器久虚，不可无人，然而共和之际，周公召集皆王国之懿亲，何不共分姬室？特以君臣有定分，而不敢耳。凡若此者，皇太子为君，亲王为臣，天经地义，民彝物则，截然一定，固不待智者而后知之。今多官会议，依违苟简，略无定见，还想烦渎圣听，取自上裁，岂是臣愚之所能理解的？

黎淳的这番话，故意忽略了一个基本的事实，那就是朱祁钰在当时已经不是亲王的身份，而是孙太后将他扶持为皇帝。黎淳故意将朱祁钰当作亲王来看待，使他处于臣子的身份，这当然是一种狡辩。

黎淳又称，先帝处置此事已久，人心已定，今若误听高瑶之言，给郕王加庙号，必将祭告太庙，改易旧制，而行祔庙承祧之礼；必将迁启梓宫，改造山陵，而加珠襦玉匣之典；必将追赠皇太后、皇后之称谓：必当尽复当时所用之人、所行之政。

黎淳竟然还说高瑶此言有两条死罪。一是诬蔑先帝朱祁镇为不明，陷陛下于不孝。古之圣贤经史具在，鲁隐公（太子年幼，鲁隐公代掌国君之位，后为桓公所杀）内不承国于先君，上不禀命于天子，诸大夫扳己以立而遂立焉，是与争乱造端。郕王之即位，内承国于何君？上禀命于何主？不过群臣扳己以立，而遂立。这种情形和鲁隐公极其相似，为人君父，而不通《春秋》之义，必蒙首恶之名。所以昌邑王（指汉代刘贺）既废，未闻复为汉某帝；更始（指汉代刘玄）既废，未闻复为汉某王。诚不敢悖逆《春秋》，将不明之过强加于先君，而欲全孝道于子孙。

黎淳在这里一口咬定说，景帝是群臣私自拥立的，也忽略了孙太后批准景帝当皇帝这一基本事实。他认为既然废除了景帝的名号，就不能恢复名誉。

黎淳还揪住大臣们同意废除朱见深皇太子之位一事不放，甚至胡说高瑶进言是有人指使，阻止将高瑶的建议提交皇帝定夺——

陛下昔为皇太子，名正言顺，谁得私议，郕王乃敢废之，换上自己的儿子，至使先帝久遭幽闭，此非郕王自己所为，是当侍的馆阁大臣陈循等人贪图富贵，密运奸谋，从臾为之。至于天顺元年（1457），郕王有疾病，陈循自合迎请先帝复位，乃率领群臣进本，上奏乞求早选元良，正位东宫。当时皇太子见在，欲选何人？以臣愚见，若非南城迎驾之功，先帝终无出路，但是此迎驾之人，又都是贪图富贵的小人，既效微劳，气盈志满，骄奢淫逸，无所不为，所以给以高爵厚禄、封公封侯，所以尊显于元年，赏其迎驾之功。严刑峻法，或斩首或流放，所以诛戮于后来者，惩罚其骄矜之罪。今流言国中必说，先帝怒此诸人迎驾而治罪，则万无此理而不足信。陛下即位之初，有罪的群邪寒心破胆，及取回任用，商辂仍复旧职内阁办事，然后欣然自以为得计，又皆私窃效慕、希求进用，彼小人者只想得官于自己，哪管贻患于人？臣以谓，高瑶此举，非欲尊礼郕王，特为群邪进用之阶梯，必有小人在后面主使，不然彼处于草茅疏远之地，哪敢妄言上诬先帝之明，使后世观之以为口实？而今天所议论的，亦岂可不察乎？此隐忍曲从，而还想扰烦陛下之听吗？

黎淳的意见极具代表性，不尊重历史的客观实际，一味强调朱祁镇父子的皇位正统性，否认景帝当皇帝的合法性，声称换皇帝、换太子都是非法的，是对朱祁镇父子的极大损害，因此不能为景帝平反。

奏疏上呈皇帝后，宪宗朱见深反驳了黎淳的意见，说道，景泰已往过失，朕不介意。（黎淳）岂是臣下所当言？显然是献谀希恩，都不必实行。

朱见深一锤定音，原谅了景帝以往的过错以及对他们父子的伤害，显示了其宽宏大量，平反进程大大加快。

成化六年（1470）八月，巡按直隶的监察御史杨守随上言，请求更改景帝的谥号。英宗给朱祁钰起的谥号是戾，意思是不悔前过。

杨守随说，郕王当英宗北狩之时，奉命监国，以宗社计，不得已而即皇帝位，在北方北悍戎狄，在南方平定闽广，定人心于将变，安国势于阽危，其有功于社稷甚大。威虏以甲兵，唉虏以金币，而迎回大驾，尊养之于南宫，不为贼臣离间，其兄弟之情甚厚，任信大臣，听纳忠谏，兴学劝士，加惠恤民，其善政之在天下甚多，虽在末年稍微有过愆，岂可以掩盖众善耶？况恶谥非出自先帝之本意，是出自一二个造衅幸功奸臣之邪议，至今公论为之不平。古代定谥号，惟有无善可称，方得恶谥。近来有大臣奸回贪墨者，尚且滥得美谥，岂可以陛下之至亲，乃泯灭其善而使他久蒙恶谥呢？

朱见深说，这事已经交给有关部门去办理了。

但是直到成化十一年（1475）十二月，才恢复郕王的皇帝称号，令讨论上尊谥及修缮陵寝。

朱见深敕令廷臣说，朕的叔叔郕王践阼，戡难保邦，奠安宗社，亦既有年。及郕王寝疾临薨之际，奸臣贪功生事，妄兴谗构，请除去帝号。先帝寻知诬枉，深怀悔恨，以次抵奸于法，不幸上宾，未及举正。朕嗣承大业于兹一纪，每思儒先有言，祖父有欲为之志而未为，子孙善继其志而成就之，此所谓孝。间以帝号之复，质诸圣母皇太后亦云，此先帝本意，宜即举行。朕祗服慈训，敦念亲亲，诞告在廷，用成先志，其郕王可仍旧皇帝之号。所有尊谥，礼部会议以闻，务合人心，毋乖典礼，仍令所司修饬陵寝，如敕奉行。

230

第六章 最后的疯狂

按照宪宗的说法，恢复景帝的皇帝称号，是出自孙太后和朱祁镇的本意，朱见深只是出于孝道，拨乱反正，上尊谥，令有关部门修缮陵寝，其祭飨与诸皇陵享受同等待遇。

这里提到英宗认为朱祁钰冤枉，有悔恨之意，可能并非朱祁镇的真实想法，只不过是公之于众的粉饰之词，为景帝恢复皇帝称号、上尊谥制造舆论，并修复英宗因错误处理于谦、景帝案而受损的形象。

成化十一年（1475）十二月，文武群臣、英国公张懋等上奏恢复郕王帝号，上尊谥。

奏书说，仰惟郕王早膺王爵，奉藩京师，当先帝北狩之秋、虏寇南侵之日，郊畿震动，神器虚危，乃仰承传授之命于慈闱（指太后），俯从拥戴之情于臣庶，嗣登大位，弘济艰难，拔擢贤才，延揽群策，旁收既溃之士卒，远却深入之虏锋，保固京城，奠安宗社，申严战守之师，再遣奉迎之使，卒致虏酋悔过，先帝回銮，尊养之礼有加，谗间之言罔入，始终八载，全护两宫。仁恩覃被于寰区，而夷夏之民安堵，威武奋扬于海宇，而闽广之寇献俘，盖亦有为之君也。

奏书客观评价了景帝保卫北京、平定叛乱、迎回英宗的功绩，认为景帝是有为之君。

奏书说——

奈属末年之寝疾，遽罹臣下之奸谋，巧肆谗间于临薨，请削帝号于既逝，尚赖先皇之觉晤，旋抵奸宄于诛夷，虽举正之未遑，实诒谋之有待。恭惟皇帝陛下明高日月、量廓乾坤，孝道丕隆，承先帝所欲为之素志，纶音涣布（指下发诏令），复景泰所已有之徽称，上慰在天之灵，下协率土之议。

奏书说明受奸臣挑拨，废除景帝帝号，英宗来不及纠正，留给朱见深处理，建议给朱祁钰上尊谥曰恭仁康定景皇帝。

朱见深立即予以批准，命翰林院撰写谥册，并于当月举行了隆重的上尊谥仪式。

这天早上，朱见深派遣抚宁侯朱永、襄城侯李瑾、定西侯蒋琬祭告天地、宗庙、社稷，派遣英国公张懋到朱祁钰陵寝举行上尊谥大礼。

举行仪式前一天，内侍官将册舆、宝舆、香亭放置在奉天门，捧册宝各置舆中。

当天早上，文武百官穿常服立于丹墀内，东西序立，朱见深服黄袍、翼善冠，立于奉天门，序班引导遣官张懋于丹陛中道行五拜礼跪，内侍官举起册宝舆降陛俯伏，兴遣官立于东，然后锦衣卫官校接过册宝舆、香亭，由午门中门出，鼓乐前导，遣官由左门出，皇帝回去。

遣官张懋来到景帝陵墓，恭上册宝，并行祭告礼。

当天，太常寺陈设祭器如常仪，鸿胪寺官设册宝案于享殿中、左、右。册宝来到陵寝后，由中门进至享殿，前导引官引导遣官由右门进入，来到丹墀内，赞官唱，执事官各司其事，导引官引导遣官来到享殿前，就拜位。捧册宝官从舆内捧出册宝，由殿中门进入，来到神御前，左右北向立，赞官行四拜礼，传文武分官皆四拜。导引官引导遣官由殿右门进入，至神御前跪下，传文武分官皆跪，捧册官以册跪进于遣官左，遣官受册，献毕，把册交给捧册官，置于册案上。宣册官来到案前，取册跪于遣官左边宣读册宝，宣读完毕后，置于册案上。

俯伏、平身，传文武分官同，复位，导引官引导遣官由殿右门出，至拜位，四拜，传文武分官同，导引官引导遣官来到神御前，初献礼，跪下，传文武分官皆跪下，献帛酒，读祝，读毕，亚献礼，献酒，终献礼，献酒，俯伏、平身，复位，导引官引导遣官由殿右门出，至拜位，四拜，传文武分官同，祭完毕，册宝收贮于享殿。

其尊谥册文里面说，成化十一年（1475）十二月二十四日，侄嗣皇帝朱见濡（就是朱见深）谨再拜稽首上言，伏以功业之盛者，宜享乎徽称，孝爱之隆者，莫先于继志，恭惟叔父郕王比当多难之秋，俯徇群臣之请，临朝践阼，奋武扬兵，却虏势于方张，致銮舆之遄复，奠安宗社，辑宁邦家，敬养构于奉尊，惠化周于逮下，偶因寝疾，遂至弥留。皇考应天顺人，复正大位，眷惟同气，初无间言，奈奸臣贪功，妄生异议，请去帝号，退就王封。赖皇考日月之明，灼知诬枉，抵奸于法，拟复旧称，不幸上宾，

第六章 最后的疯狂

因而未果。侄嗣守大业，敦念亲亲，间以帝号之复，请于圣母，伏承慈旨，欣然允从，昭叔父之盛烈，副皇考之素心，谨遣英国公张懋奉册宝，上尊谥曰恭仁康定景皇帝。

礼部奏上恭仁康定景皇帝尊谥，礼成，诏告天下。

几天后，太常寺上奏，景帝陵寝以前祭祀是少牢的规格，派遣内官行礼，现在既上尊谥，其祭仪及遣官，请如长陵、献陵。朱见深予以批准。

朱祁钰终于彻底得到平反，在死后的规格和朱棣、朱瞻基、朱祁镇平起平坐了。

今天的景帝陵还有一块大碑，上刻清代乾隆皇帝写的《题明景帝陵》——

迁都和议斥纷陈，一意于谦任智臣。
挟重虽云祛恫喝，示轻终是薄君亲。
侄随见废子随弃，弟失其恭兄失仁。
宗社未亡真是幸，邱明夸语岂为淳。

此外，乾隆皇帝还写了按语——

景帝任于谦，排群议而力战守，不可谓无功于宗社。独是英宗还国，僻处南宫，事同禁锢，而废后易储，有贪心焉。天道好还，子亦随死，终于杀礼西山，实所自取耳。然英宗亦岂得辞寡恩尺布之讥哉？至于于谦"社稷为重"之言，盖出于吕饴甥（指春秋时晋国大夫吕省）"丧君有君"及公孙申（为春秋时郑国大夫）为将阶亦"晋必归君"之意，后世迂儒无下以是为题。夫君犹亲也，亲为人执，为子者不披发缨冠而往救之，以示"不急"，其可乎？则"意欲之狱"，亦有由来。或犹以为非英宗意，是真不识事体者之言耳。然则当时宜从和议乎？曰：不共之仇，安得与和？缮甲治兵以从其后，如岳飞之力战迎二帝，天下其谁非之？

乾隆

己丑季夏月

乾隆皇帝客观评价了景帝的功过，认为他任用于谦打赢北京保卫战，使"宗社未亡"，但是出于抵制也先恐吓的需要，主张"社稷为重，君为轻"，也是轻视英宗的"薄亲君"之举，导致于谦遇害。软禁英宗、更换太子、景帝父子死亡，都是弟失恭敬、兄失仁爱的失德之举。

此外，乾隆皇帝还认为，当时明朝与也先是不共戴天之仇，不应议和，而应像岳飞那样，缮甲治兵，硬打硬拼，抢夺被俘的皇帝，这样，天下就没有人非议他们了。实际上，于谦等人比岳飞做得更好，他们毫发无伤地弄回了英宗。

清代王士禄也作诗《故明景帝陵》，评价景帝功绩——

景皇决策仗于公，定变支危社稷功。
南内已殊渊圣没，绝沟何意鲁昭同。
玉鱼杀礼虚幽寝，苍鼠惊人窜败丛。
莫向空山纷感慨，十三陵树各悲风。

七、民生多艰

军队从自给自足到缺粮

中国人穷了几千年了，很多百姓世世代代都十分贫困。在政治黑暗、时局动荡的明代，作为一个有着约6000万人口的大国，解决普通百姓的吃饱、穿暖问题，竟然都是一种遥不可及的奢望。

从朱元璋到朱瞻基，因为军队实现了自给自足，百姓的日子还算好过。根据《明史·食货志》的描述，这个时期百姓丰衣足食，政府的仓库里堆满了粮食。农民的生产积极性比较高，开垦了充足的土地，基本没有土地抛荒。边境的军队靠开垦屯田，实现了自给自足，不需要地方的县官另外给钱给粮，因此不管是军队还是百姓，日子还是比较好过的。朱元璋时，各个军镇都有屯田，一军的屯田足够一军之用，多出来的粮食，还能支付卫所官吏的工资（俸粮）。这样就形成了良性的循环。

永乐时，屯田的大米常常丰收，以4万屯田军耕种土地，出产的粮食可以供养19万的常操军，而常操军还可以自己耕种，边外军不发月粮，所以边饷一直充足。

军队不拖百姓的后腿，另一个原因是商屯的兴盛，引导商人积极参与巩固边防。

这里就有政府鼓励他们参与种田的好政策——开中法。

明初各个边境都有商屯。起因是政府垄断了食盐贸易，鼓励商人运输粮食到边塞指定的粮仓，以换取食盐指标，然后到指定的盐场领取食盐，再运到指定的地区销售。这种食盐专营制度，称为"开中法"。其目的就是吸引商人往边境运输军粮。洪武四年（1371），根据里程远近，运输1石（石为120斤）至5石粮食到边境，商人可向政府换取200斤食盐指标。

盐商们不是傻傻地运粮食，而是直接在各边境雇人开垦田地，生产粮食，直接就地换取食盐指标，这样就极大地节省了运输粮食的运费。商人经营的屯田，就叫商屯。

商屯兴盛，边境军粮自然储备充足。

然而，封建社会的顽症，在经历仁宣之治后，又旧病复发。有权势的人和有资本的人，财富的嗅觉最为灵敏，只要闻到暴利的香味，他们便会闻香而来，疯狂逐利，不惜以身试法。

正如针尖大的窟窿，能漏进斗大的风，这第一个窟窿就是土地兼并。

在土地私有制的情况下，土地是最重要的资产，随着个人欲望的膨胀，有权势的人和有资本的人都难以抑制购买和抢夺土地的冲动。

皇庄以及诸王、勋戚、宦官掌握的庄田占去了很多土地。朱元璋时，每名勋臣、公侯、丞相以下的官员占有庄田，多的达到100顷（1顷为100亩），每名亲王的庄田达到1000顷（合10万亩）。又赏赐公侯、武臣、百官公田，以地租充当工资。

这些富人出行都用马匹，他们侵占民田，改为草场，出现了"马吃人"的现象。仅王振就养着1万余匹好马，这需要很大的草场才能保证养马所需。

仁、宣之世，这些上层乞请的土地就更多了。

英宗上台、王振当权以后，土地兼并更厉害了，诸王、外戚、高官、宦官、军官等豪强集团，竞相占夺屯田和私人土地。宦官王振、尹奉、喜宁都有大量土地。比如，正统十二年（1447），喜宁向英宗索要河间府青县超过415顷（约4.15万亩）土地。户部去核查，发现里面大多是老百姓的田地，岂能轻易给他？最后仍然赏赐给他7580亩荒闲土地。这么多的土地还是喂不饱这种饿狼，喜宁后来被俘后，投靠了也先。

他们侵占了百姓土地，反而污蔑百姓占地，官司打下来，虽然查实他们侵占民田，但是归还百姓的不到十分之一。英宗下诏禁止侵夺民田，禁止奏请畿内土地。但是，权贵、宗室伸手索要庄田、坟地，或得到赏赐或自己去请求，得到的土地不可胜数。

又比如，景泰三年（1452）夏四月，巡按直隶的监察御史张奎举报大同的都督佥事石彪，擅自令部下百户边贵等人，越关400余里督种庄田，并且残酷拷打居民，强占其土地，招纳流亡的50余户农民，藏匿在庄园为他打工。其叔父武清侯石亨却予以包庇。

景帝得到了举报，却对石亨、石彪置之不问，只是让刑部逮捕了边贵等人，追查藏匿的流亡人户，将他们发放原籍。

皇室又到处搞皇庄。洪熙时，有仁寿宫庄、清宁宫庄、未央宫庄。天顺三年（1459），有东宫、德王、秀王庄田。宪宗即位，没收曹吉祥的土地为宫中庄田。其后，庄田遍及各个郡县，与贫民争利。到了弘治二年（1489），仅仅京畿内，皇庄有5处，共有土地1.28万余顷；勋戚、宦官的庄田有332处，共有土地3.3万余顷。

豪强兼并土地以及卫所制度的衰败，使屯田制度遭到破坏。

从英宗时期开始，全国屯粮总数比之前减少了三分之一，屯田制度遭到了破坏。到了朱见深即位时，屯田所出产的粮食，不到以前的十分之一。而到了正德年间，卫所制度也崩坏了，没人愿意当兵，屯军大多不是逃跑了就是死亡了，全国常操军仅仅8万人，养活不了自己，全靠太仓的粮食养活，而边境的屯田已经弃而不耕。一代代传下来，"一蟹不如一蟹"，情况越来越糟糕。

而开中法的废止，在军屯衰败之时，直接让商屯消亡，导致边境军粮缺乏。

"瞎折腾"这事儿的人，就是朱见深。

他叫停了各边开中法，令盐商改向户部、运司纳粮，换取食盐指标。可这样一来，安徽的商人就得不到什么好处了，所以他们生产粮食的积极性受挫，干脆不向边境运送粮食了，纷纷撤业南归。在边境的西北商人，也大多搬家到南方。边境的很多商屯就没人耕种，成为荒地和废墟。皇室、宦官、贵族、官僚们见经营食盐有利可图，纷纷奏讨盐引，转卖给盐商，从中牟利。

开中法的废止，导致边境的军队缺粮。

屯田不行了，边境的粮食就要依靠新的途径——太仓（指北京储谷的大仓）供应。而粮食从南方经过大运河运到太仓，运输艰难，供应不够稳定。

军队参与运粮，群众参与运粮，囚犯参与运粮，大同和宣府这些地方还是缺粮。

比如宣府的粮食供应，从山西的税粮中，每年拨40万石或30万石到宣府。从永乐十九年（1421）起，军夫于北京仓库运送粮料20.11万余石到宣府作为补充。宣德六年至十年（1431—1435），京仓通州运粮料38万石赴宣府。其后，宣府陆续添设卫所，官军人数多了，还要额外到南方松江等处购买粮食作为补充。

这就要求动用更多群众参与供应边境军队的粮食和草料，给人民增添了沉重的负担。

万历时，国家又开始重视屯田的作用，各种屯田面积有所恢复，达到

64.4万余顷，比朱元璋时减少了24.9万余顷，接近三成的屯田没了。

沉重的徭役导致流民众多

人民生活比较贫困，有以下几方面原因：

一是因为农业生产力低下，水利设施落后，农民基本是靠天吃饭，稍微有水灾、旱灾，便没有收成。而统治阶级无法提高生产力，老百姓的饭碗不是端在自己手里，而是端在老天爷手里。

二是生产关系是弱肉强食的丛林法则。农民处在社会的最底层，官僚阶层、地主阶级谁都可以来剥削一下，动辄使农民失去土地。在军队无法自食其力的情况下，收税、摊派的徭役加重了农民负担。

三是迁都北京后，南方的粮食等物资向北方运输，十分艰难。

四是外敌不断进犯北方边境，加上社会秩序不稳定、内乱不止，这些成本就会层层传导到人民身上，导致整个社会陷入恶性循环。

就拿徭役来说。

顺天府府尹王福于天顺元年（1457）五月上奏便民事项，从中可以看到百姓承担的徭役十分沉重。

府尹王福先陈述群众负担过重——

本府每年春天，大兴、宛平二县要制作芒神、土牛，每座春牛用白银40余两，还要制作花朵工艺品。今本府预造天顺二年（1458）春座的任务就在眼前，可是两县地方，连年灾伤，人民困窘尤甚，制作花朵应该交给内事理造办去办。本府所属27个州县，本地群众范围只有560里，每年承担的徭役有：神木厂夫600人，砍柴夫1735人，惜薪司柴夫3200人，匠灶等户，都税等司、巡栏、塌房（仓库）厢长，马驴车船防夫、坝上等仓脚夫、甲字等库夫、弓兵、铺司（驿站）铺兵，共16600余人。此外，喂养官马牛驴、办纳税粮草束、承应各衙门采办军需等、拽送使臣车辆夫，比其他外府，负担格外沉重。

王福指出徭役负担过重，群众不堪忍受，于是纷纷当兵、当锦衣卫，脱离生产劳动，逃避纳粮当差，跳进另一个"坑"——

又兼连年灾伤、疾瘟，人力不敷，人民想避重就轻，往往三五相率，数十成群，投奔力士、校尉、军役，一县或一二百人，或七八十人。人民为国之本，有民而后有赋役，今投充军役的人日益增多，则当民差的人日益减少，况且1人投军又要户下一二男丁贴备，都是不当民差的人数。

臣访得所投之人，大多是正贴军户、匠灶、驿站夫役、占者等人，兵部不核查，就准他们入伍，甚至改换乡贯、名籍。这些人本来就没有竭力效劳之诚意，不过脱免差役徭役，叨窃粮赏而已，既投之后，却又逃躲。乞求敕令兵部核查，本府所属的投充力士、校尉、军役的百姓，都发回原籍为民，当差纳粮。

百姓身上的负担加重，活不下去，就四处逃亡，产生了流民问题。逃走的人又害了留下来的人，因为赋税和徭役定额没有降下来，留下来的人日子就更为艰难。而政策又没能及时作出调整，又派出清军御史四处捉拿逃走的百姓，让他们回到原籍复业。

宣德五年（1430）是个大灾之年。直隶、山东、山西、河南、江西、浙江、湖广等地发生自然灾害，流民增多，到各地找食物。于谦本人成功处理了河南20多万名流民的问题。

从宣宗到成化初年，流民不断流向荆襄地区（今天的十堰、襄阳），大理寺丞李奎曾奉命去安抚，效果不大明显。直到成化初年，荆、襄发生流民大起义，参与的流民人数达到上百万。项忠、杨璇为湖广巡抚，下令荆、襄驱逐流民，不遵从的人戍边，导致死者无数。祭酒周洪谟为此写下《流民说》，建议设置郡县，允许流民在当地落户籍。都御史李宾呈上其说，朱见深予以采纳，命令左都御史原杰招抚流民，12万户流民因此得到田地，又设置郧阳府、上津县等予以统治，起义才得以平息下去，荆襄地区逐渐得到发展。

到了正统二年（1437）九月，山东、山西、河南、直隶等地百姓的生活尤其凄惨，许多人陷入饥饿，只好逃窜。

户部主事刘善说，近来听闻山东、山西、河南、陕西、直隶诸郡县，民贫者无牛具、种子耕种，靠做佣人和乞丐得来衣食，艰难度日，父母、妻子、儿子啼饥号寒者，十家里有八九家是如此。政府部门既不能存恤，而又重征远役，导致举家逃窜。乞求令各处司府堂上官，分别到所在省份进行招抚，使百姓复业，验其贫难，免除其徭役，督令种树、桑、枣，养畜、鸡、豚，劝富室帮助贫民耕种。英宗让户部去实行。

凡是逃户，明初督令回到原籍复业。老弱不能回去的和不愿意回去的，令在所在地落户籍，给田缴纳赋税。正统时，编逃户周知册，核其丁粮。

凡是流民，英宗令查勘籍贯，编甲互保，由里长管辖。设抚民佐贰官，处理安置流民的问题。流民回去当农民的，给以牛、种子、口粮。复业的流民，在一定的年限内免交赋税。

天灾引起大饥荒

发生饥荒的原因，一是战火，二是天灾。我们只要看一个关键词——乞丐，就知道当时的百姓生活是多么艰难。

由于四方荒歉，除了农民日子不好过，政府部门中办事的吏员日子也艰难。宣德十年（1435），吏员只办事，却没有工资，上司也不管他们死活，离家远的人因为没有经济来源，就沦为乞丐。通政使司的办事吏员许信上奏，各处吏员到各衙门办事，经过数年，其中有人离家远，囊橐空竭，无人供应，导致沿街乞讨食物，丧失了廉耻。请依照洪武旧制，每月发给大米，使他们有所依靠。户部却反驳说，宣德初年，旱涝不常，厉行节俭，办事吏员不支食米，现在四方荒歉尤甚，粮食转运艰难，更当节俭。宣宗也支持户部的主张，以吏员沉冗为理由，应该加以淘汰，让家境贫难、不堪任事者罢职为民，有办事能力的愿意回家的也悉听自便。

办事的吏员境遇如此，百姓的生活也好不到哪里去。

正统三年（1438）夏四月，经济条件还不错的江苏淮安、扬州府，也发生水灾，导致很多饥民到处乞讨。英宗敕谕淮安、扬州二府说，去年因为水灾，清河等县的百姓饥饿特甚，朝廷虽然曾经赈恤，但近来听闻在道路上乞讨食物的人很多，朕非常怜悯他们，派官员赈济，你们必须尽心存问，处置得所。

第六章 最后的疯狂

遇到灾害，政府一般都会出手救济。救济的主要动机是怕群众发动起义，产生变乱。

正统四年（1439）十二月，因为田地受灾，逃到北京城内的乞丐数量增多了，城市居民也很艰难，天寒地冻，饿死、冻死的人很多，惊动了兵部尚书杨士奇。

杨士奇向英宗上奏说，畿内遭灾缺食，人民大多逃向京城，京城内外乞丐、城市人家也大多生活艰难，不足周给，加上连日寒冷受冻，死去的人颇多，请求命户部于各城门内或宽闲处所，拿出官仓中的粮食做饭或粥，遇有饥馁的人，全部给予接济，仍令监察御史分巡提督。如果饥民夜晚没有停宿之处，俱收到巡警铺内安歇。遇有死去的人，看情况埋葬，则活下来的百姓皆感圣恩。而各衙门的在服役的工匠，也有因受冻、饥饿而死的人，乞求下特旨，除紧急工程外，其余的工程暂时停止，待到春月，再来赴工，稍微予以宽恤。而法司监禁的轻罪囚犯，乞求早早问断、发落，免得他们冻饿而死亡。

根据杨士奇的描述，因为饥饿和寒冷，抢夺物资的现象也严重起来了。

杨士奇说，先前已派锦衣卫指挥使倪正、刘宽及监察御史分路巡捕抢劫的盗贼，因为他们彼此距离较远，无法互相照应，近日离北京城100里，即有骑马杀人、劫财的人。京城内外，也出现了在夜晚剥人衣服的人，乞求再命锦衣卫官率领旗校，下到各地方，昼夜巡捕，以除民患。英宗命令相关部门去实行。

景泰七年（1456），江西、江苏又发生灾荒，许多人饿着肚子，外出乞讨。

当年二月，监察御史张鹏上奏，说他经过淮安、扬州二府时，看到岁凶民饥，老人和稚子互相搀扶，沿河乞食，并挖掘草根当食物。今又追征官租，恐怕流徙的人将会增多，致生其他变故。景帝表示赞同，令二府停止征收官租，人民缺牛具、谷种的，巡抚以及牧民官设法措置，解决难题，务令得所。

从四月以来，因为灾荒，粮食产量减少，北京缺粮严重，导致米价飞涨。老百姓买不起粮食，陷入了饥饿。

夏五月，因水旱灾异，景帝敕令内外各个大臣修身反省。

当年八月，吏部听选官刘敏上奏，请求平抑粮价，赈济灾民。他说，今年四月以来，京师米价视昔尤贵，饥馑益增，虽蒙圣恩，预先给予官军俸粮，并赈恤癃瞽（指年老体衰的人、盲人）之人，奈何京师为万姓集聚之地，周给不足。今白银1钱只能买1斗米，男人、妇女、老人、幼儿，蒙袂辑履（指用袖子蒙着脸，脚上拖着鞋，十分困乏），号叫于道路的人，接连不断。如果到了冬春之交，其为贫所困将怎么办？况且今年又是宾兴（指荐举的贤能）朝觐之年，天下诸司、万邦四夷都来朝贡，未免公家供食的人众多，假使京师民有饿殍，岂不甚失观瞻？臣愿派遣官员于京仓，拨发1万石大米，减价销售，以济民艰。并收乞丐于顺天府养济院，或让他们投靠亲人，量加赈恤。

饥饿的人这么多，但是户部却不能实行赈灾。户部的理由是京储供给浩繁，难以低价卖粮。只有五城兵马司负责收容乞丐，应收济者准令收济，应投靠亲人者发遣依亲。景帝同意户部的方案，灾民没有得到低价的粮食，无法渡过难关。

到了十月，江西也因为缺粮，谷价飞涨，超过65万人陷入饥饿，饿死了不少人。

巡抚江西的右佥都御史韩雍上奏，江西各府县地方积岁薄收，今春以来，谷价涌贵，人民缺食，已派官员勘实饥民65万余人，共支出官仓米谷39万余石赈济。

湖广黄梅县也上奏，境内今年春夏出现了瘟疫，有一家死了39人，共3400余人死亡；全家灭绝的，共有700余户。有父母双亡，而子女出逃的，别人害怕被瘟疫传染，不敢给他们食物，这些小孩乞食无门，休息无所，悲伤哭泣，悲天恸地，实可哀怜。死亡者已令里老新邻人等掩埋，缺食者设法赈恤，俱命户部知晓此事。

这年冬天，景帝赈济江西饥民。畿内、山东、河南发水灾，朝廷除了赈济外，还免去了畿内、山东遭灾地区的税粮，并免除了拖欠的税款。

十二月，朝廷才拿出救荒方案，发放政府仓库里的粮食接济饥民。

户部和大臣们就救荒拟定了11条措施：一是顺天、保定、河间三府所属通州、香河等36个州县的灾区，全部免除当年应征收的税粮、马草等，已经征收的，本色（指以米麦缴纳的田税）拿出来赈济灾民，折色（指折纳的税粮）的部分待来年春天买谷种，发给人民耕种。二是在灾区，允许军民采取和食用山野、湖泊出产的鱼、菜、菱、藕、柴、草、芦苇等物，用来救命，不许势豪之人霸占、阻拦。三是顺天、河间的饥民，由刑部右侍郎周瑄牵头，将户部原存收起运口外、存留本府县的粮食以及预备仓的粮食，拿来赈灾，如果还不够，从通州仓支出5万石余粮，天津、德州等官仓支出2万石粮食，等丰年时再还进来。四是山东、河南2个布政司以及直隶、保定、大名、真定、顺德、广平五府灾区，巡抚巡按及布政二司各府正官发放本地官仓的粮食，劝导富人出粟赈灾。五是永平府所属州县，由右副都御史李宾将存留粮，或蓟州原收的官军攒运粮，拿来赈灾。六是对在北京讨饭的贫苦群众，请派遣给事中、御史各1人，同顺天府以及五城兵马，于京仓拿出大米，每人发放3斗。在北京，官员、军民都可以自愿设粥救人。七是顺天、河间、保定及山东济南、青州、东昌、兖州七府灾区，来北京朝觐的府州县官吏，都先行放回去安抚人民，参与赈灾。八是顺天等八府及山东济南、青州、兖州，河南开封、卫辉府以及卫所灾区，全部免除以前科派的采办物料，不用追赔倒死、走失、被盗的马、驹、驴、骡、牛、羊等牲畜，免除拖欠的粮草捐课。九是在北京的僧人、道士人数众多，俱回原籍的寺观，等丰年再来北京。十是对在北京的旗军、匠役，提前发放粮米救急。十一是受灾的府州县卫所，监禁的囚犯以及押解的轻罪人犯未到的，全部释放。

景帝批准了这个方案，并派遣一批官员到灾区巡抚，领导各地救灾工作。为了保护农业生产力，政府禁止私自屠宰耕牛，以恢复农业生产。

天顺元年（1457），就是英宗复辟的那一年，因直隶府、顺天府连年发生水灾，群众缺粮，陷入大饥荒，发生人吃人的现象。

二月，顺天府所属的文安等州县，因多年遭受水灾，人民缺少食物，

明朝的变局：夺门之变

英宗命刑部右侍郎周瑄赈灾。周瑄设法赈贷，给百姓发牛具、种子。人民已经如此困窘，工部仍按惯例摊派百姓打柴。周瑄便告御状说，臣恐怕百姓耕播失时，今年夏天大麦没有收成，人民生活更加困难，饿殍流徙，必生他变，乞求皇上敕令该部暂时停止摊派。

但是工部说，木柴是供应内府的，一日不可缺少，驳回了周瑄的建议。困苦的百姓依然要在春播之际，承担打柴的徭役。

当月，宦官接到奏报，居住在海边的渔民也在逃亡，大约300户逃走了，大概宫里的人吃海鲜受到了影响。宦官请求迁徙百姓充当海户，英宗念及百姓艰难，不宜生事，说等到了好年景再补充海户的缺口。

人死得多，引起瘟疫流行。

天顺元年（1457）五月，顺天等府及蓟州、遵化等州县的军民自景泰七年（1456）冬至当年春夏，瘟疫大作，一户有的死了八九人，有的死了六七人，有的一家同一天死了三四口，有的全家倒卧，无人扶持，传染不止，病者极多。

巡按直隶的监察御史史兰上奏说，瘟疫虽是天灾流行，但是由人事乖张，或大臣失职，或用刑失中，或有司贪酷引起，有伤天地和气，希望皇上诚谕群臣反省改过，以回天地之和。事下礼部商议，礼部也认为应该下发文件，戒示巡按御史擒治贪虐的官吏。英宗说，灾异当谨天戒，然而大臣已常常反省改过，御史擒治贪官自有常例，不必再行。

在老百姓发生人吃人现象的时候，豪强集团也没有停止掠夺百姓土地的步伐。

直隶府县连年遭受水灾，人民饥饿，以至于人相食。河间县唯一的乡田，百姓种着小麦，天天盼望有收成，而忠国公石亨令受阉的仆役来到这里，立标为界，全部占为己有，知府王俭则阿附石亨，帮忙占地。真定府饶阳县田地能耕种的，仅有1000余顷，而太监曹吉祥的家人强逼有司，欲将这些耕地全部占有。

监察御史杨瑄勇敢地站了出来，为民请命，请求查处。

杨瑄说，若不严加禁革，恐怕效尤者众多，乞求命巡按御史核实，一

244

第六章 最后的疯狂

旦有侵占，悉令退还百姓，这样百姓才可安生。

英宗找来内阁学士徐有贞、李贤商量，他俩都说杨瑄所言公正，不避权幸，宜从其请。

英宗说，民方困于艰食，朕为之寝食不安，为大臣在左右者，独不能体谅朕意乎？御史敢言可嘉。户部立即发文给巡按御史，让他们去核实。

这样，石亨、曹吉祥就深恨徐有贞、李贤和杨瑄。

由于饥荒，各关内外的农民都逃荒去了，抛弃农业，为了一口吃的奔走不已。

于谦死后，国防建设也没人上心了。学士徐有贞、李贤、许彬、薛瑄等请求兵部增加官军，拱卫京畿，保护粮储。英宗采纳了他们的建议，命兵部调动神武、定州等卫官军1500多人分别驻守。

山东当年的灾害比北京附近更为严重，百姓饥饿，吃树皮，到处讨饭，卖儿卖女都没有人买，因为买下来，家里就多了一张嘴要吃饭。吃尸体、父子相食这样的人间惨剧比直隶（指今河北省一带）更为严重。五月，英宗听从左佥都御史林聪的建议，从内库拿出1万两白银，命户部官员送到山东布政司，作为赈济之用，但是这点钱是杯水车薪。

从忠义前卫司吏张昭的上奏，就可以知道山东、河北灾情的严重程度——

臣闻安内救民是国家之急务，今山东、直隶等处，连年灾伤，人民缺食，穷乏至极，艰窘莫甚，园林、桑枣、坟茔树砖砍掘无存，易食已绝，无可度日，不免逃窜，携男抱女，衣不遮身，披草荐蒲席，匍匐而行，流移他乡，乞食街巷。欲卖子女，大家皆缺食，谁会去买呢？父母、妻子、儿子不能相顾，哀号分离，转死沟壑。饿殍道路欲便埋弃，又被他人割食，以此一家父子自相食。大家都说，往昔曾遭饥俭，未有如今日之惨，诚可为之痛哭。

张昭指出，要救饥民遍地的山东、河北，必须停止下西洋，将钱粮用于赈灾。

公卿们商议后认为，下西洋的和番都指挥马云等人现在已经停止派遣，赏赐的财物钱粮等，宜令马云等人将已交易的货物、存留的货物，具数上奏，等待再遣。

英宗于是下令暂时停止下西洋，集中力量赈灾。

根据林聪的上奏，山东诸郡早已饥馑累年，但是上面还在征收柴炭。英宗免除了各州县柴炭夫的徭役。山东先前得到了内帑银赈灾，但还是不够，英宗又命再发3万两白银赈灾，命户部免除重灾区当年的粮草任务，灾轻之地也不用起运，俱存在附近官仓，停止各府冬季采柴活动，以帮助百姓渡过难关。多地因当年民饥，岁办的物料全部减半。

到了六月，百姓卖儿卖女的现象还有，甚至卖到了国外。暹罗（今泰国）大使马黄报等人，收买山东饥民的子女，带回去做奴隶，不分良贱都要。工部委官主事陈臻向英宗报告此事，他说，卖人到国外，肯定会使外国人讥笑大明、轻视大明，于是英宗为了维护帝国的脸面，派遣官员星夜疾驰，追上这些人，由政府拿出官钱赎回这些子女，送回原籍，和他们的父母团圆。

战乱引起大饥荒

发生饥荒的另一个原因是战火。

土木堡之变后，经历过战火蹂躏的土地，更是粮食绝收。

正统十四年（1449）十一月，肃州卫的屯田俱被瓦剌搜刮、践踏、烧毁，导致此地没有收成，士兵缺少食物。甘肃总兵官宁远伯任礼等上奏，乞求每名军人每月给粮一石，养赡家口，等到明年停发。景帝可怜这些士兵，批准实行，给士兵们发放粮食。

当月，顺天、河间、保定、真定等府所属的州县，大多经受瓦剌房掠，加以天旱，田亩无收。户部又上奏此事，经过景帝同意，正统十四年（1449）该征纳的粮草，除已征收在官的，其余的俱暂予优免，以安定人心。

战火不仅影响了农业，也使很多家庭死成绝户。

景泰二年（1451）十二月，山西大同府奉户部榜文，重造赋役黄册。

第六章 最后的疯狂

但是，大同府隶属的四州七县内，充军死绝者有 480 余户，被寇杀虏掠者有 821 户，流移者有 2685 户。山西大同府上奏说，虽然有政府招抚，但他们未尽复业，存亡消长难以预定，乞求暂停造册。景帝也答应了。

由于战乱，各地的逃民增多，不仅军户逃走，各地的农民也逃走了。

正统十四年（1449）冬十月，河南右布政使年富上言，陈、颖二州逃户不下 1 万户。年富把农民逃走的原因赖到江西人的头上，搞地域歧视，说北人性格粗鲁，为江西人引诱，变得刁泼了，请求驱逐江西人，以绝奸萌。都察院说，江西人在河南的人数众多，如果一概加以驱逐，恐怕发生变乱，应当只驱逐其中的逃亡者，不要驱逐经商的人。景帝同意实行。

难民不免作奸犯科，使社会秩序陷入混乱。1449 年冬十月，山西蔚州、灵丘、广昌县有军民造反，集聚于山寨当绿林好汉，乘机抢夺从瓦剌人手里逃回来的妇女。景帝命令巡抚山西的副都御史朱鉴，令三司委派官员设法招抚这些人复业，所抢夺的妇女发给饮食，派人将她们送回原籍。

顺天等府经过战火蹂躏后，哪怕过了几年，农业也难以恢复，人口减少，难以供应朝廷需要的草料，而豪强集团又趁机兼并土地。

景泰二年（1451）二月，顺天、河间等府州县土地兼并现象严重，使农民更加贫困。户部上奏说，这些土地大多被官豪私自占据，或成为养马的草场，或设立庄所，动辄面积达到数百顷，小民纳粮的土地多被占夺。宜令该府州县通查丈量，除奏拨之数外，其占夺者如数退还，多余者如例起科，征纳粮草。景帝表示同意。

户部这次上奏，还提到了另外几件事。一是在北京的象、马、牛房的草料，以前只派河南、山东和顺天等八府供给，后又添加了南直隶府州县承担供应草料的任务，折银赴北京买用。但是，顺天等府遭受战争蹂躏残扰，河南、山东相继发生旱灾，草料供应出现问题。

二是由于民生艰难，抢劫犯也多了。近来有无赖官舍军民人等，诈称是皇亲及宦官的家人，势如狼虎，抢劫客商货物，强用车辆，将货物搬进店里，稍有不从，便殴打、谩骂。户部建议立即处理。

三是武清县（今天津境内）桃花口、杨青驿，原来是军队后府和户部、工部采办芦柴、马草的地方。近年来,因为军民艰难,放开限制,让他们到山上、河湖里采办可以吃的用的,用以接济生活。但是,豪势之人却把这些土地据为己有,不许群众采办。

景帝同意户部的建议,仍然听任军民采办。

由此可见,在英宗、景帝时期,人民的生活是多么艰难。

第七章
洗脚闲话

明朝的变局：夺门之变

这一章是扯闲篇，之所以叫洗脚闲话，是因为我受到了一句话的启发："沧浪之水清兮，可以濯吾缨；沧浪之水浊兮，可以濯吾足。"

生活中，本来就是清清浊浊的，是非善恶的界限有时并不清楚。好人有缺点，坏人有优点；善人有恶念，恶人有善念——因为人本身就是善与恶的复合体。用清水洗头、用浊水洗脚，正是唱歌的小孩子、从那里经过的孔子以及渔夫们的共同态度。他们无非是说，你就将就点吧，别跟自己过不去，有清水洗头、有浊水洗脚，也是不错的选择。

这种选择，总比浊水洗头、清水洗脚的情形好吧。

于谦当然很熟悉沧浪之水这句话，还作了《渔父辞》——

水深得鱼多，水浅得鱼少。人间径路漫崎岖，天际烟波长浩渺。

山妻稚子幸团圆，百岁生涯共一船。收纶罢钓晚风前，杨柳穿鱼当酒钱。

酒酣日暮船头宿，醒看江水捧团玉。浩歌一曲写幽情，欸乃声中山水绿。

山水绿，快我心，船头有鱼可换酒，莫管兴亡与古今。

在这里，于谦完全是个不记挂政治，一门心思纵情山水，喝酒吃鱼会生活，享受家庭团圆之乐的乐天派。这是他向往的生活，他有这样的情怀，只是时运不济，未能过上这样逍遥快活的日子。

现实是无奈的，心态却是超然的。

一、无根之木

书写完了，得有个书名。

最初，想起名为《无根之木》，来比喻以王振、曹吉祥为代表的宦官根底太浅，如同孤独的鸟雏、腐烂的老鼠被扔进了历史垃圾堆。

用无根之木来形容宦官，我自认为是贴切的。

因为无根树，是一种意象。

只要有水，无根之树就可以存活，还能长出繁花。

只是根基太浅，无水则繁花落尽、树干夭折。

宦官的一生跟明代道士张三丰写的一首诗《无根树》非常契合。张三丰对人生的豁达态度，都融化在了《无根树》这首诗里：

> 无根树，花正幽，贪恋荣华谁肯休。
> 浮生事，苦海舟，荡去漂来不自由。
> 无岸无边难泊系，常在鱼龙险处游。
> 肯回首，是岸头，莫待风波坏了舟。

他一生远离政治，清静无为。

对人世间的苦楚和无奈，看得很通透，因此放弃了荣华富贵的辛苦奋斗，选择了避世的态度，身心自在地生活。

张三丰代表了一种无欲无为的出世态度。

宦官代表的则是一种入世的态度。

本书与另一本拙作《明朝的变局：土木之变》中所写的宦官，其意象便如无根之树、苦海之舟，在宫廷中荡去漂来，毫无自由，但有的人甘之如饴，辛辛苦苦一辈子，最终到头一场空。这样的入世，是可悲的、可怜的，纵使是恶人也值得怜悯。

出世和入世，普通人时刻都会面对这种矛盾。

人生本来就是一场修行，入世不好玩，就想着出世。人生如苦海，只有少数人到达了光辉的彼岸，有的还为风波吞没，大多数人则如水中之舟，荡去漂来，随波逐流。

这时，面对人世的艰难，出世又出不了，就需要留一分清醒留一分醉，保留一分出世、超脱的心态。

于谦从年轻时就肩负大任，他一直想早点退休，回到杭州，然而终其一生，不能如愿。于谦没有物质的欲望，高官显贵的地位也不是他追求的，他只看中万世之后清白的名声。他不计荣辱、不计生死，向着权贵阶层的错误和缺点开火，保住了社稷，维护了皇权，无私无畏，最终却自身难保。

但是，作为传统的士大夫，于谦是修身、齐家、治国、平天下的典范，在事业入世、心态出世上找到了理想的平衡点。

于谦的前辈和同乡刘基，也看惯了官场的倾轧，晚年回乡避祸，寻求解脱，实现了从入世到出世的落地。他自叙"为吏为官皆是梦，能诗能酒总神仙"，买条黄牛学种田，林泉旁边结间茅屋。"因思老去无多日，且向山中过几年"，彻底告别了政治，过起了农耕生活。

在那严酷的世道中，他能够全身而退，终于逃过一劫，不失为智者。

而有的人，不甘心出世，总想着入世，弄得里里外外、上上下下一身伤。

徐有贞锐意功名，讨论是否南迁时献歪理邪说，遭到于谦和景帝的打击，因此仕途受到冷落。他多次求陈循推荐自己爬上去，可是总是办不成，徐有贞就翻脸不认人，英宗复辟之后直接搞死陈循，同样也搞死了于谦和景帝。

徐有贞同样是一棵无根树，"贪恋荣华谁肯休"，之后再次落败，还是贼心不死，想被起用，常常耍铁鞭起舞。

他的人生，是一个世俗之人的无奈挣扎。

徐有贞败在自私上，于谦却超越了世俗，追求的是圣贤之道，但也倒在了无私上。正所谓"好人不长寿，坏人活千年"，善人总吃亏，恶人常得利。清代学者戴震认为，圣贤之道不在于无欲，而在于无私。圣人之所以成为圣人，在于他能以无私通天下之情，遂天下之欲，使天下人的正当合理的欲望得到合理的满足。按此说法，于谦正是以圣贤之道达到兼济天下的目标。

面对人世的艰难，除了要有超然无我的心态，还需要增强我们的心力，这就是人的精神力量。心力越强大，人生越舒坦。

龚自珍说："心无力者，谓之庸人。报大仇，医大病，解大难，谋大事，学大道，皆以心之力。司命之鬼，或哲或悟，人鬼之所不平，卒平于哲人之心。哲人之心，孤而足恃，故取物之不平者恃之。"

有心力者，如于谦，身居高位，心术不欺，言语不伪，而能感慨激愤，能够带领国家救亡图存，面对诸种困苦泰然自若。无心力者，犹如无根之木，如王振，如徐有贞，如曹吉祥，虽然身居高位，但是没有廉耻和是非感，心术不正，言语伪诈，欲壑难填，同样属于庸人，人生跌宕起伏，贻笑世人。

二、社稷为重，君为轻

于谦主张社稷为重，这个没有问题，人人都可以这样说。但是他是否说过"君为轻"，还值得商榷。

作为进士出身的大臣，如果说出"社稷为重，君为轻"的话来，在当时属于大逆不道，因为贬低了君王的作用。这个性质，跟岳飞迎回二帝的言论一样，都属于犯上言论的范畴。

那于谦说没说过"君为轻"呢？

记载于谦说这句话的是谷应泰的《明史纪事本末》，有这么几处：

（一）也先声称要送英宗回北京，于谦怕是讹诈之计，让边境将领加强戒备，不要中了也先的计策："时额森（也先）声言欲送上皇还，众遂多主和。于谦独排众议曰：'社稷为重，君为轻。'遣人申戒各边将，毋堕贼计。"

（二）在也先以和谈为诱饵，挟英宗大肆讹诈之时，于谦经常说"社稷为重，君为轻"这句话："谦有再造功。上北狩，廷臣间主和，谦辄曰：'社稷为重，君为轻。'"拒绝和谈，抵制也先的讹诈。

（三）谷应泰评价也先俘虏英宗的整个事件，当社稷利益重、君臣之义轻时，也先挟制天子只不过是挟制一匹夫："而乃兄终弟及，父子之情既割；社稷为重，君臣之义亦轻。至则龙衣糗食，敬输橐馈之忧；归亦别院闲宫，不过汉家之老。然则挟天子者，挟一匹夫耳！"他的意思是君臣之义要让位于社稷利益，大臣不必迁就一个俘虏皇帝。

然而，不管是在《明史》，还是在《明实录》这些官修史书中，似乎没有"君为轻"的说法，因为皇帝对此忌讳。即使是于谦说过"社稷为重，君为轻"这句话，在官方史书中也会被删除。

在这两部官修史书中，"社稷为重"的说法却有很多，举几例：

（一）正统十四年（1449）八月，镇守大同的广宁伯刘安出城朝见被俘的英宗。朱祁钰事后谕令刘安，不让他们出城接触也先，也不让他们交赎金："朝廷用尔镇守何为？中国惟知社稷为重，今后但有此等不分真伪，尔等决不可听信，以误国家。"

（二）正统十四年（1449）十二月，作为战俘的英宗令袁彬写书遣人赍回与皇帝并文武群臣，告诉大家要以社稷为重，不必顾虑英宗安危："以祖宗、社稷为重，用心操练军马，谨守城池，不必顾虑，朕身自有归日也。"

（三）景泰元年（1450）夏四月，镇守浙江的太监李德对于谦等人打死马顺等3人不满，上奏称贼臣犯阙、不宜任用，文武大臣和少保于谦等人连章辩护，并且表示劝景帝登基是以社稷为重的表现："奸臣既死，人心稍安，臣等以生民为忧、以社稷为重，奉表劝进，迫于至情，皇上谦让再三乃从所请，遂正大位。"

这些社稷为重的提法，都是以维护国家的根本利益为目的的。

"社稷为重，君为轻"的思想，使英宗失去了皇帝的光环，作为人质的价值不断降低，客观上保护了英宗，为他回京创造了前提条件。也先在无利可图的情况下，将英宗放回北京，为以后朱祁镇登大位埋下伏笔。

当然，"社稷为重，君为轻"是一句非常具有思想性的话，有思想的话一般不容于当世而能启发于后世。追溯"社稷为重，君为轻"思想的源头，当数孟子"民为贵，社稷次之，君为轻"的超前思想，也是被历朝历代统治者所不容。

孟子的思想非常大胆，至少超越现实2000多年。他主张不仅可以换国君，还可以换拜祭的神仙。换不换的标准，就是国君是否贤能，神仙是否灵验。

孟子思考人民和君王的关系，人民第一，社稷第二，君主第三。

他的逻辑是，得到众人民心的做天子，得到天子应允的做诸侯（小的国君），得到诸侯应允的做大夫。如果诸侯危害到土神谷神（国家），就改立诸侯。祭品丰盛、洁净，又按时举行祭祀，但还是遭受旱灾水灾，那就把土神、谷神都换了。

当然，孟子说的国君，并不是最大的天子，而是一些小诸侯。至少他把人民提到了比国家、国君、神仙更重要的位置，也是非常了不起的进步思想。

民贵君轻这种民本思想，君主是不会接受的，因此，当孟子仿效孔子，带领年轻学子周游各国求职时，找不到工作，于是退隐当了作家。

到了专制集权达到顶峰的明清时代，朱元璋不仅废了丞相，在思想领域还"大战"孟子，剥夺孟子的亚圣地位，把他赶出孔庙，还把《孟子》里不利于君主的话全删了。

在孟子眼里，天子就是人，不是天的儿子，暴君可以换、可以杀，人民可以与他作对。这挑战了天子不可易位、可以世袭的制度，当然是朱元璋无法容忍的。

到了明末，社会崩溃，朱家的统治也走向了终结。黄宗羲的父亲——有名的东林党人黄尊素死于宦官魏忠贤之手。黄宗羲痛定思痛，将现实进行理论化，产生了反对君主专制的思想，具有久远的价值。黄宗羲（1610年9月24日—1695年8月12日）反对君主专制的思想比法国"自由的奠基人"卢梭（1712年6月28日—1778年7月2日）还早，中国人反对君主专制的思想领先于西方大约一个世纪。

黄宗羲写的《明夷待访录》，把锋芒直接指向皇帝，直指君主为天下之

明朝的变局：夺门之变

大害。

黄宗羲批评明末清初君为主、天下为客，皇帝地位比天下还高："古者以天下为主，君为客。凡君之所毕世而经营者，为天下也；今也以君为主，天下为客。"

黄宗羲批评皇帝荼毒天下人的肝脑，离散天下人的子女，敲剥骨髓，成就他一个人的产业，供他淫乐——

"凡天下之无地而得安宁者，为君也。是以其未得之也，屠毒天下之肝脑，离散天下之子女，以博我一人之产业，曾不惨然。曰：'我固为子孙创业也。'其既得之也，敲剥天下之骨髓，离散天下之子女，以奉我一人之淫乐，视为当然。曰：'此我产业之花息也。'然则，为天下之大害者，君而已矣。"

他说天下人厌恶、仇视皇帝，天子说的也不一定对——

"今也，天下之人怨恶其君，视之如寇仇，名之为独夫，固其所也。""天子之所是未必是，天子之所非未必非。"

他还说："天下之治乱，不在一姓之兴亡，而在万民之忧乐"，"为天下，非为君也；为万民，非为一姓也"，否定了一家一姓统治的合理性，指明了可以推翻一家一姓的统治。

黄宗羲提出了当官的人应该是为天下服务，而不是为君王服务的思想，将为天下服务放在首位。

联想到朱祁镇、朱祁钰时代的大事件，正是君主专制制度才诞生了王振、石亨、曹吉祥这样的人物，才有了皇帝被俘、北京保卫战、夺门之变、曹石之乱等事件，大家都围绕君权你争我夺。

黄宗羲之后，还有唐甄，对君主专制制度进行批判。

唐甄认为皇帝也是人，"天子之尊，非天帝大神也，皆人也"，揭下了天子神的面具，指出皇帝是一切罪恶的根源，"乱天下者惟君"，"自秦以来，凡帝王者皆贼也"，"杀一人而取其匹布斗粟，尤谓之贼，杀天下之人，而尽有其布粟之富，而反不谓之贼乎？"他们为了夺取皇位无故杀人，残害百姓，唐甄愤然地说："川流溃决，必问为防之人，比户延烧，必罪失火

之主,至于国破家亡,流毒无穷……非君其谁乎?"(《潜书·远谏》)

唐甄提出"抑尊",即限制君权,要求提高大臣的地位,使皇帝有所顾忌。他强调百姓是国家的根本,离开了百姓,便没有国家。国防靠民巩固,府库靠民充实,朝廷靠民尊崇,官员靠民养活。君主只有爱护百姓,才能达到长治久安的目的。

《潜书》揭露了封建制度下的社会不平等,指出"不平以倾天下"的弊端,提出"天地之道故平"的平等原则。唐甄把社会不平等的原因归结于君主,提出"乱天下者惟君",确实振聋发聩,胆识非常人可比。

除了黄宗羲和唐甄,顾炎武也同样批判了君主专制制度。

在《日知录》中,顾炎武提出了天子不是绝世之贵的看法。他说,天子、公、侯、伯、子、男,并不是天生的尊贵,他们管理国家事务,与老百姓一样,也是靠劳动吃饭。"禄"是他们为老百姓工作、取之于百姓的报酬。所以,君主不应该肆虐于上以自尊,不应该厚取于民以自奉。这就等于否定了世袭制的合理性,否定了天下财富应该归于君主的传统看法。

顾炎武反对君主独裁,主张众人治理,认为法律严酷的根本原因,也是在于君主独裁。《日知录》中说:"人君之于天下,不能以独治也。独治之而刑繁矣,众治之而刑措矣。"强调要"以天下之权,寄之天下之人"。

中国古代的法律,根子在于维护君主专制,治国权力没有掌握在天下之人手里,使百姓深受其害。顾炎武举起了提倡民主、反对专制的思想大旗。

思想可以先进,也可以超前于时代,但思想若要变为现实,则需要历经漫长的过程。中国废除君主专制制度的历史进程比较缓慢。

到了近代,面临山河破碎、亡国灭种的危机,黄宗羲等人的民本思想被维新派、革命派所继承,向君主专制发起猛攻。直到此时,思想的火把才点燃了燎原之火。

谭嗣同《仁学》批评君主竭天下的身命膏血,又欲传之子孙,由此兴起一切酷毒之法:"(君主)乃以竭天下之身命膏血,供其盘乐怠傲,骄奢而淫杀乎?供一身之不足……又欲传之世世万代子孙,一切酷毒不可思议之法，由此其繁兴矣。"

邹容《革命军》指斥君主"私其国，奴其民，为专制政体……以保其子孙帝王万世之业"的家天下行为，并指出天下之人不平等、不自由的根源在于君主专制政体。

经过将近一个世纪的血与火的斗争，中国人民终于把皇帝赶出了故宫。1912年2月12日，隆裕太后代宣统皇帝溥仪颁布退位诏书，授权袁世凯组织临时政府。大清亡了，末代皇帝溥仪最后被改造成了共和国的普通公民。

纵观世界历史，一直是人民群起斗争，不断压缩君王的权力空间，把君主的权力锁进制度的笼子里。

1789年7月14日，法国爆发革命，人民攻占了巴士底狱。人民夺取市政管理权，建立国民自卫军，农民攻打领主庄园，烧毁地契，制宪会议颁布废除一切封建义务的八月法令，通过《人权宣言》，向全世界宣布"人身自由，权利平等"的原则。

昔日的君主成了阶下囚。1793年，国民公会经过审判，以叛国罪处死国王路易十六。断头台上，群众用路易十六自己发明的三角形的刀，麻利地砍下了他的头。

攻占巴士底狱的7月14日成了法国的国庆日。法国大革命胜利后，其他国家乘势而起，全世界的各个角落都掀起了革命的风暴，封建专制制度迅速瓦解。英国国王查理一世于1649年被处死；俄罗斯帝国末代皇帝尼古拉二世于1918年被苏俄政府枪决。

社稷为重，君王为轻的时代来临了，昔日的万岁爷不在了，天子跌下了神坛，人民走向了历史舞台的中央。

从清帝退位算起，距离孟子去世，过去了2200多年；距离于谦遇害，过去了455年。

三、莫须有 VS 意有之

因为"莫须有"三个字，赵构和秦桧永远被钉在历史的耻辱柱上。赵构是幕后主使，秦桧是执行人。

提到秦桧，就会想到"莫须有"；或者提到"莫须有"，就会想到秦桧。

赵构决心铲除岳飞，令秦桧诬陷岳飞谋反，好让他苟活下去。韩世忠质问秦桧：岳飞、岳云是不是真的谋反？秦桧说："飞子云（指岳飞的儿子岳云）与张宪书虽不明，其事体莫须有（指提兵谋叛的事也许有）。"

韩世忠怒道："'莫须有'三字，何以服天下？"

无论是当时还是后世，处死岳飞，天下都不服，因此岳飞成了英雄，赵构和秦桧成了狗熊。

金人说："岳飞不死，大金灭矣。"他们最怕岳飞。

宋金和谈时，兀术给秦桧写信："必杀岳飞，而后和可成也。"战场上打不过，转而玩阴的。

赵构、秦桧于是杀害岳飞，和谈成了，赵构不再逃跑了。

下面要"还我河山"，上边想"构"且偷生，他们心里想的是君王为重、社稷为轻。

如果说，赵构明白地跟岳飞讲"君为重，社稷为轻"，要你岳飞死，想必岳飞也会欣然答应，而不会寄托于"天日昭昭"求取真相。

然而，赵构、秦桧选择了卑鄙的污蔑。

其实，岳飞抗金抗得越好，宋金和谈才会谈得越好，宋才会获益越多。赵构、秦桧不懂得其中的辩证法，尽干蠢事。

到了英宗时代同样如此，皇帝并不想杀于谦，而徐有贞却说于谦谋立外藩："虽无显迹，意有之。"都御史萧维祯等人以"意欲"迎立外藩二字定罪。

"意有之"、"意欲"和"莫须有"，一样的意思，一样的卑劣。

"莫须有"被称为三字狱，"意欲"被称为二字狱。莫须有，意有之，除了自坏长城外，啥也没有留下。任何的涂脂抹粉，都会有卸妆的时刻，展露事实真实的面容。

人们还记得于谦，还记得"粉身碎骨浑不怕，要留清白在人间"，但还有谁能记得朱祁镇和徐有贞？历史的耻辱柱上，前有赵构，后有朱祁镇；

前有秦桧，后有徐有贞。违背天理的，最终都会被反噬。追求复辟"有名"的英宗和徐有贞，最后却落得"无名"，臭名昭著。

于谦牺牲了自己，照亮了别人。

但愿岳飞、于谦的离去，能换来世上不再有"莫须有""意有之"。于谦祠里，当铸一尊徐有贞的跪像，让他为"意有之"的谎言赎罪。

在古代专制制度下，只讲"法子"，不讲法治。任你有脚有手，任你有眼有耳有口，帽子照样能乱扣在你头上，横竖你都有罪。人治指鹿为马，为万世唾弃。

用一首词作为本书的结尾，再拜于谦——

> 万里神州，当公世，三光几歇。
> 奉社稷，仰回天步，义声霆烈。
> 翠辇不移螭陛草，丹心长照龙堆月。
> 置死生，成败付苍穹，孤忠切。
>
> 弓鸟恨，须臾雪。
> 徐石辈，纷纭灭。
> 视大名诸葛，旂常无缺。
> 策定抗辞灵武赏，事完补洒攀车血。
> 使非公，毋论夺门功，谁陵阙。
>
> （清代龚鼎孳《满江红·拜于忠肃公墓》）

附录：大事年表

正统十四年（1449）十一月八日，瓦剌军退出塞外，京师解除戒严。

景泰元年（1450）八月，也先释放英宗。

八月十五日，朱祁镇回到北京，被软禁于南宫。

景泰二年（1451）冬，李贤升兵部右侍郎，转调为户部右侍郎。

景泰四年（1453），徐有贞任左佥都御史，到张秋（在今山东阳谷）治理黄河。

当年，也先僭称"大元田盛大可汗"，后被部下阿剌知院杀死。

景泰八年（1457）正月，景帝病重。

正月十六日夜至十七日晨，夺门之变。

正月十七日，朱祁镇再次登基，于谦等人被捕。

正月二十二日（丁亥），于谦等遇害。

二月乙未，废朱祁钰为郕王，软禁在西苑。

二月癸丑，郕王去世。

景泰八年（1457），朱祁镇复位不久，李贤升吏部尚书。

天顺元年（1457）六月，徐有贞被捕。

七月，徐有贞被关进诏狱。

天顺四年（1460）正月，石亨下狱。

二月，石亨病死狱中。

天顺五年（1461），曹吉祥的嗣子曹钦举兵叛乱，曹吉祥被捕。

七月五日，曹吉祥被磔杀。

天顺八年（1464）正月十六日，英宗去世，葬裕陵。

正月，朱见深即位。

成化初年，于谦恢复官职，赐祭。

成化元年（1465），徐有贞恢复官员身份，赋闲在家。

成化二年（1466）十二月十四日，李贤去世。

成化八年（1472）七月十五日，徐有贞病逝。

弘治二年（1489），追赠于谦为特进光禄大夫、柱国、太傅，谥号肃愍，建祠，题为"旌功"。

万历十八年（1590），于谦改谥为忠肃。